En tu casa o en la mía

Lorena Berdún

En tu casa o en la mía

Todo lo que los jóvenes quieren saber para un sexo sin duda

Prólogo de
Javier Pons

CÍRCULO de LECTORES

Quiero dedicar este libro a tres personas:
A Ángel Palacios, mi amigo y maestro.
A Javier Pons, por quien siento gran aprecio.
Y, por supuesto, a David Rico, mi corazón, mi brazo derecho... y el izquierdo.

Prólogo

Las once de la noche, un dormitorio juvenil de cualquier casa de clase media española. Laura tiene quince años y está hecha un lío. Mira el aparato y duda sobre llamar a la radio.

El sábado anterior Laura pasó la tarde con su novio intercambiando besos, juegos sexuales y todo tipo de caricias. Todavía recuerda con nerviosismo el momento en el que notó, a través de la ropa, cómo su joven compañero eyaculaba.

Desde entonces apenas ha dormido. Las cómplices conversaciones con sus amigas del colegio la han llenado de confusión, ¿estará embarazada?

Laura no sabe que es imposible quedarse embarazada en un intercambio en el que ninguno de los dos ha llegado a desnudarse.

Esta situación, que a la mayoría le parecerá exagerada, es una realidad que saca a la luz un problema que afecta a miles de adolescentes: la educación sexual en nuestro país es insuficiente o absolutamente ineficaz. Cientos de miles de jóvenes tienen relaciones sexuales cada vez a una edad más temprana y la mayoría de ellos desconocen los mínimos conceptos para disfrutar de ellas y prevenir embarazos no deseados o enfermedades de transmisión sexual.

En nuestro país, en la actualidad, más de dieciocho mil jóvenes menores de 19 años se quedan embarazadas cada año. Cada día hay una adolescente de entre 11 y 15 años dando a luz y otra abortando. Las cifras son verdaderamente escalofriantes.

En tu casa o en la mía nació como un experimento divulgativo para adolescentes y se ha convertido en un imprescindible manual de uso de la sexualidad para jóvenes y adultos. En poco más de un año, más de seiscientos mil oyentes se han incorporado a la audiencia de este espacio que se emite en *Los 40 principales* todas las noches de lunes a jueves.

La razón de ser de un espacio de divulgación sexual en una emisora musical destinada a los jóvenes fue la convicción de que el universo actual de los jóvenes no se encierra exclusivamente en la música. Hace veinte años los adolescentes explotaban los grandes interrogantes de la definición personal a través de la música. Hoy, más informados, más complejos, necesitan más, exigen una atención personalizada y desprovista de cualquier paternalismo que ralentice la adquisición de información.

Y el sexo (ahora como antes) es uno de los grandes ejes de preocupación que interesan a los jóvenes comprendidos entre los 15 y los 20 años. Desde septiembre del año 1998 Lorena Berdún se ha convertido en la asesora de cabecera (desde la radio) de miles de ellos que quieren saber, que quieren dejar de vivir con angustia su sexualidad y que agradecen el tono natural en el que esta joven sexóloga madrileña trata sus problemas y sobre todo sus múltiples dudas. A su lado, Mario Pérez ajusta la combinación de llamadas y música aportando el punto de vista de la calle.

En un año y medio de programa se ha oído de todo. Algunos padres se han escandalizado pensando que sus hijos estaban escuchando confesiones escandalosas cuando, en realidad, estaban siendo sencillamente informados de que no deben establecer este tipo de relaciones ni demasiado pronto ni demasiado tarde; pero sobre todo de que, en caso de llevarlas a cabo, deben tomar un mínimo de precauciones.

Esta gran desinformación, que aún no ha sido solucionada por padres y educadores, hace necesario este libro, escrito por la directora del programa de *Los 40 principa-*

les para ofrecer respuestas sencillas pero directas y profesionales a las dudas de miles de adolescentes que como Laura creen que acariciando a su novio pueden quedarse embarazadas.

Javier Pons

Ronny.– Lo único que está aquí eres tú... y yo.

Loretta.– Quiero irme a casa.

Ronny.– No.

Loretta.– Me estoy muriendo de frío.

Ronny.– Vamos a casa. No me importa lo que ocurra. No, no es lo que quiero decir: Loretta, te quiero, el amor no es como nos lo contaron. Yo tampoco lo sabía. El amor no hace que todo sea hermoso. Lo echa todo a perder. Te parte el corazón, lía todas las cosas. No estamos para hacer que todo sea perfecto, los copos de nieve son perfectos, las estrellas son perfectas. Nosotros no, estamos aquí para echarnos a perder, para partirnos el corazón, para amar a la gente que se equivoca y para morir. ¡Los libros de historia son mentira! Y ahora... ¡¡¿quieres subir conmigo y meterte en mi cama?!!

Hechizo de luna

1
Hablando de sexualidad

–Dime algo bonito.
–Claro, ¿qué deseas oír?
–¡Miénteme! Dime que me has estado esperando todos estos años.
–Todos estos años te he esperado.
–Y que habrías muerto si yo no vuelvo.
–Habría muerto si tú no hubieras venido.
–Y que todavía me quieres como yo te quiero a ti.
–Te quiero como tú me quieres a mí.

Johnny Guitar

Antes de hablar de sexualidad hay que hacer una distinción importante entre lo que es el sexo y lo que es la sexualidad, ya que no son exactamente lo mismo. Sexo es lo que nos distingue como hombre o como mujer, según tengamos nuestros órganos genitales, masculinos o femeninos. Esto significa que, por supuesto, la sexualidad se debe vivir de diferentes maneras, pero nunca se debe reducir al único fin de la genitalidad.

Sería fantástico poder dar una definición de sexualidad que abarcase multitud de conceptos, de vivencias, de culturas, de sueños..., pero sería una definición inacabada. Siempre descubriremos a alguien que piensa de distinta manera que nosotros y le pone un leve matiz a lo que aportemos. Indudablemente, nuestra idea de la sexualidad dependerá de nuestra situación afectiva y social, de nuestro modo de pensar, sentir y actuar ante las cosas. Vamos a ver algunas definiciones de sexualidad:

«Es una forma de conocerse a sí mismo, a los demás, de relacionarse con el mundo que te rodea.» (Cristina, 24 años.)

«Una forma de divertirse y relacionarse con los demás y demostrar cariño.» (Miguel Ángel, 19 años.)

«Es una vía de escape, de liberación, una forma de relajarse. ¡También es un arte!» (Julia, 25 años.)

«Es todo un mundo, un descubrimiento personal de relación con los seres del sexo contrario. Está muy vinculado al desarrollo de la cultura y de las relaciones humanas.» (Isabel, 33 años.)

«Es una manera de satisfacer una necesidad física y una satisfacción emocional.» (Isabel, 24 años.)

«Amor con orgasmo.» (Abraham, 19 años.)

«Es una manera única de expresar amor y respeto por ti mismo y por la persona que comparte eso contigo.» (Manuel, 26 años.)

«Pasarlo de puta madre con alguien que te ligas un día.» (Luis, 31 años.)

«Una conexión cuerpo-mente con alguien a quien deseas.» (Antonio, 24 años.)

«A veces un dolor, a veces un placer, pero siempre algo que se hace con una persona que te importa.» (Vanessa, 19 años.)

Cada una de estas definiciones encierra aspectos muy importantes acerca de la sexualidad. Podríamos hacer una definición propia a partir de éstas. Veamos:

La sexualidad es placer, hijos, amor, desamor, comunicación, fidelidad, infidelidad, sueños, aventura, riesgo, negocio, dolor, arte, orgasmo...

¿Qué palabras añadirías tú? Escribe aquellas que, según tú, son necesarias para definir la sexualidad, continuando la definición.

Respuesta sexual humana

La respuesta sexual es la manera de responder ante los estímulos que provocan el deseo, tanto de una manera física como desde el punto de vista más puramente personal, desde la vivencia más íntima de ese deseo. En el plano de lo físico se producen dos cambios fundamentales en el cuerpo:

- Gracias a la afluencia de sangre en la zona pélvica se produce un fenómeno que se denomina vasocongestión.
- Se produce un aumento de la tensión muscular (miotonía).

Fases

Según Masters y Johnson, la respuesta sexual humana, en función de los cambios que se producen en el cuerpo, pasa por las siguientes fases:

- Excitación

En el hombre, se produce la erección del pene, aumenta el tamaño de los testículos, éstos se elevan, quedando pegados al abdomen, y, debido a la afluencia de sangre, el color de los genitales se oscurece. También se produce una erección de los pezones. En estos momentos aumentará la tasa cardíaca y también la respiración y se tensan los músculos de todo el cuerpo.

En la mujer, el clítoris se pone erecto y sale de su capuchón para facilitar su estimulación. Además, gracias a las glándulas de Bartolino, segrega un fluido que humedece la vulva para facilitar el coito. Aumenta el tamaño de los labios menores y el útero se eleva y la vagina se alarga. Los pezones se endurecen y los pechos aumentan ligeramente de tamaño. Al igual que en el hombre, la respiración se acelera, la tasa cardíaca aumenta y se produce la tensión muscular.

- Meseta

En la chica, el clítoris vuelve a esconderse bajo la piel. En el chico, se produce la emisión del líquido preseminal o preeyaculatorio, que proviene de las glándulas de Cowper.

- Orgasmo

En el hombre, se expulsa el semen al exterior gracias a las contracciones de los genitales internos. El semen sale disparado en forma de espasmos rítmicos. El orgasmo suele coincidir con la eyaculación.

En la mujer, también se producen contracciones y espasmos en la plataforma orgásmica (el tercio externo de la vagina), el esfínter anal y en el útero. Dependiendo del número de contracciones y de la intensidad de éstas variará también la intensidad del orgasmo.

- Resolución

Aparece la relajación en el cuerpo. En el hombre, baja la erección y sobreviene el período refractario, durante el cual no puede tener otro orgasmo. Por otra parte, el cuerpo de la mujer vuelve también a su estado de relajación, aunque, a diferencia del hombre, después del orgasmo puede alcanzar más. Con una estimulación adecuada, por supuesto.

Relaciones de pareja

Si hay algo necesario en el mundo es el amor. Para conseguir la felicidad en una relación de pareja, es imprescindible compartir valores, respetarse mutuamente, escuchar a la otra persona, ser cariñosos el uno con el otro y, por supuesto, disfrutar juntos de la sexualidad.

Fidelidad

¿En qué momento empiezas a ser infiel a tu pareja? (Fidel, Mallorca, 26 años.)

Eso depende por completo de vosotros dos. La fidelidad es uno de los factores más valorados por una pareja pero su límite lo ponéis siempre entre vosotros, es un acuerdo implícito que ambos marcáis. Hay personas que consideran que un simple coqueteo o un simple beso es ya una infidelidad, sin embargo otras piensan que para hablar de infidelidad es necesario que haya relaciones sexuales de por medio. En cualquier caso, en el momento en que se traspasa la línea del acuerdo establecido por vosotros se puede considerar que ha habido infidelidad.

Sin duda la edad tiene una gran importancia en este aspecto, ya que no es lo mismo considerar una infidelidad a los 15 años que a los 32. Con 15 el simple hecho de tontear con otra persona, cogerse de la mano o besarse ya implica haber *puesto los cuernos*; sin embargo, a medida que la edad avanza, los valores que se instalan en la relación son otros y quizá un simple flirteo no constituya más que una anécdota.

Celos

Los celos tienen mucho que ver con la inseguridad de una persona: inseguridad en uno mismo, que se ve incapaz de mantener a la persona amada a su lado.

Soy muy celoso y no soporto ver a mi chica hablar con otro. ¿Cómo puedo cambiarla? (Saray, Barcelona, 19 años.)

Tú no eres la única persona del mundo para tu chica; convivimos con un montón de gente y relacionarnos con ella nos hace ser más personas todavía. Además queremos gustar a los demás o al menos saber que gustamos. Pero esto es tan natural como la vida misma, ¿acaso a ti no te ha pasado nunca que te has encontrado con una amiga y te has puesto a hablar? Desde luego, agobiar y quitar oxígeno a la pareja acabarán por destruirla. El mero hecho de estar enamorado no nos da derecho a pedir exclusividad en torno a nuestro amor. Hay que dejar que el otro tenga su propio espacio, que sea libre. Si acortas el cerco no sólo estarás creando un clima asfixiante para ella sino que ni tú mismo podrás moverte con libertad. Los celos no denotan amor sino desconfianza. Merece la pena reflexionar sobre este asunto.

Además de todo piensa una cosa: ¿por qué crees que ella está saliendo contigo?

Comunicación

A lo largo de este libro nos vamos a cansar de hablar de lo importante que es la comunicación en una relación de pareja, de lo importante que es la confianza, el compartir decisiones. Hasta el simple hecho de decidir qué método anticonceptivo utilizar debe ser un ejercicio de colaboración conjunta y de respeto mutuo. Hay que tener en cuenta que la pasión se termina agotando tarde o temprano, pero nos quedan las palabras, el amor y... la comunicación. Si una pareja sólo se alimenta del deseo morirá sin remedio. Comunicarse y tener confianza el uno en el otro son dos de los grandes pilares del amor.

Siempre se habla de la comunicación entre las parejas como algo importantísimo en la relación pero ¿cómo se logra esa comunicación? (Sonia, Burgos, 28 años.)

Ante todo dejando a tu pareja su propio espacio, su propia individualidad. No es tan fácil lograr una comunicación plena pero hay que luchar en todo momento por conseguirla. Comparte con tu pareja todos tus miedos y deseos, habla de tu vida diaria y deja que él también te cuente sus cosas. Tratad de hacer actividades juntos, de compartir el mayor número posible de cosas y en cuanto al sexo, hablad de todo lo que os gusta y lo que no, de lo que desearíais probar o dejar de hacer, de cómo os sentís cada vez que hacéis el amor... En fin, de hacer cómplice tuyo a la otra persona y de implicarle al máximo en tu vida. Lo demás tienes que lograrlo por tu cuenta.

Sexo con amor... ¿o no?

¿Por qué todo el mundo habla siempre de que tiene que sentir amor por su pareja para acostarse con ella? Porque yo no creo que eso sea cierto, o al menos yo hago el amor con quien me apetece, para disfrutar (Pío, Madrid, 26 años.)

Estas personas a las que tú aludes, en su mayoría también hacen el amor para disfrutar, sólo que ese disfrute, mezclado con el afecto, hacen una relación mucho más intensa. Por supuesto, se puede disfrutar meramente del sexo sin más implicaciones que las físicas y no por ello la relación va a ser menos satisfactoria. En este aspecto lo verdaderamente importante es la situación personal de cada uno y cómo desee vivir sus relaciones en ese momento concreto. No hay normas. Disfruta de tu sexualidad y vívela con alegría y responsabilidad.

Noticias

En la ciudad de Shanghai (China) se ha abierto un museo sobre la sexualidad. Este museo recoge documentos, objetos y estudios sobre los comportamientos sexuales desde la época de las dinastías imperiales. El sociólogo Liu Dalin, especialista en el comportamiento sexual de los chinos a lo largo de la historia, ha reunido más de 200 documentos sobre las actividades íntimas de las parejas chinas, imágenes, cuadros y esculturas que representan sus costumbres. El museo también cuenta con una amplia colección de objetos sexuales, como estatuas de adoración fálica, en piedra, cobre y cerámica, un mortero para preparar pócimas afrodisíacas, símbolos de órganos genitales femeninos, etc.

El 68% de los brasileños y el 43% de las brasileñas admite que ha sido infiel a su pareja, según un estudio que publica en su última edición el semanario *Istoè*. El estudio, titulado «Sexualidad e infidelidad en la cultura brasileña», fue elaborado por la antropóloga Miriam Goldenberg, profesora de la Universidad Federal de Río de Janeiro, y en él señala como causas de infidelidad de los hombres el deseo y la atracción, mientras que en las mujeres las atribuye a problemas con la pareja.

Las universitarias consideran muy importante la fidelidad. Según una encuesta realizada por la Escuela de Estadística de la Universidad Complutense de Madrid para la revista *Menos 25*, las mujeres universitarias valoran más la fidelidad sexual que los hombres. El 73,1% considera imprescindible la fidelidad, frente al 56% de los hombres.

Curiosidades

Las creencias religiosas influyen en la sexualidad. En el Antiguo Egipto, el culto a Min (dios de la virilidad y fertilidad) incluía la celebración de orgías; las relaciones incestuosas entre los faraones, representantes divinos en la tierra, estaban a la orden del día; y no hay más que echar una ojeada a la literatura religiosa egipcia para ver cómo se relatan los actos sexuales que los dioses realizaban entre sí, y es que religión y sexo han ido unidos a lo largo de la historia.

En el terreno del amor, las acciones no muestran nunca el fondo del corazón. Por otra parte, las palabras nada prueban. Aquí, como en la religión, no existe más que una sabiduría: creer. Y tal sabiduría es una locura.

PAUL BOURGE

2

Cómo son nuestros cuerpos

–¿Cómo pueden andar con estas cosas, cómo pueden mantener el equilibrio?
–Debe de ser por la distribución del peso.
–Y hay tantas corrientes... deben de resfriarse muy a menudo.
–Deja ya de pararte, vamos a perder el tren.
–Me siento desnudo, como si todo el mundo me estuviera mirando.
–¿Con esas piernas? ¡Estás loco!

Con faldas y a lo loco

Los órganos genitales

Masculinos

Los órganos genitales masculinos se dividen en internos y externos.

Internos

- Testículos

Están situados en la parte baja del abdomen, entre las piernas. Tienen forma aovada y se sitúan en la bolsa escrotal. La función es la de producir los espermatozoides y las hormonas sexuales responsables del desarrollo. En el embrión se encuentran situados a la altura de los riñones y poco a poco se van descolgando hasta llegar a las bolsas escrotales. Cuando no se produce este descenso, hablamos de criptorquidia (véase el capítulo 8). Para una correcta producción de espermatozoides, los testículos deben estar a dos grados por debajo de la temperatura corporal. Por eso se encuentran fuera del abdomen.

Los testículos tienen unos lobulillos que no empiezan a funcionar hasta la pubertad, que es cuando se inicia la formación de los espermatozoides.

- Epidídimo
  Se encuentra en la parte posterior del testículo y tiene una cabeza, pegada al testículo, que recoge el contenido del testículo, para transportarlo al exterior. Desemboca en el conducto deferente. Es muy importante en la maduración de los espermatozoides.

- Conductos deferentes
  Son unos conductos, a continuación del epidídimo, que terminan en las vesículas seminales y sirven para transportar los espermatozoides hacia la uretra.

- Vesículas seminales
  Están situadas debajo de la vejiga y tienen la función de producir un líquido viscoso que facilita los movimientos de los espermatozoides.

- Conductos eyaculatorios
  Es la parte en la que confluyen los conductos deferentes y las vesículas seminales.

- Próstata
  Está situada a la salida de la vejiga y es del tamaño de una castaña. En la próstata coinciden los conductos eyaculatorios. A partir de aquí, el camino que siguen los espermatozoides para salir al exterior es el mismo que sigue la orina. Dentro de la próstata hay una especie de anillo muscular que existe en la zona de la vejiga que desemboca en la

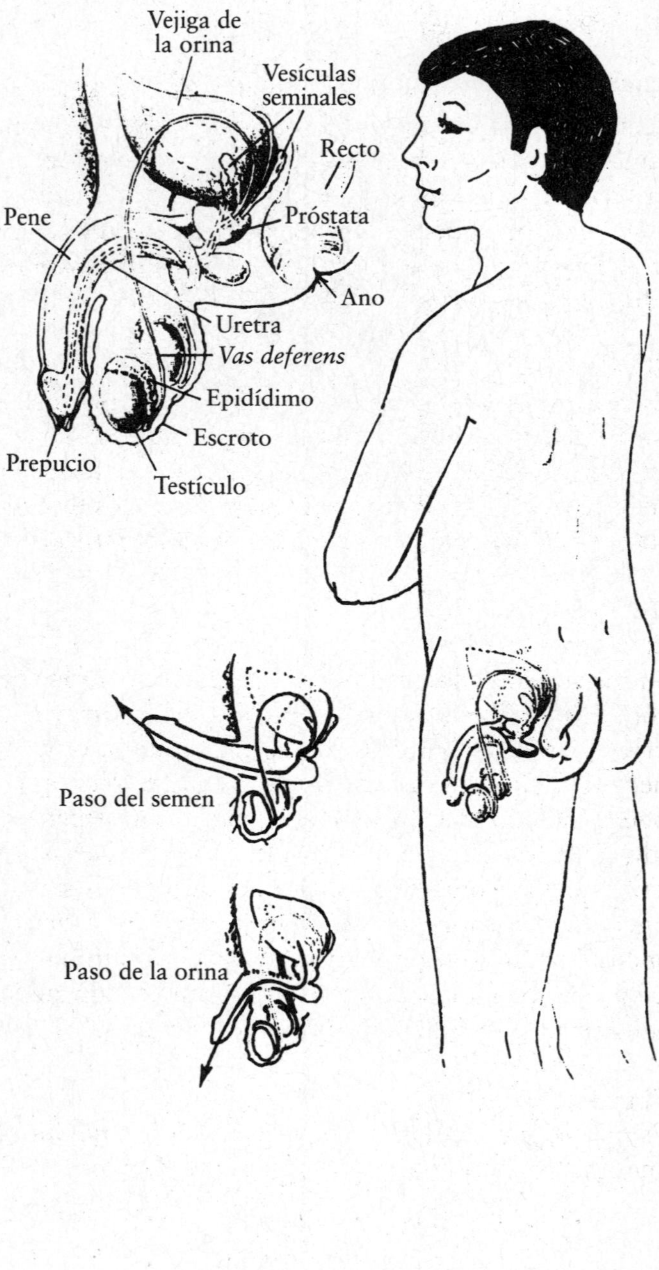
Vejiga de la orina
Vesículas seminales
Recto
Pene
Próstata
Ano
Uretra
Vas deferens
Epidídimo
Escroto
Prepucio
Testículo
Paso del semen
Paso de la orina

uretra. Si se desea hacer pis el anillo se abre; sin embargo, durante la excitación sexual se cierra para que sólo pueda salir el semen.

- Glándulas de Cowper

Están situadas debajo de la próstata, junto a la uretra. Su misión es la de producir un líquido que sale por el pene para facilitar la penetración. Este líquido, por sí solo, no contiene espermatozoides, pero al recorrer su camino para salir al exterior puede arrastrar consigo espermatozoides y producir un embarazo.

- El escroto

Es una bolsa de piel muy fina que cuelga por delante de los muslos y que aloja a los testículos. Su función es la de controlar la temperatura del testículo, de tal forma que cuando hace frío el escroto se arruga y acerca los testículos hacia el abdomen, para que guarden su temperatura.

Externos

- El pene

Su forma alargada y cilíndrica le capacita para la copulación. En su extremo se encuentra el glande y atraviesa su interior la uretra, conducto por el que pasan la orina y el semen para salir al exterior. Mediante la erección el pene se puede introducir en la vagina y depositar el semen en su fondo. Dentro del pene podríamos decir que hay una estructura que es como una esponja: al llegar más sangre a los genitales esta especie de esponja empieza a llenarse, proporcionando al pene la dureza necesaria para la penetración. También tiene dos conductos, uno a cada lado del canal central, que se llaman cuerpos cavernosos.

- El prepucio

Es la piel que recubre el pene. Tiene cierta movilidad y cuando se produce una erección deja el glande al descubierto. Cuando la abertura final del prepucio no permite la salida del glande, hablamos de fimosis.

- El frenillo

Es un trozo de piel flexible que une el glande con el prepucio.

- El glande

Es la cabeza del pene, tiene gran número de terminaciones nerviosas, lo que le convierte en una de las zonas más sensibles del pene, especialmente en la zona de la corona. La estimulación de esta zona, junto con el frenillo, es una de las fuentes fundamentales de placer en el hombre.

Femeninos

- El himen

Es la membrana que se encuentra en la entrada de la vagina y está perforada parcialmente, dependiendo de la mujer. La rotura del himen puede producir un pequeño sangrado sin importancia.

- La vagina

Es un conducto que se extiende desde el útero hasta la vulva, es un conducto músculo-membranoso que mide aproximadamente 12 centímetros. Es muy elástica, por tanto se puede adaptar a cualquier tamaño de pene. En su interior se encuentran unos gérmenes que se llaman bacilos de Döderlein, que se encargan de mantener ácida la vagina para defenderla de posibles microbios e impedir que se produzcan infecciones. Es como si la vagina tuviera su propio sistema de lavado. Aparte de las glándulas de Bartolino, encargadas de lubricar la vulva en la respuesta sexual, la vagina también segrega un fluido que se encarga de lubricarla cuando se produce la excitación.

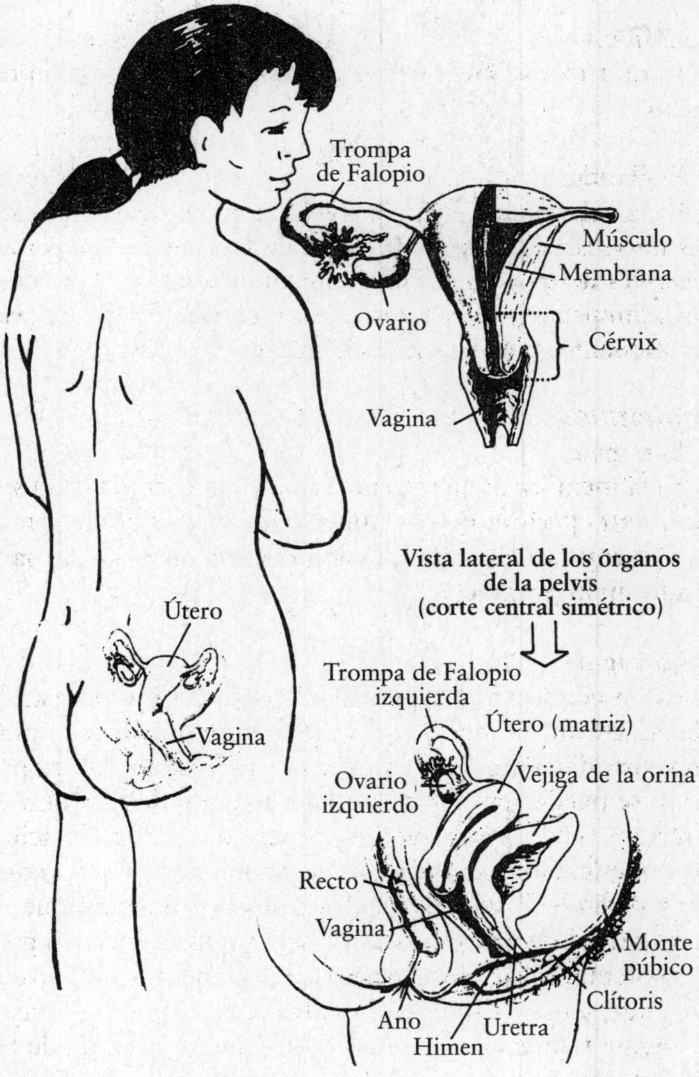

Vista lateral de los órganos de la pelvis (corte central simétrico)

- Punto G.

Recibe este nombre por su descubridor, el ginecólogo alemán Ernest Gräfenberg quien, en 1960, aseguró su existencia en la pared superior de la vagina, a unos cinco centímetros de la entrada de ésta. Para localizarlo, la mujer puede colocarse en cuclillas o tumbada boca arriba con las rodillas flexionadas, e introducir un dedo doblado hacia arriba, haciendo un movimiento de vaivén, como si se indicara a alguien con el dedo «ven aquí...». Muchos ginecólogos no reconocen su existencia o al menos no en todas las mujeres. Se ha comprobado que algunas mujeres llegan a emitir un líquido, comparable a la eyaculación masculina, cuando son estimuladas en este punto y dicen experimentar orgasmos más intensos. La otra cara de la moneda está en aquellas mujeres que al ser estimuladas en esta zona, sienten incluso molestias. Por probar... que no quede.

Externos

La vulva es el órgano más externo de los genitales femeninos. Está formada por:

- Los labios mayores

Son los que se llenan de vello a partir de la pubertad, y que, además, protegen a los labios menores. Estos recubren el orificio vaginal.

- El clítoris

Se encuentra en la unión de los labios menores, tiene el tamaño de un guisante y está recubierto por un capuchón que lo protege. Tiene una estructura parecida a la del pene y es el punto de máxima importancia en la sexualidad femenina.

Órganos externos secundarios son los pechos, de incalculable valor en las relaciones sexuales; el monte de Venus, que es la zona donde se instala el vello del pubis y que es también tremendamente erótico; el perineo y el ano.

Hormonas

A mí todo el mundo me dice que estoy en la edad del pavo, y estoy con la pubertad. ¿Eso qué significa exactamente? (Loli, Cuenca, 13 años.)

La edad del pavo, efectivamente, coincide con los cambios que se producen en la pubertad y adolescencia. Es cuando, digamos, empiezan a salir las plumas de colores y a abrirse como inmensos abanicos. Es un momento en el que el cuerpo empieza a decir cosas y tus emociones varían de un día para otro. Puede ser una época muy dura, pero también maravillosa.

Es un momento en el que te buscas a ti misma y sientes todas las cosas con enorme intensidad, crees también que eres capaz de todo y que nadie te comprende como tú quisieras. Deseas tener tus propios momentos de intimidad y estás buscando constantemente respuestas a todo lo que te pasa.

En esta época es posible que no te entiendas muy bien con tus padres, pero tienes que darles un poco de tiempo para que se acostumbren a tus cambios. Aunque creas que no te comprenden en absoluto, dales una oportunidad y trata de compartir con ellos tus inquietudes y tus dudas.

¿Qué es la pubertad? (Carmen, 18 años.)

Aparte de todos los cambios que acabo de mencionar, que no son pocos, la pubertad se caracteriza por una serie de cambios que ocurren en el cuerpo. Es el momento en el que empieza el desarrollo de una persona, en el que los órganos reproductores comienzan a funcionar, y esto sucede gracias a determinadas hormonas que inician también su labor. Esta labor consiste en producir una serie de transformaciones fisiológicas que convierten al niño y a la niña en hombres y mujeres capaces de tener relaciones sexuales completas y de procrear.

Las hormonas más directamente implicadas en la sexualidad humana son la testosterona, la progesterona y los estrógenos. Todas ellas se encuentran en ambos sexos, pero en diferente concentración.

¿Por qué los chicos tenemos más pelo y la voz más grave que las chicas? (Luis, Zaragoza, 14 años.)

Por el efecto de las hormonas. En el caso de los chicos la hormona predominante es la testosterona, que está producida por los testículos. Es la responsable de que la voz se vuelva más grave, aparezca el vello corporal, aumente la estatura y se desarrolle la musculatura; también es la responsable de los cambios en la estructura ósea y del desarrollo de los testículos y el pene. Además está muy relacionada con la aparición del acné en la piel. Todos estos cambios son lo que se llaman caracteres sexuales secundarios. También el efecto de la testosterona está muy relacionado con el impulso del deseo sexual: cuando los niveles de testosterona son bajos, también es posible que la libido o impulso sexual disminuya.

¿Cuáles son las hormonas de las chicas? (Sara, Madrid, 14 años.)

Las hormonas más importantes en la mujer son los estrógenos y la progesterona. Los estrógenos influyen directamente en el desarrollo de los órganos genitales y en la aparición de los órganos sexuales secundarios: la voz más aguda en la mujer, el desarrollo de los pechos, la distribución del vello y la distribución, también, del tejido graso que moldea la típica figura femenina.

Parece ser que los estrógenos también desempeñan un papel importante en el deseo sexual, ya que su presencia aumenta la libido.

La progesterona, siempre aparece después de los estrógenos y sus funciones fundamentales giran en torno a la generación de un nuevo ser. Gracias a ella el útero se prepara para la implantación de un óvulo fecundado.

¿Cuándo se produce la primera eyaculación del chico? (Rafa, Madrid, 16 años.)

Depende del desarrollo de cada chico, pero, en general, se produce durante la pubertad-adolescencia. Puede ocurrir de repente, cuando estés durmiendo, por ejemplo, o cuando te estés masturbando.

¿Qué es una polución nocturna? (Marco, Madrid, 12 años.)

Es una eyaculación que se produce mientras se duerme y que no está relacionada con tener sueños eróticos. A medida que el chico vaya teniendo mayor actividad sexual, es posible que las poluciones nocturnas sean menos frecuentes.

Higiene del cuerpo

Cuando estoy en el gimnasio nunca me cambio delante de mis compañeros porque me huele mucho el pene. ¿Por qué me ocurre?, ¿cómo puedo solucionarlo? (Juancho, Vigo, 16 años.)

Vamos a ver primero la razón. Por detrás del glande se encuentran las glándulas de Tyson, que segregan una sustancia. Esta sustancia se mezcla con las células que se desprenden de la piel, formando una sustancia grasa, blanquecina que se denomina *esmegma*. Si no se lleva a cabo una correcta higiene, el *esmegma* se acumula debajo del prepucio del chico o entre los labios menores de la chica, dando lugar a un olor desagradable que, incluso, puede causar infecciones. Por supuesto, tienes que ducharte una vez al día y lavar concienzudamente tus genitales.

Para limpiar los genitales correctamente

Los chicos tenéis que lavaros el pene retirando la piel del prepucio hacia atrás, con cuidado, y limpiar bien la corona del glande. Si tienes fimosis y te cuesta echar la piel hacia detrás, utiliza el jabón para ayudar a que se deslice la piel, e introduce suavemente los dedos, hasta donde llegues, para limpiarlo. Si la fimosis te impide una correcta higiene debes consultar con el médico para que valore la posibilidad de extirpar o no el prepucio.

En el caso de las chicas, la limpieza es bastante más fácil. Sólo tenéis que abrir un poquito los labios y limpiar con una esponja o con la mano los pliegues de la piel. Es preferible limpiar de delante hacia atrás, es decir, de la vulva hacia el ano, ya que en caso contrario se puede favorecer la entrada de bacterias procedentes del ano en la vagina. Este mismo consejo se debe seguir a la hora de limpiar los genitales cuando se defeca u orina.

Estoy obsesionada con los olores y me lavo los genitales por lo menos tres veces al día. Una amiga me ha dicho que eso no es bueno y yo me pregunto, ¿cómo no va a ser bueno?, ¿no será todo lo contrario? (Laura, Castellón, 18 años.)

Pues tu amiga tiene razón, no debes abusar de esa manera. La higiene es muy importante, pero no hay que exagerar: en la vagina tenemos unas bacterias (bacilos de Döderlein) que se encargan de velar por su estabilidad, es decir que proporcionan a la vagina la acidez necesaria para evitar infecciones. Si lavas demasiado la zona eliminarás tus bacilos y no podrán proteger la vagina, de modo que las infecciones harán su aparición. Dale a tu cuerpo la oportunidad de mostrar su olor natural, que no tiene por qué ser desagradable si te duchas una vez al día.

Algunos consejos básicos

- Aparte de la ducha, tienes que cuidar tu boca: lávate los dientes después de cada comida principal del día. Imagínate acercarte a tu chico y que le huela mal el aliento o que lleve los dientes sucios.
- Cuando te duches, seca bien la zona de los genitales, que no quede humedad en ellos. Para las chicas es importante secarse la vulva después de orinar y no abusar de los *salvaslip*, porque no transpiran.
- Es recomendable utilizar un jabón ácido para lavarse y así mantener el pH de la piel.
- No sentarse en los retretes de los sitios a los que vayas.
- Usa ropa interior cómoda, preferiblemente de algodón y no la compartas con nadie.

Acné

Es un problema que preocupa y acompleja a muchos chicos y chicas, por eso es importante seguir unas instrucciones básicas para combatirlo.

¿Por qué salen esos granos tan horrorosos? (Mel, Santander, 16 años.)

Porque la piel tiene unas glándulas sebáceas que producen grasa. Gracias a determinados gérmenes estas glándulas se inflaman y los poros de la piel se obstruyen, produciendo el grano.

¿Qué puedo hacer para que no me salgan? (Miguel, Santander, 14 años.)

- Mantén la cara limpia todos los días. Para ello debes lavártela por la mañana y por la noche, preferiblemente con un jabón antibacteriano (de venta en farmacias).
- Puedes comprar productos especiales, como jabones, lociones o cremas que venden en las farmacias.
- No lleves el pelo pegado a la cara, ya que éste proporciona más grasa a la cara y agravará el problema.
- Aunque no lo creas la alimentación también es muy importante: come sano y evita abusar de los embutidos, chocolates, bollos industriales...
- Aunque te resulte imposible, no aprietes los granos cuando están saliendo ya que los infectarás más y volverán al principio. Si acaso los tocas, hazlo con las manos limpias, usando papel higiénico y habiéndote lavado la cara previamente.

Si el problema no se resuelve de esta manera, acude a un dermatólogo, médico especialista en problemas de la piel, para que te ponga un tratamiento adecuado.

El pene

¿Por qué el tamaño del pene es tan importante? (Silvia, A Coruña, 25 años.)

En realidad esto no debería ser así, ni mucho menos. El pene ha sido objeto de culto durante siglos y se le ha otorgado extrema importancia en la perpetuación de la especie. En la prehistoria, por ejemplo, el hombre descubre que el pene es el origen de la vida y a partir de ese momento se le considera un dios... Hoy en día sabemos que incluso un pene de dimensiones discretas puede ser tan efectivo como uno más grande, tanto en lo que respecta a la fertilidad como al placer.

¿Cuánto tiene que medir un pene para considerarlo normal? (Pedro, Madrid, 23 años.)

En reposo, de 7 a 9 cm.

En erección, unos 15 cm.

En general, el incremento medio del tamaño de un pene en erección es mayor en los penes pequeños, es decir, que las diferencias entre un pene grande y uno más pequeño tienden a desaparecer en estado de erección porque el pene pequeño crece más que el grande.

Un pene que mida menos de 8 cm en erección se considera un micropene.

Me da vergüenza que mi chica piense que tengo el pene más pequeño que su ex novio, ¿y si no soy capaz de darle placer? (Francisco, Lleida, 26 años.)

Por supuesto que puedes darle placer. El tamaño del pene NO es lo más importante en una relación sexual, sino lo que hagas en la cama para que tu pareja disfrute: pregunta y escucha. Ten en cuenta que la máxima sensibilidad de la vagina se encuentra en el primer tercio de ésta, en la parte externa, con lo cual no necesitas tener un gran pene para hacerle disfrutar, ¿no crees?

Tengo miedo al pene de mi novio porque tengo la sensación de que es demasiado grande, ¿me lo podrá meter?, ¿me hará daño? (Mónica, Lugo, 22 años.)

Lo primero que tienes que pensar es que la vagina es muy elástica y se adapta al pene con facilidad. Si el pene es muy largo puede rozar el cuello del útero, lo que te proporcionará sensaciones muy placenteras. Pero tenéis que procurar que no golpee el útero, ya que si se mueve bruscamente puede ser molesto para ti. En caso de tener un pene muy grande, deberéis procurar adoptar posturas en las que no se produzca una inserción completa del pene. Pero antes de asustarte, prueba si el pene te hace daño o no.

La erección

¿Cómo se produce la erección del pene? (Carlos, Málaga, 14 años.)

Cuando el hombre se excita, los cuerpos cavernosos de su pene se llenan de sangre y ésta queda retenida durante un tiempo determinado, hasta que se alcanza el orgasmo o la estimulación cede.

¿Por qué cuando me levanto tengo el pene en erección?; no recuerdo haber tenido ningún sueño sexual. (Toni, Huelva, 17 años.)

No tiene que ver con los sueños eróticos. La explicación es más sencilla. Generalmente esas erecciones matutinas se producen porque la vejiga está llena. En cuanto orines la erección irá bajando. Por otra parte, aunque esto no está directamente relacionado con tu consulta, conviene que sepas que tanto los hombres como las mujeres tienen erecciones y lubricación vaginal, respectivamente, durante la noche, durante la fase de sueño que se llama REM.

Sabías que...

Los hombres de raza negra tienen el pene un centímetro más largo que los de raza blanca y tres más que los asiáticos.

Curiosidades

Los griegos solían portar falos de piedra o bronce como amuleto protector contra influencias malignas.

En Roma, los panaderos elaboraban galletas y pasteles con forma de pene en la creencia de que eran benditos, y los comercios tenían a la entrada una imagen fálica para asegurar la prosperidad.

Pechos

¿Por qué llaman la atención los pechos de la mujer? Según diferentes culturas los pechos tienen más o menos valor erótico, pero lo que está claro es que en nuestra cultura es el mayor símbolo de la feminidad y el erotismo. El prestigioso director Billy Wilder decía que Marilyn Monroe tenía los pechos como el granito, que desafiaban la fuerza de la gravedad, y como él cientos de personas han admirado con emoción no sólo a Marilyn y sus contemporáneas, sino a mujeres de todas las épocas, como Sofía Loren o Raquel Welch.

Depilación
Algunas mujeres tienen pelos en la zona de la areola. Se pueden depilar con pinzas, ya que son largos y gruesos. Después de depilar la zona, conviene lavarla para que no se obstruyan los poros.

Dormir boca abajo
La presión que se produce sobre el pecho puede reducir su firmeza, lo mejor es dormir de lado o boca arriba.

Ejercicio
La natación y la gimnasia son los mejores aliados para mantener firme el pecho.

Sujetador
Utiliza sujetadores cómodos, los hay de todas clases. Si son con aros, que no presionen el pecho. Se puede dormir con sujetador, pero mejor que sea sin aros. Ha de ser una prenda cómoda que no apriete ni moleste durante la noche.

Pechos pequeños
Aprovecha las ventajas que te brinda un pecho pequeño: camisetas ajustadas, biquinis... Puedes probar a llevar sujetadores con relleno ¡hacen milagros! Pero no te obsesiones, muchos chicos prefieren pechos más pequeños y *manejables*. Un pecho pequeño puede ser tan erótico como uno más grande, recuerda que las sensaciones de placer no dependerán del tamaño de tu pecho.

Pechos grandes
El sujetador te ayudará a llevarlo más recogido, para evitar que se caigan. No trates de ocultarlos, existen sujetadores que ayudan a disimularlos. Si realmente estás muy acomplejada puedes recurrir a la cirugía estética. Tendrás que informarte en un médico.

Pezones
Los tengo metidos hacia dentro, ¿qué me pasa? (Susana, Valencia, 13 años.)

Nada, algunas mujeres los tienen hacia dentro y no tiene ninguna importancia, ahora bien, si de repente se meten hacia dentro y nunca te había ocurrido, conviene que consultes a tu médico.

Curiosidades

En la Alta Edad Media se llevaban las mujeres *planas*, como los hombres, ya que las pasiones carnales distraían al espíritu. La mujer vestía con túnicas amplias que no permitían adivinar sus curvas.

En la Baja Edad Media la mujer baja el escote y entalla el corpiño para realzar su busto. Asoma ya la concepción erótica del pecho, aunque el gusto se inclina por los pechos pequeños y púberes situados muy altos, sobre un vientre generoso.

Sabías que...

Para los esquimales, el pecho sólo es para amamantar y dar calor con su contacto.

Noticias

Más de la mitad de los españoles no se ducha todos los días. Según un estudio de Demoscopia presentado en Madrid, el 20% de las personas reconoce que sólo se ducha una o dos veces por semana y sólo un 43% dice hacerlo diariamente. Cada español utiliza como media ocho minutos al día en ducharse y se calcula que si se sumara el tiempo que dedica a esta tarea durante todo un año, habría permanecido en la ducha dos días completos.

Cuidado con la excitación sexual masculina. Si eres uno al que le cuesta controlar las manifestaciones de su excitación lo mejor es que no vayas nunca a Jackson (Mississippi). En este estado sureño se está estudiando la posibilidad de crear un reglamento según el cual sería ilegal «mostrar los genitales masculinos cubiertos en un evidente estado de turgencia». Quienes vulneren el reglamento, podrían enfrentarse a una pena de un año de prisión y una multa de hasta 2.000 dólares.

Recuerdo mi juventud y aquel sentimiento que nunca más volverá. El sentimiento de que yo podría durar más que todo, más que el mar, más que la tierra, más que todos los hombres.

JOSEPH CONRAD

3

La menstruación

–A veces me pregunto cómo habéis conseguido inventaros a vos misma.

–No he tenido otra opción, soy mujer y las mujeres estamos obligadas a ser más sabias que los hombres. Que podéis destrozar nuestra reputación y nuestra vida con sólo unas cuantas palabras. Por eso he tenido que inventarme no sólo a mí misma sino formas de escapar que nadie había imaginado.

Las amistades peligrosas

La menstruación, o la regla, es una hemorragia que se produce periódicamente, como consecuencia de un ciclo que se repite en el cuerpo de la mujer. Concretamente, se trata del desprendimiento del endometrio, que es la mucosa que tapiza el útero. Es un acontecimiento muy importante en la vida de una chica ya que supone el paso de la etapa de la niñez a la etapa de la fertilidad. Algunas chicas viven este momento con verdadera angustia, y otras, sin embargo, están deseando que llegue. Lo que está claro es que pasa un tiempo hasta que la *nueva* mujer se acostumbra a sus reglas y se convence a sí misma de que su vida no ha cambiado tanto como creía en un principio y de que este hecho es algo completamente natural. Aunque, aún hoy, existen todavía muchos tabúes con respecto a la regla. Veamos algunos de ellos:

- Es perjudicial bañarse porque la menstruación se corta.
- No se pueden mantener relaciones sexuales.
- Durante los días de la regla, la mujer está deprimida y de mal humor.
- Si el ciclo no es de 28 días es que existe algún problema.
- No se deben realizar ejercicios bruscos durante esos días.
- Las mujeres sufren de lo que se llama síndrome premenstrual.

Tengo 14 años y todavía no tengo la regla ¿tengo que ir al ginecólogo? (Luisa, Segovia, 14 años.)

De momento no es necesario. La primera regla, también llamada *menarquia,* no hace su aparición en una edad concreta, depende de muchos factores como, por ejemplo, del tipo de alimentación, de cuándo la tuvo tu madre y, por supuesto, del grado de desarrollo que tengas en ese momento. Hay chicas que a los 12 años empiezan a desarrollarse a gran velocidad y otras en las que esto ocurre más tarde. No hay normas, oscila entre los 9 y 16 años. Aún hay tiempo.

¿Me debo duchar cuando tengo la regla? (Elisa, Madrid, 16 años.)

Por supuesto que sí, y con mucha más razón que cuando no tienes la menstruación. La sangre que proviene del útero no huele mal, pero cuando sale del cuerpo y se deposita en una compresa al cabo de un tiempo empieza a desprender mal olor. Para que esto no ocurra tienes que cambiar de compresa o tampón cada cierto tiempo y además debes ducharte una vez al día.

Después de mis primeras reglas he pasado unos meses sin ella, ¿esto es debido a que las hormonas no funcionan plenamente todavía? (Coral, Santander, 17 años.)

Los primeros dos o tres años de la regla suelen ser algo irregulares.

¿Qué pasa si la regla es muy abundante? (Rosa, Valladolid, 20 años.)

La cantidad no es igual en todas las mujeres, pero lo más habitual es una cucharada sopera, si la hemorragia es mayor conviene que vayas al *gine* ya que la pérdida de sangre puede provocar anemia.

Cuando sangro me salen como trozos más espesos de sangre, ¿es malo? (Aurora, Sevilla, 22 años.)

No, esos trozos son coágulos de sangre y son completamente normales. El útero expulsa células muertas y mucosidades mezcladas con sangre y eso es lo que forma los coágulos.

¿Para qué sirve el flujo?, porque yo antes no lo tenía y ahora sí. (Nines, Palencia, 19 años.)

Ahora lo tienes porque tu cuerpo se está transformando, de manera que las paredes de la vagina segregan este nuevo fluido, que es blanquecino, y ayuda, además, a eliminar células muertas de la vagina. A partir de ahora y hasta el cese completo de las reglas, en la menopausia, tendrás este flujo y cambiará a lo largo del ciclo. Se hará más viscoso durante los días de la ovulación y más espeso el resto de los días.

Ciclo menstrual

¿Por qué las chicas tenemos la regla? ¿No podemos evitarlo? (M.ª José, Zamora, 16 años.)

Me temo que eso no es posible. La regla forma parte de un proceso de maduración del cuerpo que no se puede impedir y que, además, posibilita que en un futuro puedas ser madre. Es lógico que ahora no valores esto, pero con el tiempo es muy probable que tu forma de pensar cambie radicalmente.

Veamos por qué se produce: cuando una niña nace tiene en sus ovarios millones de folículos que contienen los óvulos. En dichos ovarios existen células que son capaces de sintetizar hormonas, pero no se producen en cantidades suficientes para que funcionen. Al llegar la pubertad los ovarios empiezan a producir las hormonas, y por efecto de éstas, el óvulo madura y abandona uno de los ovarios. Entonces el óvulo recorre la trompa de Falopio hasta llegar al útero. A este hecho se le llama ovulación. Todo esto tiene una finalidad y es que un espermatozoide se encuentre con un óvulo en la trompa de Falopio y lo fecunde. Digamos que todo el cuerpo se prepara para recibir a una nueva vida. Mientras tanto, el útero también se prepara, de manera que el endometrio va creciendo por efecto de las hormonas (estrógenos y progesterona) hasta constituir una perfecta camita para recibir y alimentar al óvulo fecundado que se irá convirtiendo en un bebé.

Ahora bien, si no se produce la fecundación bien porque no se tengan relaciones sexuales, porque se use un método anticonceptivo, o por cualquier otra circunstancia, lo que ocurre es que bajan los niveles de estrógeno y progesterona, el óvulo desaparece y se expulsa el endometrio, junto con otros nutrientes, a través de la vagina, hacia el exterior.

¿Por qué hay tantísimos miles de óvulos si nunca vamos a tener tantos hijos? (Elena, Cáceres, 14 años.)

Ten en cuenta que de todos esos óvulos muy pocos llegarán a madurar. Efectivamente tan sólo unos pocos de esos óvulos serán fecundados por un espermatozoide, pero recuerda que a partir de la primera regla, el ciclo menstrual se produce cada mes hasta que la mujer llega a la menopausia, que es el momento en que sus ovarios dejan de producir óvulos, y ella deja definitivamente de ser fértil (véase el capítulo 19) y, por tanto, podríamos decir que necesitamos una buena reserva en nuestro cuerpo.

¿Qué días son los más fértiles en una mujer? (Eva, Barcelona, 25 años.)

Son los días en los que se produce la ovulación. La liberación del óvulo se produce aproximadamente en la mitad del ciclo, en un ciclo de 28 días sería el día 14. La hipófisis, glándula productora de hormonas, envía órdenes al ovario para que produzca estrógenos y progesterona. Por eso decimos que el ciclo menstrual se divide en dos mitades:

La primera mitad abarca desde el primer día del ciclo hasta el día 14, aproximadamente. Esta fase está controlada por los estrógenos: el endometrio crece y se desarrolla y si no se produce la fecundación, a las dos semanas se descama y sale al exterior.

La segunda mitad comienza con la ovulación y dura hasta el primer día de la siguiente regla. Después de la ovulación el folículo se convierte en óvulo (cuerpo lúteo) y éste produce progesterona, gracias a la cual el endometrio se hace más grueso. Si no se da la fecundación, la producción de estrógeno y progesterona desciende y gracias a este descenso se desprende el endometrio y sobreviene la regla. Por el contrario, si el óvulo es fecundado, la producción de estrógeno y progesterona aumenta, evitando la ovulación y menstruación durante los meses que dure el embarazo.

Vemos, pues, que el período de máximo riesgo se sitúa en torno a la mitad del ciclo, abarcando tres o cuatro días antes o después.

MENSTRUACIÓN CICLO 30 DÍAS

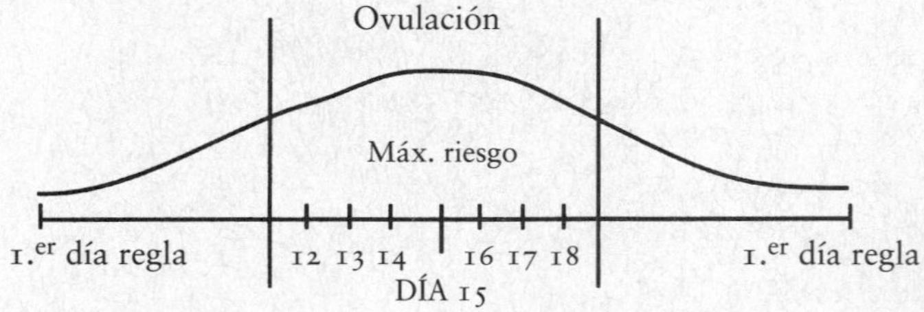

Si una chica tiene la regla cada 40 días, ¿cuándo ovula?, ¿también a la mitad del ciclo? (Maika, Madrid, 20 años.)

Sí, y no hay que olvidar que cuanto más regular sea la mujer en sus ciclos, más fácil será determinar cada mes los días en los que ovula.

¿Cuántos días dura la regla?

Esto varía de una mujer a otra, aunque suele fluctuar entre los tres y ocho días aproximadamente. También hay diferencias en cuanto a los días que dura un ciclo completo; por ejemplo, hay mujeres que tienen ciclos cortos en los que la regla les baja cada 25-26 días, frente a otras que la tienen cada 40 días. Es posible también que las reglas cambien de un mes a otro: más o menos cantidad de flujo, retrasos o irregularidades... Esto se debe a que los primeros años que la chica tiene la regla, ésta suele ser algo irregular, hasta que se estabiliza. Para que no te pierdas y lleves perfecto control sobre tus menstruaciones, conviene que apuntes en un calendario cada vez que tienes la regla: es decir, el primer día del ciclo (que coincide con el primer día de la regla) y los días que dura. De esta manera sabrás cómo va funcionando tu cuerpo y además no te pillará de sorpresa cada mes cuando te baje la regla.

Yo tengo entendido que el ciclo se empieza a contar el día en que se acaba el período, pero me han dicho que no. ¿Cuándo se cuenta, pues? (Manolo, Madrid, 32 años.)

Se empieza a contar siempre el primer día que baja la regla.

Qué usar

Compresas

Se colocan sobre las bragas, pegándolas a éstas, gracias a un adhesivo que llevan. Algunas llevan *alas*, para proteger al máximo la braguita y no se manche, y además existen compresas de diferentes tamaños y tipos de absorción para que elijas las que más te gusten.

Tampones

Es una especie de cilindro de algodón, muy absorbente, que se introduce en la vagina, dejando fuera de ésta un hilo guía del que se tira para sacarlo. Algunos tampones tienen un aplicador para que resulte más fácil su introducción en la vagina, pero hay otros, sin aplicador, que se introducen empujando con el dedo. Existen también de diferentes tipos de absorción, según el flujo menstrual de la mujer. En general, los tampones tienen la ventaja de ser muy cómodos, no se notan con la ropa ajustada y permiten que te bañes.

Ahora bien, tú misma puedes elegir si quieres usar sólo tampones, o compresas, o combinarlos, por ejemplo durante la noche compresa y de día tampones... depende de ti.

¿Se puede perder el tampón en el interior del cuerpo? (Lola, Salamanca, 23 años.)

No. El canal que comunica la vagina con el útero, por donde pasaría un tampón si se perdiera, tiene el tamaño de la cabeza de una cerilla. Si comparas esto con el grosor del tampón, está claro que es imposible que esto ocurra.

¿Cuánto tiempo hay que llevarlo puesto? (Marina, Ávila, 22 años.)

En primer lugar, depende de la cantidad de flujo menstrual que se expulse. Está claro que cuando se empapa, la mujer lo cambia rápidamente, pero el problema está en que se olvide de que lo lleva puesto, porque esto sí que puede provocar una infección. Hay que estar pendiente y cambiarlo cada cuatro horas, aproximadamente, aunque no se haya manchado del todo.

¿Se pueden poner dos juntos? (Lucía, Madrid, 19 años.)

Existen diferentes tipos de absorciones. Si el flujo es muy abundante habrá que comprar los tampones de mayor absorción y cambiarlo con frecuencia. También se pueden usar con un *salva-slip*. No hay que abusar de los *salva-slips*, ya que pueden provocar infecciones por hongos a consecuencia del calor y la humedad.

He intentado meterme un tampax y me duele mucho ¿por qué me pasa? Creo que lo meto por el agujero correcto, pero aun así me duele. (Lucrecia, Salamanca, 15 años.)

Tienes que meterlo por la vagina. Muchas chicas se confunden y piensan que el tampón tiene que introducirse por donde se hace pis. Pues no, es por la vagina, ya que por ésta es por donde sale la sangre los días de la regla. La vagina es el orificio que está más cercano al ano. Un poquito más arriba de ella se encuentra el meato urinario, que es por donde se expulsa la orina (fíjate bien cuando hagas pis) y más arriba, se encuentra el clítoris.

Síndrome de shock tóxico

Es una enfermedad infecciosa causada por una bacteria. Lo padecen mayoritariamente las chicas. Se cree que está relacionado con el uso de tampones, sobre todo si éste no se cambia con la frecuencia necesaria. A veces, cuando el flujo es escaso no se cambia de tampón en todo el día y este tampón se convierte en un foco de bacterias. Los síntomas son: fiebre alta, vómitos y diarrea, dolores musculares, quemaduras en la piel parecidas a las solares... Si en algún momento notas alguno de estos síntomas cuando lleves un tampón puesto, acude inmediatamente al médico, ya que esta enfermedad puede llegar a ser muy grave.

Síndrome premenstrual

Sé perfectamente cuándo le va a bajar la regla a mi novia porque unos días antes está mucho más irritable. ¿Es esto normal? (Pablo, Oviedo, 19 años.)

Muchas mujeres experimentan, antes de tener la regla, una serie de cambios físicos y emocionales cuyos síntomas pueden ser: dolores de cabeza, cierta retención de líquidos, vientre y pechos más hinchados, y además una mayor tensión, irritabilidad o sensibilidad. Está demostrado que con una buena educación sexual estos síntomas podrían atenuarse o incluso desaparecer. El hecho de estar amargada o agobiada en esos días ayuda claramente a que aparezca ese malestar, esa pesadez, esa sensación de «otra vez este rollo de regla». La menstruación no debería suponer cambio alguno en nuestra vida normal. Algunas mujeres se encuentran más activas e incluso más receptivas sexualmente durante los días de la regla.

Me hincho mucho y me siento muy incómoda. (Claudia, Santander, 20 años.)

Aprovecha estos días para beber más agua y tomar menos sal. Te sentirás mejor.

¿Los chicos comprenden a las chicas? (Sofía, Madrid, 17 años.)

Es difícil que un hombre entienda lo que significa tener la regla, puesto que es algo que se le escapa, pero esto no quiere decir que no se interese y se implique al máximo con respecto a las reglas de su pareja. Muchos hombres llevan, incluso mejor que su pareja, las cuentas del ciclo menstrual y son un constante apoyo si se les necesita. ¿Cuántas veces habremos visto a un chico comprando compresas o tampones para su chica? En general, los chicos suelen responder bien ante esto, así que merece la pena compartirlo con ellos de la manera más natural posible.

Hacer el amor

Mi chico quiere hacer el amor cuando tengo la regla pero yo no sé si esto será bueno. ¿Qué puede pasar? (Ana, Ciudad Real, 19 años.)

Nada malo, si ambos estáis de acuerdo en hacer el amor. Tan sólo que os podáis manchar de sangre. Cubrir con toallas o similar el sitio donde vayáis a hacer el amor y tened a mano toallitas húmedas para limpiaros nada más terminar. Generalmente la sangre aparece cuando el chico retira el pene de la vagina.

¿Se puede coger alguna infección haciendo el amor con la regla? (Paula, Soria, 22 años.)

No, puesto que la sangre proviene del útero y está limpia de gérmenes. Eso sí, es conveniente que ella se limpie antes del coito y los dos después del mismo.

¿Se puede hacer el amor con un tampón puesto? (Feli, Madrid, 18 años.)

No debe hacerse, piensa que sólo con que tu pareja intente introducir el pene en la vagina será suficiente para que empuje el tampón y pueda hacerte daño. Además, esto sí que sería antihigiénico. Retira el tampón y a continuación haced el amor.

¿Se puede hacer petting *con tampón puesto? (Sole, Granada, 20 años.)*

Como en el *petting* se realizan todo tipo de juegos excepto la penetración, puedes practicarlos con el tampón puesto. Llevar puesto el tampón no impedirá que la mujer obtenga un orgasmo mediante la estimulación del clítoris o frotando los cuerpos.

Cuando me excito y tengo puesto el tampón, expulso flujo como siempre y no lo comprendo puesto que el tampón debería taponar y no dejar salir el flujo, ¿no? (Susana, León, 19 años.)

No exactamente. El hecho de que se humedezca la vulva de la mujer debido a la excitación sexual ocurre gracias a las glándulas de Bartolino, que segregan ese fluido. Estas glándulas están situadas a ambos lados del orificio vaginal, en el comienzo, y no en el fondo de la vagina, donde está insertado el tampón. Por eso, cuando te excitas sigues notando la humedad.

Dismenorrea

¿Por qué duele la regla? (Sonsoles, Cáceres, 18 años.)

Hay mujeres que casi nunca sufren dolores, sin embargo otras sí que lo pasan mal. Los dolores se deben a las contracciones del útero. Parece ser que el cuerpo segrega mayor cantidad de prostaglandinas, que son las responsables de las contracciones del útero. Si el útero se contrae, se puede reducir el riego sanguíneo y el oxígeno, lo que provoca el dolor.

¿Qué se puede hacer? (Teresa, Guadalajara, 20 años.)

- Ante todo, trata de distraer la atención al máximo y no estés pendiente del dolor.
- Puedes comprar en la farmacia algún tipo de medicación específica para los dolores menstruales o incluso aspirina, que inhibe la secreción de las prostaglandinas.
- Aprovecha el momento para darte un baño de agua caliente con espuma, para relajarte, o ponte calor en la zona que te duela. Te aliviará.
- En general, realiza actividades que te gusten y te apetezcan.
- Si no consigues paliar el dolor con medicamentos, acude a un ginecólogo. En muchos casos, los anticonceptivos orales son un tratamiento muy efectivo, independientemente de que se use también como anticonceptivo.

- En algunos casos, incluso hacer el amor con tu pareja, siempre y cuando ambos miembros de la pareja lo deseen, puede relajar considerablemente, ayudando, así, a reducir el dolor.

¿Se puede masturbar una mujer con regla? (Ana, Mallorca, 20 años.)

Por supuesto que sí. La regla sólo es sangre, y no tiene que asustar. Además, algunos sexólogos consideran que los días de la regla, la zona de la vulva está más sensible y por tanto, hay chicas que disfrutan más de sus relaciones sexuales.

¿Puede retrasarse la regla por la masturbación? (Azucena, Logroño, 22 años.)

No tiene por qué. A veces un problema, los nervios, el estrés... son los que pueden propiciar un retraso en la regla, y puede haber una coincidencia.

¿Con la regla se retrasa el orgasmo? (Margarita, Bilbao, 23 años.)

La regla no tiene ninguna relación con el orgasmo, aunque depende de tu disponibilidad a practicar el sexo cuando estás con ella. Es decir, si no te encuentras del todo a gusto y estás más pendiente de la regla que de disfrutar el momento, entonces sí es posible que tengas problemas para alcanzar el orgasmo; por el contrario, a muchas mujeres les ocurre que durante los días de la regla se les abre el apetito sexual y están mucho más receptivas y sensibles, por lo que las relaciones sexuales le resultan más placenteras. Como ves, esto parte de ti misma, no de tu menstruación.

Si no tienes relaciones sexuales y no te baja la regla, ¿por qué ocurre? (Clara, Guadalajara, 16 años.)

Suele ocurrir con frecuencia porque, en las primeras reglas, los ciclos son todavía irregulares. También puede ocurrir por seguir una dieta de adelgazamiento, realizar un viaje, haber cambiado de hábitos, por tener algún problema que te preocupe y agobie o simplemente por pasar por una etapa de gran agotamiento físico y estrés.

Tengo una amiga que es anoréxica y me dice que se le ha quitado la regla. ¿Es esto posible? (Jana, Santander, 20 años.)

Sí, precisamente la falta de regla o amenorrea es uno de los síntomas que sobrevienen a las personas con anorexia nerviosa. En algunos casos, cuando la chica engorda de nuevo, las reglas se restablecen, pero en los casos graves de desnutrición es posible que se produzca esterilidad para el resto de su vida.

¿Cómo se lo digo a mi madre? (Rosa, Valencia, 13 años.)

Éste es un tema que puede resultar un poco difícil de decir, porque da cierta vergüenza, pero ante todo tienes que pensar que tu madre ha pasado por lo mismo que tú y se sentirá orgullosa de este cambio en ti y querrá que lo compartas con ella. Es posible que nunca la hayas oído hablar de estos temas en casa, pero basta con que rompas el hielo para hacerle todas las preguntas que necesites. No te cortes.

Curiosidades

Uno de los tabúes más extendidos es el que relaciona la menstruación con la impureza o como algo dañino. En algunas zonas rurales de España aún se piensa que si la mujer que está menstruando toca los frutos en tiempo de cosecha, éstos se estropean a las pocas horas, o que si se acerca al vino cuando está fermentando, se agria. De otro lado, ésta es la razón por la que los indios yurok del norte de California aíslan a las mujeres, y es que, así, los hombres permanecen separados de la contaminación de la sangre menstrual. Y antiguamente en el Peloponeso el hecho de menstruar dejaba a la mujer a la misma altura que un criminal. Entre los pueblos pastores del África Oriental, las medidas de precaución ante las mujeres menstruantes son muy severas: se aparta a la mujer de la comunidad y se le prohíbe atender el fuego, acarrear el agua o alimentos y, sobre todo, comer en presencia de los varones, pues se considera que un hombre perdería su virilidad si la mujer menstruante comiese en su presencia.

En el caso de los indios hopi, en los días que preceden y siguen a la menstruación, intensifican los contactos sexuales porque creen que las mujeres son más ardientes durante esos días.

Una mujer que permanece mujer es un ser completo.

COLETTE

4

La masturbación femenina y masculina

–Me siento tan humillado. No sé qué decir, es como si...
–Es posible que tú mismo seas el culpable.
–¿Cómo el culpable? ¿Por qué razón?
–¡Y yo qué sé! Un exceso de masturbación.
–Oye, no te metas con mis aficiones, por favor.

Hannah y sus hermanas

Se considera masturbación cualquier acto de autoestimularse, de tocarse la vulva y el clítoris o el pene, para obtener placer. En el pasado se pensaba que el sexo era pecado y, con ello, la masturbación, y por eso se castigaba severamente. En el siglo XIX se prohibían determinados alimentos que se suponía alimentaban la libido y llevaban a la masturbación, como las ostras, la pimienta, el café e incluso el chocolate. Igualmente se creó una especie de jaulas que impedían que una persona se pudiera tocar los genitales o una especie de cinturones con pinchos que se ponían en el pene y cuyos pinchos se clavaban cuando se producía la erección.

Afortunadamente hoy en día se puede decir que la masturbación es una práctica inofensiva que, además, favorece una actitud abierta a la sexualidad y ofrece la posibilidad de que la persona conozca de manera sana su propio cuerpo y cómo éste responde a la estimulación sexual. Durante siglos la masturbación ha estado presente en todas las culturas de manera positiva o negativa, y muchas de estas creencias, sobre todo religiosas, han continuado hasta nuestros tiempos, cristalizándose en una serie de mitos falsos que son alimentados por multitud de personas que consideran el autoerotismo como algo pecaminoso y sucio. Éstos son algunos de esos mitos acerca de la masturbación:

- Provoca ceguera.
- Con el tiempo causa esterilidad.
- Seca el cerebro.
- Las personas que la practican están *salidas*.
- Las mujeres no deben masturbarse.
- Las personas mayores no lo hacen.
- Detiene el crecimiento.
- Hace que te salgan granos.
- Si tu pareja se masturba, significa que se queda insatisfecha.

Nada de esto es cierto. Poco a poco, a lo largo de este capítulo iremos repasando todas las cuestiones que existen en torno a este tema.

Cuestiones acerca de la masturbación

¿Es cierto eso de que las mujeres se masturban menos que los chicos? ¿Por qué no lo dicen tan abiertamente como los chicos? (Sandro, Cuenca, 19 años.)

Tanto chicos como chicas se masturban. Las caricias genitales comienzan desde el primer año de vida. Lo que ocurre es que ellos tienen a la vista el pene y se lo tocan constantemente, por lo que suelen empezar antes que ellas a masturbarse. Sin embargo, las mujeres tienen sus órganos sexuales menos accesibles y en muchos casos descubren la masturbación de manera accidental, cuando se lavan o rascan la vulva, o también descubren que cuando aguantan el pis y juntan las piernas con fuerza, esto les proporciona cierto placer. También es posible que tanto una chica como un chico descubran la masturbación hablando con sus amigas y amigos y decidan probarlo. Sí parece que ellas empiezan un poco más tarde que ellos. El hecho de que lo compartan más o menos tiene que ver con que la sociedad nunca ha visto con buenos ojos el que una mujer se masturbe, parece que siempre ha sido cosa de hombres y, por ello, algunas mujeres se sienten algo cohibidas y no lo dicen por «lo que se pueda pensar de ellas». Afortundamente, cada vez más chicas pierden esa timidez y hablan abiertamente en su grupo de amistades sobre estos temas. En cualquier caso, debes saber que no es obligatorio hablar de ello. Hay muchas personas que prefieren reservar su intimidad y esto es muy aceptable.

¿Es posible que una chica no se masturbe? Mi novia me ha dicho que no lo hace y me extraña muchísimo. (Juan Luis, Vitoria, 24 años.)

Claro que es posible que no se masturbe. El que se haga o no es una elección absolutamente personal. Hay muchos chicos y chicas que no sienten la necesidad de masturbarse. Puede ser algo temporal y quizá dentro de un tiempo sí desee experimentarlo, o también es posible que nunca llegue a hacerlo. Algunas personas nunca lo han hecho por puro desconocimiento o vergüenza a probar. Habla con ella y pregúntale sus motivos, pero, ante todo, respeta su decisión.

¿Los niños se masturban?

Tengo una hija pequeña y he observado que se frota los genitales contra un cojín. Estoy preocupada. ¿Es normal? (Agustina, Ceuta, 33 años.)

Es completamente normal. Somos seres sexuados desde que nacemos. Quizá tu hija ha descubierto cierto placer con determinada estimulación y ahora lo repite. En el capítulo 17, «La educación sexual», retomaremos tu pregunta.

Cómo se masturban las chicas

Quisiera saber cómo me debo masturbar, porque no sé hacerlo. (Bárbara, Barcelona, 20 años.)

Aunque existen juguetes eróticos que puedes usar, lo habitual es masturbarse con la mano, con uno o varios dedos se acaricia clítoris, vagina, labios vaginales, pechos... A medida que la excitación aumenta, se frota con más rapidez, sobre todo la zona del clítoris, y se hace más presión, hasta llegar al orgasmo. La vulva debe estar húmeda, incluyendo el clítoris, ya que si está seca, su estimulación puede ser dolorosa. Para humedecerla se puede emplear la propia saliva.

Otra forma de masturbarse puede ser cruzando las piernas y tensando rítmicamente los músculos que rodean la vagina. Esto no es fácil pero hay verdaderas expertas en ello.

Otras mujeres frotan sus genitales con una almohada o enfocan el chorro de la ducha al clítoris o incluso introducen uno o más dedos en la vagina o en el ano. Esto depende de tus preferencias. Se pueden probar distintas maneras y escoger aquellas con las que te sientas más a gusto.

¿Puede notar el ginecólogo que te masturbas? (Carolina, Madrid, 26 años.)

Solamente si tú se lo dices.

Cómo se masturban los chicos

¿Cómo se masturba un chico? Tengo mucha curiosidad y, además, sabiéndolo podré aprender para un futuro. (Carlota, Badajoz, 15 años.)

La forma más habitual es coger el pene con una mano y moverla hacia arriba y abajo aumentando poco a poco el ritmo. La presión que se realice sobre el pene depende de las preferencias de cada chico. Unos prefieren hacer más presión en el frenillo, otros oprimir el glande con los dedos... Los hay que frotan el pene contra un almohadón o con el colchón, y también los que introducen el dedo en el ano para aumentar el placer. Es importante que los chicos se acostumbren a alargar el momento de la eyaculación al máximo, ya que el hombre que se apresura para *acabar* y tarda en eyacular menos de un minuto durante la masturbación, puede llegar a convertirse en eyaculador precoz durante el coito, y esto le traerá muchos quebraderos de cabeza. Quizá ahora no lo noten pero lo agradecerán en sus relaciones sexuales de pareja.

Yo conozco un juego en el que muchos chicos se masturban en grupo y compiten para ver quién se corre antes. ¿Es esto una desviación? (Juanjo, Guipúzcoa, 16 años.)

No, en realidad cada persona decide la manera en la que prefiere masturbarse. Lo más frecuente es hacerlo a solas, pero hay personas que en algunos momentos la practican en grupos o en pareja.

Granos

Mis compañeros se ríen de mis granos pajeros. *¿Es cierto eso de que los granos salen por masturbarse mucho? (Federico, Madrid, 17 años.)*

No, los granos salen por un problema de grasa en la piel. Estos granos, el acné que se llama, empiezan a salir justo en la pubertad y adolescencia, cuando las hormonas están en pleno apogeo. En este momento también suele coincidir con las primeras prácticas masturbatorias, tanto por parte de los chicos como de las chicas, y por eso se asocian las espinillas con la masturbación, y, además, estas espinillas suelen ser blanco de burlas de los chicos, sobre todo, pues en el caso de las chicas, los granitos están más relacionados con la regla.

En todo caso, con regla o sin ella, os masturbéis o no, tened claro que los granos salen por efecto de las hormonas.

Para combatir el acné puedes leer el capítulo «Cómo son nuestros cuerpos» de este libro, allí se explica con detalle.

Si te masturbas mucho cuando eres joven, ¿de mayor es posible tener problemas de impotencia? (José, Salamanca, 17 años.)

Por supuesto que no. Ninguna de las dos cosas están relacionadas en modo alguno. Si en algún momento sufres impotencia, la causa nunca será la masturbación.

A mí de pequeño me enseñaron que la masturbación continuada, a largo plazo, dejaba estéril, y viví pensando en ello mucho tiempo. Yo tengo un hijo, así que supongo que esto no será muy científico, ¿no? (Juan, Mallorca, 32 años.)

Claro que no. El mejor ejemplo está en ti. Esa creencia se arrastra desde tiempos inmemoriales y aún hoy sigue vigente. Es falso. Jamás se ha podido demostrar algo semejante. Un chico puede masturbarse durante toda la vida y no perder ni un ápice de fertilidad.

¿Si se secan los testículos, deja de salir semen? (Fernando, Aranjuez, 21 años.)

No, los testículos fabrican espermatozoides y fluido seminal constantemente. Si te masturbas unas cuantas veces seguidas, cada vez expulsarás menos líquido seminal, porque se va agotando, ¡pero sólo temporalmente! Si lo intentas al cabo de unas horas o al día siguiente, verás cómo vuelve a salir. Igualmente si pasas una larga temporada sin masturbarte, notarás cómo después eyaculas mayor cantidad.

Relaciones de pareja

Mi novio se masturba aparte de tener relaciones sexuales conmigo. Yo no le he dicho nada pero me preocupa que no le gusten nuestras relaciones. ¿Por qué lo hace? Yo he dejado de hacerlo por él. (Marta, Lugo, 21 años.)

La masturbación no es un sustitutivo de las relaciones sexuales sino un complemento; por lo tanto, el hecho de tener relaciones sexuales no debe anular la práctica masturbatoria. Es como si un día te apetece ir al cine sola y otro prefieres ir al parque de atracciones con tu chico porque sola no es tan divertido. La masturbación es un tipo de práctica sexual, como el coito, el sexo oral o el anal. No es menos ni más. Depende de lo que te apetezca en un momento determinado. Si tú y tu pareja os podéis masturbar mutuamente, ¿por qué no podéis hacerlo a solas? No tienes que dejar de masturbarte para demostrarle que te gustan las relaciones sexuales con él. Habla con él sobre esto y pregúntale si está satisfecho o no, así evitarás malas interpretaciones. Te quedarás mucho más tranquila.

Estoy casado y tengo una hija y a veces siento los deseos de masturbarme, pero lo hago mucho menos que antes. Es normal, ¿verdad? (Jaime, Palencia, 30 años.)

Sí que lo es. Con la edad van disminuyendo este tipo de prácticas, bien sea porque las responsabilidades familiares te absorben o, sencillamente, porque no tienes tantas ganas como antes. De todas formas, regálate de vez en cuando un ratito de tranquilidad e intimidad.

Dudas acerca de la masturbación

¿Es malo masturbarse diariamente? (Pepe, Madrid, 17 años.)

No es malo. La masturbación no es mala, sino todo lo contrario. Practicarla te permite conocerte mejor a ti mismo y aprender a disfrutar de tu cuerpo. Trata de vivirlo con intensidad y no con miedo o agobios.

Me han educado en la creencia de que la masturbación es algo sucio y, aunque yo la practico, cada vez que lo hago me siento culpable. ¿Podría cambiar esto? (Susana, Mallorca, 19 años.)

De momento, si no te sientes bien después de masturbarte, quizá no debas seguir haciéndolo hasta que estés completamente segura, ya que esta sensación de culpabilidad puede hacerte mucho daño. Para cambiar tu postura frente a este tema necesitarás un poco de tiempo y mucha información. Intenta compartir con alguien de confianza todos tus pensamientos y lee cuanto puedas acerca de temas relacionados con la sexualidad en general. Al final de este libro hay muchas referencias bibliográficas que podrás consultar y además te invito a que sigas leyendo este libro.

Pérdida de peso

¿Existe una relación directa entre masturbación y pérdida de peso? (Manuel, Madrid, 24 años.)

No. Podríamos decir que la cantidad de energía que se gasta en una masturbación es equivalente a subir una escalera, por ejemplo, y nadie adelgaza sólo por subir las escaleras hacia su casa, ¿no? Tampoco se debilita el cuerpo, ni uno pierde su capacidad energética para hacer deporte y similares, como se ha pensado tradicionalmente.

Exámenes

¿Es normal que en período de exámenes te masturbes más? Porque se supone que los exámenes deberían quitarte el apetito sexual, ¿no? (Andrés, Ávila, 21 años.)

No necesariamente. Es cierto que en época de exámenes se está más agobiado, pero eso no tiene por qué reducirte el apetito sexual, ni mucho menos. De hecho a veces ocurre todo lo contrario, pues hay chicos y chicas que combaten la tensión mediante las relaciones sexuales o la masturbación. Otras personas, sin embargo, sólo se pueden masturbar cuando están relajadas y a gusto, depende.

Adicción

La masturbación ¿puede crear adicción? (Eva, Salamanca, 20 años.)

No es algo que *enganche* si es a lo que te refieres. En algunos casos puede crear una dependencia psicológica, es decir, que se recurra a ella en todo momento para evadirse de los problemas, y encerrarse en uno mismo. Nunca hablamos de que masturbarse tiene efectos negativos, pero en ciertos casos, como éste, sí puede resultar perjudicial, sobre todo en el terreno emocional. Lo que hay que tener muy claro es que a través de la masturbación no se solucionan los problemas, hay que afrontarlos para superarlos. Disfrutar de uno mismo es positivo, pero siempre que eso no te aísle de todo lo que te rodea.

Dolores

A mí me duele la espalda cada vez que lo hago y cuando lo acabo y subo la cabeza me entra un mareo repentino. (Ángel, Asturias, 17 años.)

Es muy probable que te duela la espalda por la postura que adoptas y el mareo se puede deber a que te masturbas mirando hacia abajo, hacia el pene, y al subir la cabeza te descompensas. Es como si estás tumbado en el sofá, leyendo, y de repente te levantas bruscamente. Para evitarlo, trata de adoptar posturas en las que te encuentres cómodo, tumbado en la cama o en la bañera, o sentado, pero sin forzar el cuello hacia abajo, tampoco tienes que mirar el pene constantemente, ¿no?

Ancianos

Increíble, pero cierto, he descubierto a mi abuela masturbándose. Ella no lo sabe, pero me quedé helado. Ella es más o menos joven pero nunca me imaginé que con su edad pudiera hacerlo. (Mario, Soria, 18 años.)

¿Y por qué no va a hacerlo? Ya sé que descubrir esto puede resultar chocante, pero las personas mayores siguen teniendo sexualidad y muchas más de lo que pensamos son activas sexualmente. Además la masturbación sustituye, en gran medida, otras prácticas eróticas que requieren cierta habilidad o forma física. Recuerda que la sexualidad no es uso exclusivo de los jóvenes (véase el capítulo 19).

Juguetes sexuales

¿Qué es eso de las bolas chinas? (María, Barcelona, 19 años.)

Son unas esferas de metal, recubiertas en algunos casos de látex, que van unidas por un hilo y que se introducen en la vagina. Son de invención japonesa y se introdujeron en Francia en el siglo XVIII con el nombre de *pommes d'amour* (manzanas del amor). Los movimientos de las esferas y sus vibraciones cada vez que la pelvis cambia de posición proporcionan placer a la mujer que las lleva puestas. Se retiran de la vagina tirando del hilo que sobresale. Este tipo de *juguete* se vende en tiendas especializadas, como en las *sex-shops* (sólo pueden entrar en estos establecimientos los mayores de 18 años), y cuestan a partir de las 1.000 pesetas.

Además de las bolas chinas... existen otros juguetes sexuales que se pueden usar en la masturbación: vibradores, consoladores, simuladores de vaginas... Estos instrumentos sólo se venden en las tiendas especializadas.

Curiosidades

Entre los budistas no está bien vista la práctica del sexo oral ni el anal porque produce agitación mental, es decir, impide la meditación.

En la Edad Media el matrimonio era recomendable por dos razones: la primera porque era la única forma de concebir niños, y la segunda porque apartaba al hombre de otras locuras sexuales, como la zoofilia, la sodomía, la masturbación, el incesto, el adulterio, la seducción y la fornicación.

El sexo ha sido objeto de censura a lo largo de la historia, y con él las distintas formas de practicarlo incluida la masturbación. En el siglo XIX, los padres prevenían a sus hijos contra esta práctica con métodos como jaulas de hierro con pinchos o un circuito eléctrico que hacía sonar un timbre si el joven tenía una erección, pues se consideraba como una importante fuente de enfermedades e incluso se pensaba que podía llevar a la muerte.

La masturbación es el sexo con alguien a quien amas.

WOODY ALLEN

5

La primera vez

–¿Adónde me llevas?
–A la cama.
–¡Dios! Está bien, no me importa, llévame a la cama. No me importa nada de nada.
–No puedo creer que esto esté ocurriendo. Yo estaba muerto.
–Y yo también.
–No dejes nada para cuando él se case conmigo, sólo mi piel y mis huesos.

Hechizo de luna

En la vida cada cosa nueva que se emprende comienza, lógicamente, con una primera vez. El primer beso que se le da a esa persona que tanto nos gusta, la primera vez que descubres la masturbación, tus primeras caricias, y por supuesto *la primera vez,* esa primera vez que siempre definimos como la primera relación sexual con penetración, o, lo que es lo mismo, el primer coito.

Existe todo tipo de opiniones sobre este momento: que fue más sencillo de lo que se esperaba, que fue un momento único e irrepetible en sus vidas, que fue algo especial, o incluso que se convirtió en una experiencia horrible. Sin duda, cada persona tiene una vivencia diferente de este momento y opiniones también distintas sobre cómo prefieren vivir su primera relación sexual completa. Para algunas personas es imprescindible que exista un profundo afecto y confianza con su pareja, antes de tomar la decisión de hacer el amor. Para otras, sin embargo, su primera relación sexual es un momento más en su desarrollo sexual, y no le dan mayor importancia. Sean cuales sean las motivaciones que llevan a dar este paso, es importante tener en cuenta una serie de cuestiones que pueden marcar este momento de la vida. Empecemos por repasar algunos de los tópicos y mitos falsos más habituales que circulan en torno a *la primera vez*:

- La primera relación sexual completa es muy dolorosa para la mujer.
- La chica tiene que sangrar, si no lo hace, es que no es virgen.
- Si una mujer no tiene himen significa que no es virgen.
- El chico es el que tiene que tomar la iniciativa a la hora de hacer el amor y decidir el momento.
- Es imposible quedarse embarazada en la primera vez.
- Para los chicos la primera vez no es importante.

Dolor

Tengo mucho miedo a hacerlo por primera vez porque todo el mundo me dice que duele mucho. (Sandra, Barcelona, 17 años.)

Seguramente habrás oído múltiples comentarios de mujeres que sí sufrieron dolor en su primer coito, pero este dolor tiene una lógica explicación y es, en gran medida, el desconocimiento y la falta de información. Vamos a ver todos los factores que favorecen la aparición de dolor y cómo evitarlos.

Falta de relajación

Es lógico que estés un poco nerviosa. La mezcla del miedo al pene del chico, a sangrar o a que se produzca un embarazo no deseado pueden jugar en tu contra, pues los nervios favorecen la tensión de los músculos que rodean la vagina, cerrándola e impidiendo la introducción del pene en ella. Si pese a esta dificultad, el chico insiste en penetrar haciendo fuerza, es muy probable que el dolor aparezca (descrito como una quemazón intensa).

Recuerda

- La vagina de la mujer es muy elástica y se adapta al tamaño del pene perfectamente. Aunque creas que ese pene de tu pareja es demasiado grande, tranquila, podrá introducirlo si estás relajada.
- Si el chico nota que el pene no entra con facilidad en la vagina, ha de preguntar a su pareja si le duele y si es así dejar de intentarlo al instante. Conviene volver a la fase de caricias y abrazos procurando la relajación de ambos, antes de intentarlo de nuevo.
- La mujer jamás debe callar el dolor. No se trata de aguantar el tipo como sea, sino de disfrutar el momento y vivirlo con ilusión.

Escasa lubricación de la zona de la vulva

Tanto el hombre como la mujer tienen en su cuerpo unas glándulas, de Cowper en el hombre y de Bartolino en la mujer, que se encargan de lubricar los genitales en la fase de excitación. Concretamente, las glándulas de Bartolino, situadas a ambos lados de la vagina (véase el capítulo 2), segregan un líquido que favorece una penetración sencilla, sin dolor. Si la mujer está nerviosa o se ha dedicado poco tiempo a los juegos previos al coito, las glándulas encargadas de lubricar la zona no actuarán como es debido. Además cuanto más dolorosa sea la penetración, la lubricación será aún menor.

Para solucionar esto basta con aplicar una crema lubricante (de venta en farmacias) o bien humedecer la zona con la propia saliva.

Himen rígido

Si no se consigue una penetración completa en diferentes intentos es conveniente acudir al ginecólogo. Si resulta que el himen es demasiado rígido, con un sencillo corte se solucionará el problema.

Vaginismo

Es un espasmo involuntario que cierra el orificio vaginal de la mujer cada vez que se intenta la penetración de cualquier objeto. Es un problema que sufren gran número de mujeres. En estos casos es conveniente acudir a un especialista para que os ayude. Hablaremos de ello más adelante.

Lugar inadecuado

Sobre todo las parejas más jóvenes, no suelen tener acceso a un lugar confortable y con suficiente intimidad para hacer el amor, por lo que optan por sitios poco recomendables. Por ejemplo el coche, o un piso prestado en el que no suele haber garantías de no ser molestados. La incomodidad, unida al miedo a ser interrumpidos, favorece la aparición de problemas; por acabar cuanto antes no se dedica suficiente tiempo a los juegos previos y la chica sufre dolor con la penetración, o el chico eyacula antes de lo que esperaba. Para evitar la aparición de estos problemas conviene que planifiquéis el momento en la medida de lo posible, como esperar a quedaros un fin de semana a solas en casa, o ahorrar un poquito para hacer el amor en un hotel, lugares donde podáis tener intimidad y podáis dedicar todo el tiempo que necesitéis.

Himen

Mi novia siempre me había dicho que era virgen antes de hacerlo conmigo por primera vez, pero resulta que cuando lo hicimos no sangró ni una gota, y yo me pregunto ahora si me habrá mentido. (César, Vitoria, 18 años.)

En ocasiones, cuando el himen se desgarra, puede ir acompañado de una pequeña hemorragia sin importancia, mientras que en otras esto no ocurre. La razón de ello es que cada himen tiene una consistencia diferente y, según como sea, así será la desfloración. Un ejemplo de ello es que las chicas que utilizan tampones habitualmente durante los días de la menstruación, es posible que tengan el himen más dilatado y no tengan ningún problema a la hora de la penetración.

Igualmente, muchas niñas nacen sin himen o éste se rompe en circunstancias como una caída, un ejercicio brusco, montando a caballo o en bici, o incluso introduciendo los dedos en la vagina cuando se masturba.

Entonces, si una chica se masturba y se rompe el himen ¿pierde la virginidad? (Rosa, Murcia, 14 años.)

No. Durante siglos se ha creído que era posible determinar la virginidad de una chica comprobando el estado de su himen, algo que hoy es impensable. La virginidad no está relacionada con el hecho de tener himen o no. Solamente se pierde la virginidad cuando se practica por primera vez el coito.

¿Cómo se hace el amor?

Me caso dentro de poco tiempo y mi novio está deseando que llegue la noche de bodas porque será nuestra primera vez. Yo tengo mucho miedo porque no tengo ni idea de cómo se hace y no quiero desilusionarle. Quiero que sea perfecto, ¿qué puedo hacer? (M.ª Nieves, Alicante, 23 años.)

Pretender que la primera vez salga perfecta es poco menos que un sueño. Recuerda que nadie nace sabiendo. Puede que sea un momento perfecto en cuanto a intimidad, afecto y complicidad, pero no a la hora de la *ejecución* en sí. Y esto ocurre por la sencilla razón de que hacer el amor requiere cierta habilidad y práctica. Además, casi con seguridad, tu pareja no te pedirá que seas una fantástica amante en tu primera vez.

Por otra parte, hay que tener en cuenta que la noche de bodas no es la más adecuada para perder la virginidad, ya que los nervios acumulados por la boda pueden provocar algunos de los problemas de que hemos hablado en epígrafes anteriores. Recuerda que el secreto está en que te relajes y en que pienses no en cómo vas a responder sino en los momentos nuevos y especiales que vas a vivir.

Recuerda

Si el chico no atina a introducir el pene en la vagina, tan sólo tiene que sujetarlo con una mano y con la otra acariciar la zona de la vagina de la chica para localizarla y guiar el pene hacia esa zona.

¿Cómo hay que moverse? (Laura, Sevilla, 18 años.)

De una manera espontánea, las personas sabemos qué hay que hacer en ese momento, aunque, por supuesto, las primeras relaciones coitales no sean del todo satisfactorias. El movimiento, básicamente, consiste en un vaivén del pene hacia dentro y hacia fuera de la vagina. Poco a poco, la pareja debe ir acoplándose y aprendiendo juntos qué movimientos y posturas son las que mejor resultan. Es muy importante que habléis de todas las cosas que experimentáis, de todo lo que sentís. Si lo hacéis desde el principio de vuestras relaciones completas, será mucho más fácil solucionar posibles problemas que puedan surgir.

¿Tener un orgasmo o no? (Solechu, Pamplona, 17 años.)

Depende. Lo habitual es que no se alcance en la primera vez, ya que aún falta ese acoplamiento del que hablábamos. Pero alcanzar el orgasmo no debe constituir una meta que haya que alcanzar a toda costa. Preocúpate de disfrutar de cada caricia, de cada sensación que experimentes con tu pareja, dile que la quieres... y, muy importante, guíala y muéstrale con claridad cuáles son las zonas que deseas que estimule.

¿Por qué son tan importantes los juegos previos? (Carmen, Gijón, 18 años.)

Porque preparan físicamente al cuerpo para la penetración: la vulva se humedece y el pene también, lo cual facilita la penetración. Y, por otra parte, porque jugar ayuda a conocer lo que le gusta a tu pareja y también a conocerte mejor a ti misma, ayuda a disfrutar juntos, a reír, a desarrollar la imaginación, intentando buscar nuevas caricias y experiencias. Además, esos juegos iniciales avivan el deseo de ambos de llegar al coito. Cuanto más largos sean, mayor el deseo de alcanzar la meta.

¿Cuánto tiempo ha de pasar hasta empezar el coito en sí? (Ramón, Madrid, 18 años.)

Los juegos previos o prolegómenos son fundamentales para preparar el cuerpo para la penetración. Cuando el chico tenga una firme erección, la chica esté muy lubricada y ambos os sintáis con plenas ganas, entonces ha llegado el momento. En esto, como en todo, tampoco hay reglas.

¿Miento sobre mi virginidad para no quedar mal? (Beatriz, Salamanca, 18 años.)

Rotundamente no. En primer lugar porque no vas a quedar mal: él o ella también tuvo su primera vez y en segundo lugar porque ya es bastante difícil ese momento como para ocultarlo, quedarás peor si no te sabes desenvolver, cosa bastante probable en tu primera vez. Además, empezar con una mentira una relación íntima no es lo más recomendable. Dale una oportunidad a tu pareja para que te ayude.

Edad

Estoy un poco acomplejada porque tengo casi 30 años y aún no me he estrenado. ¿Es esto normal? ¿Soy un bicho raro? (Emma, Murcia, 29 años.)

No hay una norma general respecto a esta cuestión. Cada vez la edad de la primera vez se va adelantando más; en España está en torno a los 16 años de edad, pero esto no significa que haya que perder la virginidad en un determinado momento; en realidad, esto depende de la evolución de cada persona. Si tú has decidido esperar un momento y a una persona adecuados para ti, entonces no hay problema alguno. Si lo que ocurre es que no has podido por falta de oportunidades, tendrás que tener un poco más de paciencia. Al final todo llega.

¿Cuándo es el momento adecuado? Yo me siento preparada, pero ¿y si me equivoco? (Lourdes, Valencia, 16 años.)

Es un riesgo que tienes que correr, porque es muy difícil saber con certeza cuándo es el momento adecuado. Olvida lo que dicen tus amigos: si ellos ya lo han hecho y tú no, no te sientas presionada, espera a estar plenamente preparada, y esto significa que, aunque creas que lo estás, quizá necesites un poco más de reflexión sobre ello.

Por otra parte, muchas veces ocurre que crees que tu pareja es quien no está preparada pese a su seguridad. En este caso, deja pasar un poco de tiempo y cuando creas que ambos podéis asumir la responsabilidad, entonces habrá llegado el momento.

A veces crees que estás lista y cuando llega el momento te das cuenta de que no quieres seguir adelante. ¿Qué puedes hacer en este caso? (Mónica, Santiago, 20 años.)

Lo mejor es que hables sinceramente con tu pareja y le plantees el problema abiertamente. Quizá se desilusione en un principio pero si le preocupa cómo te sientes, se le pasará y esperará el tiempo que sea necesario. Ante todo recuerda que nunca debes seguir adelante sólo para complacer a tu pareja: sois dos, y os tenéis que respetar mutuamente.

Tengo miedo a que, si le digo que no, mi chico se canse de mí y me deje. (Sofía, Guadalajara, 18 años.)

Esto no tiene ningún sentido, aunque existan personas que pueden reaccionar de esta manera tan ilógica. Tienes que tener en cuenta tus sentimientos y hacérselos saber. Si piensas que tu chico te abandonaría si recibiese un «no» como respuesta, entonces vale la pena reflexionar sobre la conveniencia de seguir adelante con esa relación.

¿Cómo proponerlo?

Si te esfuerzas en conocer a tu pareja, bastará con sacar el tema con naturalidad y escuchar lo que ella opina. Te dirá, de manera indirecta, lo que desea. Tampoco es mala idea que sepa cuál es tu opinión. Y recuerda que nunca debes presionar al otro.

Embarazo

¿Es posible quedarse embarazada la primera vez? (Julia, Madrid, 18 años.)

Hacer el amor con tu pareja implica una seria responsabilidad. A partir de ese momento tendréis que utilizar métodos anticonceptivos para evitar tanto un embarazo no deseado como la transmisión de enfermedades, como el sida. Existe un mito alrededor de la primera vez y es que la chica no se puede quedar embarazada, pero eso no es cierto en absoluto, pues existe tanto riesgo como en cualquier otra relación sexual. Si no deseáis un embarazo, tened a mano una caja de preservativos.

Al principio os puede dar un poco de corte ir a la farmacia a comprar condones, pero no olvidéis que el farmacéutico está acostumbrado a atender a personas como vosotros. Pronto superaréis la timidez. Podéis cambiar de preservativos cada cierto tiempo hasta que encontréis lo que más os gusten a los dos.

La primera vez de los chicos

Estoy saliendo con una chica mayor que yo y me ha pedido que hagamos el amor. Ella ya tiene experiencia y yo todavía no me siento preparado, necesito más tiempo. ¿Se supone que tengo que estar deseando hacerlo? (Juan, Sevilla, 20 años.)

¿Quién decía que para ellos es menos importante su primera vez? Estamos acostumbrados a creer que el chico es quien tiene que llevar la iniciativa en la relación sexual y que la chica ha de ser sumisa y receptiva. Nada más lejos de la realidad. En ocasiones esta errónea creencia es la responsable de que el chico se enfrente a su primera relación coital con nervios y miedos, bien porque su pareja sea más experimentada que él o bien porque le hayan dicho que ha de dar la talla. No olvidemos que los chicos también necesitan su tiempo para pensar, decidir y llevar a cabo su primera vez.

El gatillazo y la eyaculación precoz, ¿por qué se producen y cómo actuar? (José, Málaga, 19 años.)

Generalmente es debido al estrés, a la gran excitación que supone esa primera relación, que produce un encuentro muy apasionado, el pensar que hay que quedar bien, el miedo a lo que ella pensará... Y también el hecho de haber bebido alcohol puede propiciar que sucedan. Si el chico pierde su erección o eyacula antes de lo deseado no importa. Es mejor tratar de tomárselo con calma y con cierta gracia. En estos casos el papel de la pareja es muy importante ya que debe quitarle importancia al hecho, animarle y hacer alguna broma para que él se relaje. Si ha sido un gatillazo, empezad de nuevo la relación y si ha sido eyaculación precoz, es conveniente que él siga acariciando a su pareja hasta que ella se sienta satisfecha.

¿Se rompe el frenillo la primera vez? (Nacho, Madrid, 16 años.)

No. El frenillo de los chicos no es el equivalente del himen de las chicas, por tanto no se tiene que romper nunca. Solamente se rompe cuando es demasiado corto o grueso y no permite movilidad al prepucio, de manera que al echar la piel hacia atrás con brusquedad se puede romper. Si esto te ocurre, es posible que os asustéis debido a la sangre, ya que es un poco aparatoso; pero tranquilo, acude al médico que solucionará el problema enseguida.

Las lesbianas y la primera vez

Si la primera vez es cuando se produce el coito en una pareja, entonces yo me pregunto cuándo una mujer lesbiana pierde su virginidad, ¿nunca? (Lara, Asturias, 24 años.)

El concepto de virginidad abarca tanto a homosexuales como heterosexuales. Lógicamente existe una serie de matices que conviene tener en cuenta. Si para una pareja heterosexual la primera vez consiste en la penetración, para una mujer lesbiana se considera primera vez esa primera relación sexual completa, su primera experiencia realmente íntima.

Curiosidades

En los burdeles europeos se ofrecían vírgenes falsas. Para prepararlas se les cosía la abertura vaginal para imitar un himen.

Hiparco y Crates consumaron el matrimonio en presencia de numerosos espectadores.

Según la ley moral romana, la mujer era el elemento pasivo que debía someterse a la ley del hombre y proporcionarle placer. El hombre era el elemento activo, el que imponía su dominio y se servía de aquélla.

El escritor francés Henri de Montherlant decía: «Después de hacer el amor el primero que habla dice una tontería».

Algunas clínicas japonesas están especializadas en devolver la virginidad a las mujeres mediante una sencilla y barata operación quirúrgica.

La religión budista no da importancia a la virginidad; de hecho, tanto el hombre como la mujer se pueden casar sin ser vírgenes. El matrimonio como sacramento no existe, y se forman parejas de hecho sin ningún rito ni ceremonia.

Para algunas sectas hindúes el acto sexual es un rito espiritual que permite alcanzar lo divino; curiosamente, en el hinduismo cobra gran importancia la virginidad masculina porque piensan que el semen es la base de la salud y de la vida y éste sólo debe dejarse escapar cuando se vaya a engendrar un hijo; lógicamente, la masturbación está censurada, no porque se considere pecado sino porque supone privar al cuerpo de vigor y energía por la pérdida de semen.

Noticias

Los estudiantes inteligentes retrasan el momento de tener relaciones sexuales. Un grupo de investigadores de la Universidad de Carolina del Norte ha llegado a la conclusión de que los adolescentes con mayor coeficiente intelectual tienen sus primeras relaciones sexuales más tarde que aquellos con inteligencia media. «Como grupo, los adolescentes más inteligentes tienden a preferir las actividades sexuales menores, tales como acariciar, besar o *hacer manitas*», indica el estudio. Los autores señalan que hay dos hallazgos que les han sorprendido: «La relación entre los índices de inteligencia y el refrenarse de realizar el acto sexual es igual en todas las razas estudiadas, pero mucho mayor en las chicas que en los chicos y más frecuente en los adolescentes mayores».

Sólo el 10% de los adolescentes considera que se ha de llegar virgen al matrimonio.

El 57,3% de las chicas creen que pueden mantener relaciones sexuales siempre que les apetezca. Hace sólo cuatro años el 34% de ellas creía que el autocontrol era una virtud. (29/03/2000)

Estadísticas

Edad de la primera vez (Informe de la Juventud, 1997, Ministerio de Trabajo y Asuntos Sociales).

Edad promedio:
Hombres: 17 años y 7 meses
Mujeres: 18 años y 8 meses

Edad	Hombres	Mujeres
Antes de los 15	7%	3%
15-19 años	76%	65%
20-24 años	16%	30%
25-29 años	1%	3%

El amor es la ocasión única de madurar, de tomar forma, de llegar a ser uno mismo, un mundo, por el amor del ser amado.

RAINER MARIA RILKE

6

Métodos anticonceptivos

–Bueno, vamos allá. Elige uno: tengo rojo, tengo amarillo..., no me queda púrpura, pero me queda un *supermaratón* ¡el condón de los campeones!, el inimitable. Te aseguro que éste es super seguro. ¿Qué te parece, eh?

–Un abanico de seguridades.

–Soy una chica segura.

Pretty woman

Los métodos anticonceptivos se han convertido, hoy por hoy, en un recurso fundamental para disfrutar de la sexualidad sin temores tanto a embarazos no deseados como a las enfermedades de transmisión sexual. En muchas instituciones se trabaja día a día para educar a los jóvenes en el uso y disfrute de la anticoncepción como parte fundamental de su sexualidad.

¿Cuál es el mejor método anticonceptivo?

En realidad no existe un anticonceptivo ideal para todo el mundo, pues cada pareja ha de decidir cuál prefiere: a una mujer le puede ir de maravilla la píldora mientras que a otra no le guste en absoluto. En general, en el inicio de las relaciones sexuales es conveniente usar el condón y más adelante pasar a probar otros tipos de métodos. En cualquier caso, el método que se escoja debe ser absolutamente seguro y contar con la aprobación de los dos miembros de la pareja.

Podemos distinguir entre métodos de barrera, naturales, hormonales, intrauterinos, poscoitales y quirúrgicos o permanentes.

Métodos naturales

Son aquellos en los que se evitan las relaciones sexuales en los días en los que la mujer ovula. Para ello es necesario aprender a controlar con exactitud estos días. Estos métodos no previenen en absoluto la transmisión de enfermedades y condicionan, en gran medida, la vida sexual de la pareja, que se ve limitada a mantener relaciones sexuales en unos días determinados. En general, son poco fiables, ya que el ciclo menstrual puede variar y producirse ovulaciones inesperadas.

Método Ogino-Knaus

Consiste en abstenerse de realizar el coito en los días que preceden y siguen a la ovulación. El período fértil, según el médico japonés Ogino, está comprendido entre los días 16 y 12 anteriores a la regla, teniendo en cuenta un ciclo de 28 días.

Para Knaus el cálculo es algo más complicado: el primer día fértil es el que resulta de restar 13 días al ciclo más corto que se ha observado, y para delimitar el último día de fertilidad se sumará 17 al ciclo más largo. Lo que resulte de cada operación será el primer y último día fértil respectivamente. Para hacer correctamente lo que Knaus indica hay que observar los ciclos durante, al menos, un año para reconocer los más cortos y los más largos, y a partir de ahí empezar los cálculos.

Billings

Consiste en controlar durante todo el mes la consistencia del flujo que sale por la vagina (el moco cervical) para determinar los días fértiles. Cuando se aproxima la ovulación el flujo es más transparente y viscoso, mientras que cuando la mujer no ovula este flujo es más pegajoso y oscuro. En algunas farmacias se venden aparatos para ayudar a detectar la ovulación

Temperatura basal

Consiste en tomarse la temperatura cada mañana, antes de levantarse, en el recto o en la vagina, sin hacer ningún tipo de movimiento antes de tomársela. En los días en que se produce la ovulación, la temperatura sube, para bajar unos tres días después de la temperatura más alta. En general, este método no es muy recomendable ya que cualquier cambio emocional, resfriado, tensiones... puede variar la temperatura, y un ligero cambio de ésta puede ser suficiente para confundir.

Lavados vaginales

No son eficaces. El lavado consiste en irrigar la vagina con una serie de sustancias que aumentan la acidez de ésta. El problema está en que, en el momento de la eyaculación del chico, los espermatozoides pueden alcanzar el útero rápidamente, por lo que cuando se aplica la ducha vaginal ya es demasiado tarde y, además, cabe la posibilidad de que el impulso de la ducha ayude a los espermatozoides a entrar en el útero. En cualquier caso no conviene realizar duchas vaginales puesto que puede alterar el pH natural de ésta.

Marcha atrás o coitus interruptus

El coito interrumpido, o *eyacular fuera,* no se puede considerar un método anticonceptivo por su alto riesgo de embarazo no deseado.

¿En qué consiste la marcha atrás? (África, Madrid, 17 años.)

Durante el coito, el chico saca el pene de la vagina antes de que se produzca la eyaculación, para que no quede nada de semen en ella.

Por qué no es eficaz

Por dos razones fundamentales: por un lado, en ocasiones el chico no es capaz de controlarse y puede expulsar algo de semen sin querer antes de retirarse de la vagina. La conocida frase de «no te preocupes que yo controlo» no es cierta, pues, aunque él crea controlar, a veces el propio cuerpo juega una mala pasada. Ante una frase de ese tipo, la mujer tiene que ser tajante y no dejarse convencer.

Por otro lado, cuando un hombre se excita, las glándulas de Cowper comienzan a segregar una sustancia para lubricar el pene. Este líquido se denomina preseminal o preeyaculación. Se llama así porque es un líquido que sale antes de la eyaculación. Este líquido acuoso por sí solo no contiene espermatozoides pero recorre el mismo trayecto que el líquido seminal para salir al exterior, es decir, pasa por la uretra. De manera que puede arrastrar consigo espermatozoides que hayan quedado en la zona, depositándolos, así, en el interior de la vagina.

Llevo meses practicando la marcha atrás con mi pareja y no se ha quedado embarazada, ¿quiere esto decir que es un buen método anticonceptivo o qué? (Marcos, Barcelona, 19 años.)

Es posible que hayáis tenido suerte. Desde luego, la marcha atrás no es un método anticonceptivo por las razones que he explicado antes. También puede ser que alguno de los dos tengáis algún problema de fertilidad.

Importante

Aparte de los inconvenientes que existen en torno a esta práctica en cuanto a método anticonceptivo, hay que incluir uno más que se refiere a la insatisfacción psicológica que genera, sobre todo en la mujer. La relación está completamente limitada por el momento en que el chico siente que va a eyacular. Si ella no ha llegado todavía al orgasmo, quedará en su cuerpo lo que se llama síndrome de congestión pélvica, es decir, que en el momento de máxima excitación, el chico se retira para eyacular, quedándose ella insatisfecha y con ciertas molestias en la zona de la pelvis, instalándose un sentimiento de frustración, sobre todo si no se continúa el juego sexual para satisfacerla. Igualmente, el coito interrumpido puede provocar en el hombre sentimientos de inseguridad y puede desencadenar la impotencia. Esta insatisfacción mutua puede hacer peligrar la estabilidad de la pareja.

Petting

¿Qué es el petting*? (Laura, Salamanca, 16 años.)*

En inglés *pet* significa mimar, acariciar, y *petting* es cualquier actividad que incluya juego sexual: besos, caricias, abrazos, masturbación mutua..., todo lo que una pareja desee hacer, siempre y cuando se excluya el coito. Es decir, todo vale excepto la penetración. Podríamos decir que el *petting* es una fase previa a las relaciones sexuales completas. Casi todas las parejas pasan por ella, para conocer sus cuerpos e ir venciendo la timidez. Muchas personas disfrutan más con estos juegos que con la penetración y es que las posibilidades de disfrute son infinitas.

Mi chico y yo practicamos el petting *a menudo, ¿hay algún riesgo de embarazo? (Josefina, Burgos, 19 años.)*

El *petting,* en principio, es una práctica segura, pero con una salvedad: el chico no debe eyacular nunca en la entrada de la vagina. Esto es lógico ya que, de ocurrir, el líquido seminal podría entrar en ésta y comenzar su ascenso hacia el útero posibilitando, por tanto, el embarazo. Es mejor eliminar todos los juegos en los que el pene acaricie la entrada de la vagina.

Métodos de barrera

Son aquellos con los que se evita el contacto entre el óvulo y el espermatozoide.

Preservativo masculino

También llamado profiláctico, goma, condón... De momento es, junto con el preservativo femenino, el único mé-

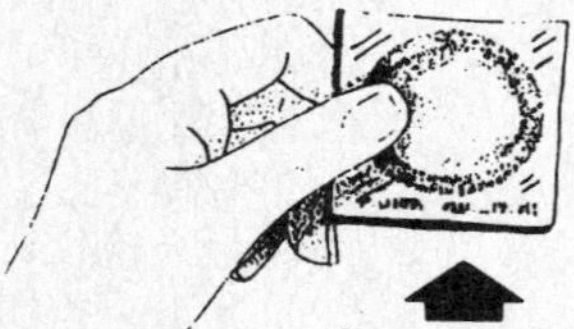

Preservativo

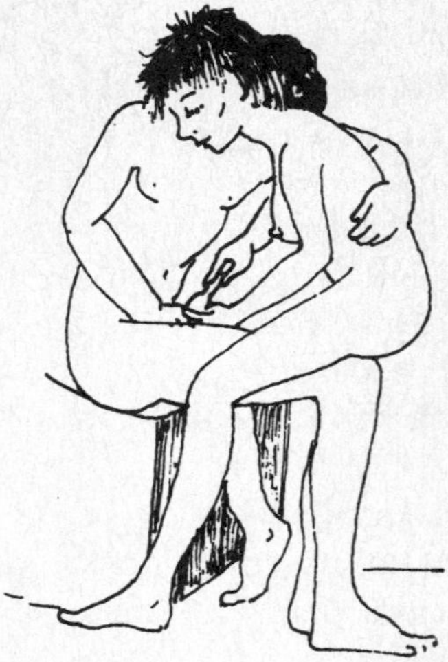

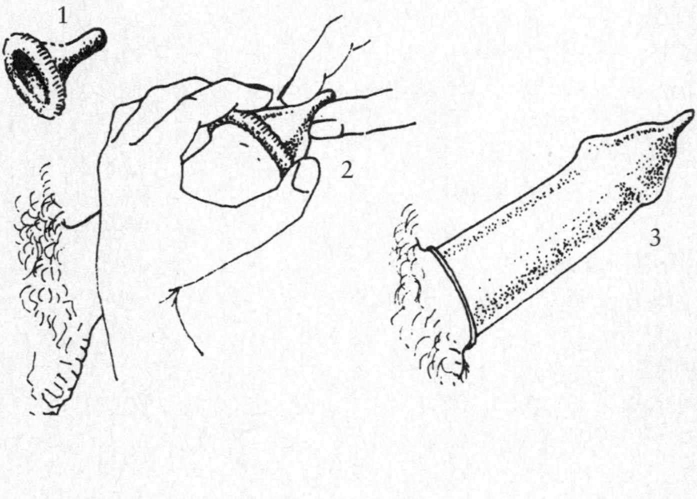

todo eficaz para evitar tanto embarazos no deseados como enfermedades de transmisión sexual.

Cómo es, cómo funciona

Es una funda de goma fina, generalmente de látex, que se adapta al pene. Se coloca cuando el pene está en erección antes de introducirlo en la vagina o en el ano y se retira cuando el chico ha eyaculado y saca su pene de la vagina, de manera que el semen queda atrapado dentro del condón, impidiendo la fecundación.

Más cosas...

- Caducidad

  El preservativo tiene que estar homologado por la Unión Europea, es decir, debe llevar un código de barras para que sea fiable. Además debes fijarte en la fecha de caducidad: normalmente tiene una caducidad de unos cinco años, por lo que si vas a utilizar un preservativo que caduca en 10 días, ten en cuenta que lleva unos cuantos años en circulación.

- Cómo conservarlo

  En un lugar fresco y seco; por ejemplo, un cajón o una cajita, donde no le dé la luz directa del sol. Los chicos acostumbran a guardarlo en la cartera, y ésta la suelen llevar en los bolsillos traseros del pantalón: no es un buen sitio ya que con el roce que supone levantarse y sentarse y con el calor del cuerpo se puede estropear el condón. Tampoco conviene guardarlos en la guantera del coche porque el sol les da de lleno. Prueba a meterlo en el bolso de tu pareja, o en un bolsillo de la camisa, por ejemplo.

¿Dónde comprarlos? Fui a una farmacia y por ser menor no me los vendieron. (Yosune, Guipúzcoa, 17 años.)

No hay que ser mayor de edad para comprarlos. Por supuesto cada farmacia se reserva el derecho de venderlos o no, pero no cabe duda de que no hacerlo es, hoy día, un error, ya que el preservativo es el mejor medio para prevenir la propagación de las enfermedades de transmisión sexual, sobre todo del sida. En cualquier caso, aparte de la farmacia se pueden comprar en otros establecimientos, como unos grandes almacenes o *sex-shops* (para poder entrar aquí sí es obligatorio ser mayor de 18 años). Lo único que tienes que tener en cuenta es el sitio donde estén expuestos: que no les dé la luz directa y que no se encuentren al lado de refrigeradores o similares, que desprenden mucho calor.

Alergia

Creo que mi chica tiene alergia al látex porque le escuece mucho la vagina después de hacer el amor y se le pone roja. ¿Existen otros preservativos que no sean de látex? (Jorge, Valencia, 24 años.)

Existen los preservativos de poliuretano, que se utilizan cuando existe alergia al látex: restan sensibilidad al chico, puesto que son más gruesos y, además, son mucho más caros que los de látex. De momento son difíciles de encontrar en España. Prueba en una tienda especializada, en una *sex-shop* o en una condonería. En todo caso, tratad de probar preservativos de diferentes marcas y tipos, ya que quizá encontréis alguno que no le dé alergia. Si no los encontráis, tendréis que plantearos cambiar de método anticonceptivo.

Tipos

Los hay de colores, sabores, formas. Cada marca de preservativos tiene su propia gama: sensibles, estriados, retardantes... En función de lo que os apetezca, así podéis elegir. Sólo hay que tener en cuenta un pequeño dato y es que algunos preservativos de sabores no son fiables para el coito, sólo para otro tipo de prácticas. Infórmate en el lugar donde los compres. En general, si no tienen fecha de caducidad no debes utilizarlos para el coito.

Tengo entendido que existen unos preservativos especiales para la penetración anal, ¿es cierto? (Manuel, Murcia, 34 años.)

Son condones más resistentes. Como decíamos antes, cada fabricante tiene una gama diferente de preservativos. En el caso de la penetración anal son recomendables los de protección extra (un poco más gruesos). Hay algunos que son de doble acción: restan sensibilidad al chico y estimulan más a la mujer, porque son ondulados y un poco más resistentes. Pero para reducir el riesgo de rotura del preservativo en la penetración anal es fundamental usar lubricantes, ya que facilitan la penetración.

Rotura

A mí se me rompe muy a menudo el condón, ¿por qué me pasa esto? (Ismael, Sevilla, 23 años.)

Probablemente porque no te lo pones correctamente. Presta atención:

- En primer lugar, hay que abrirlo con los dedos o uñas, nunca con unas tijeras o con los dientes, ya que de esta manera puedes romperlo sin darte cuenta. Con tus propias manos sabrás si estás pellizcando el preservativo o no. Para que esto no ocurra, coge el sobre donde está guardado el condón y sacúdelo como si fuera un sobre de azúcar. Manteniendo el preservativo abajo, con los dedos, a continuación se abre.
- Se coloca en el glande y se desenrolla con los dedos. Cuidado con los anillos y uñas, pueden engancharlo y romperlo.

- La mayoría de los preservativos tiene una capuchita arriba del todo, donde se deposita el semen. Es conveniente utilizar los que tienen este depósito y, muy importante, hay que presionar el depósito y con él sujeto se desenrolla el condón en el pene. Esto evitará que quede aire dentro y se rompa.
- Una vez que el chico ha eyaculado debe retirar el pene de la vagina rápidamente, sujetando el preservativo por la base para evitar que éste se quede dentro.
- Después se retira del pene y se comprueba si se ha roto. Se le hace un nudo y se tira a la basura, nunca al váter.

Si sigues correctamente estos pasos, el preservativo es muy fiable y casi nunca se rompe.

Después de eyacular, ¿por qué no te puedes quedar dentro de la vagina? (Carlos, Murcia, 22 años.)

Porque cuando el hombre eyacula pierde con rapidez la erección, por lo que el preservativo se quedará grande y puede salirse el semen con el consiguiente riesgo de embarazo.

¿Y si no nos damos cuenta de que se rompe el preservativo? (Nekane, Santander, 20 años.)

Esto no suele ocurrir porque cuando se rompe se suele rajar entero y uno se da cuenta. Es importante presionar el depósito para que no se quede aire y reviente. También se puede romper por la parte de abajo. Lee las instrucciones junto a tu pareja y seguidlas al pie de la letra. Para comprobar si se ha roto sopla dentro del condón antes de tirarlo, te quedarás más tranquilo.

¿Qué hacemos si se nos rompe el preservativo? (Enrique, Segovia, 19 años)

En caso de rotura existe lo que se llama tratamiento poscoital. Ésta es una medida de urgencia para evitar que se produzca un embarazo no deseado. Para tomar el tratamiento debéis ir a un centro de planificación familiar, o a un centro de salud antes de que pasen 72 horas después del coito. En las páginas 109 y 110 hablaremos de este tipo de tratamiento.

Cada vez que me voy a poner el condón se me corta el rollo y me baja la erección. (Jaume, Barcelona, 26 años.)

Puede ser mucho más gratificante para ti que el condón lo pongáis entre los dos: tú presionas el depósito y tu pareja lo desenrolla a lo largo del pene, con el fin de seguir acariciándolo y evitar, así, que se te baje la erección y se os «corte el rollo». Seguid besándoos y acariciándoos. Eso sí, dejad el condón a mano para no tener que levantaros a buscarlo.

También podéis utilizar preservativos divertidos: los hay fluorescentes, con los que tu pene brillará en la oscuridad, con agradables aromas, de colores... El secreto está en dejar que el condón forme parte del juego erótico.

No siento nada con el condón. (Antonio, Huelva, 19 años.)

Puede restar un poco de sensibilidad pero de ahí a no sentir nada hay un abismo. Un preservativo tiene un grosor de milímetros. Si pasas la yema de un dedo sobre el preservativo puesto en el pene, lo notarás perfectamente. Es cierto que no es lo mismo que hacer el amor sin ninguna funda, pero las diferencias son insignificantes. Además, durante el coito, cualquier pequeña estimulación pasa inadvertida por la intensidad del momento en sí. Si te tiran del pelo o te muerden una oreja, o te arañan la espalda casi seguro que no notarás ningún dolor, por tanto: ¿cómo vas a percibir poca sensibilidad con un preservativo de milímetros de espesor? Trata de disfrutar de la relación sin pensar en eso que tienes puesto en el pene.

Lubricantes

¿Hay que comprar un determinado tipo de lubricante o cualquiera vale? (Sandra, Madrid, 25 años.)

Si vas a utilizar el lubricante junto con el preservativo, debes comprar lubricantes compatibles con la goma y éstos son los solubles en agua (con silicona o glicerina) que se pueden encontrar en cualquier farmacia. No se pueden usar lubricantes liposolubles porque deterioran el látex del preservativo, lo que facilita su rotura. Son de este tipo la vaselina, parafina, aceites, cremas y lociones corporales, mantequilla...

Precios

Dependiendo de las marcas que los fabriquen, aproximadamente una caja de 6 profilácticos viene a costar unas 750 pesetas y una de 12, alrededor de 1.250 pesetas.

El preservativo es de un solo uso.

Importante

No penetrar nunca en la vagina sin preservativo, ni siquiera con la punta del pene, por lo que hablábamos en un apartado anterior del líquido preseminal.

Preservativo femenino

A diferencia del masculino, que es de látex, éste es de poliuretano y se introduce en la vagina. Para facilitar su introducción está muy lubricado, y tiene dos aros, uno de los cuales se introduce, estrechándolo con los dedos, en la vagina. El otro se queda en el exterior y a través de este aro es por donde se introduce el pene. Es un método muy eficaz tanto para proteger de embarazos no deseados como de enfermedades de transmisión sexual aunque su utilización, al menos en España, no ha tenido mucho éxito. Algunas parejas lo consideraban demasiado aparatoso y muchas mujeres coincidían en que les restaba mucha sensibilidad. Todo esto, unido a su elevado coste, ha propiciado que, de momento, el preservativo femenino se haya dejado de comercializar en nuestro país.

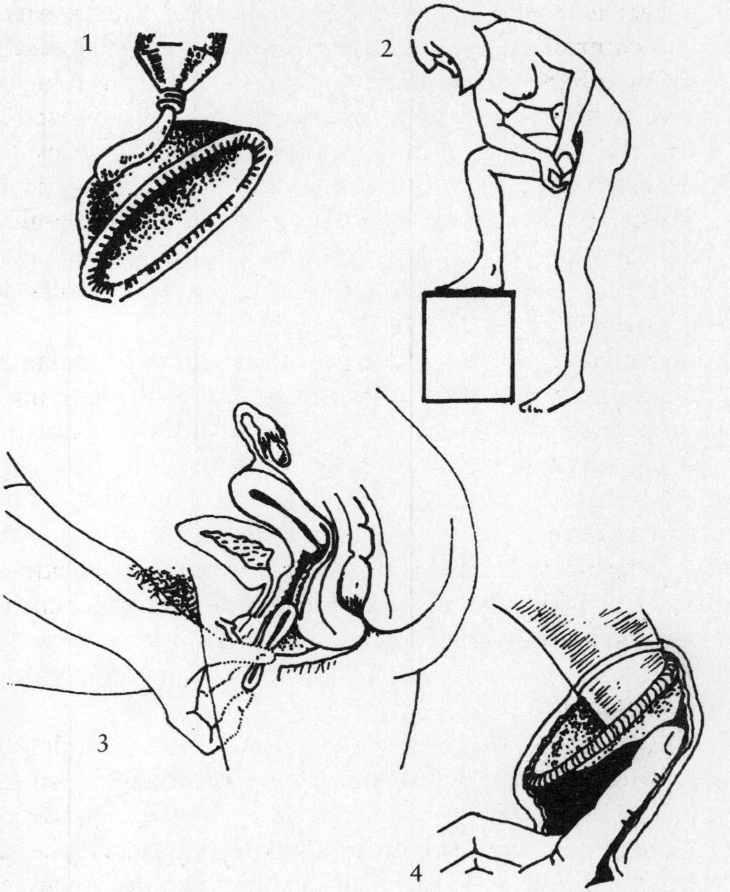

Esponja vaginal

Al igual que el preservativo femenino, ya no se comercializa, pero aunque ha caído en desuso vamos a ver en qué consiste. Es como un taponcito cilíndrico, parecido a una esponja, con una cuerda que cuelga e impregnada de espermicida. Se humedece con agua para que libere el espermicida y se introduce al fondo de la vagina como si fuera un tampón, para que tapone el cuello del útero, impidiendo que pasen los espermatozoides. Se coloca antes de iniciar la relación sexual y debe permanecer en la vagina al menos seis horas después del coito, aunque puede llevarse puesta incluso 24 horas. Una vez se saca de la vagina no se puede volver a utilizar. Generalmente se usa con otro método anticonceptivo, como el preservativo.

Diafragma

Es un método muy eficaz en lo que respecta a la prevención de embarazos no deseados (en torno al 96%), pero este método no sirve para prevenir las ETS o Enfermedades de Transmisión Sexual, ni el VIH-sida.

Es una especie de caparazón, una circunferencia de goma con un contorno elástico alrededor. El diafragma se introduce en la vagina y se coloca de tal forma que tapona el cuello del útero, impidiendo el paso de los espermatozoides. Es imprescindible utilizarlo junto con una crema espermicida, cuya función es la de matar los espermatozoides y además lubricar la zona para introducir el diafragma con más facilidad. Existen diafragmas de diferentes tamaños, por tanto el ginecólogo tendrá que medir el cuello del útero y enseñar a la mujer a ponerlo y quitarlo.

¿Cómo se coloca el diafragma? (Ana, Toledo, 26 años.)

Se debe colocar, como mucho, dos horas antes de la relación sexual. Antes de introducirlo, se impregna de crema espermicida y se ciñe entre los dedos para introducirlo en la vagina. Tras la relación sexual tiene que permanecer en la vagina de seis a ocho horas, tras las cuales se retira y se lava para su posterior uso.

Cuidados

Es reutilizable, y bien cuidado puede durar en torno a un año. Se lava con agua y jabón y se seca bien. De vez en cuando conviene revisarlo para comprobar que no hay agujeros.

El precio está en torno a las 8.600 pesetas.

¿Y qué pasa si quiero hacer el amor más de una vez en una misma noche? (Fátima, Madrid, 24 años.)

En este caso, cada vez que hagáis el amor deberás aplicar crema espermicida: sin sacar el diafragma, introduce el aplicador de la crema espermicida en la vagina. Las ocho horas que el diafragma debe permanecer en la vagina se deben contar a partir del último coito, no del primero.

Importante

El diafragma no tiene por qué notarse durante la penetración. Si el chico topa con él, no le producirá ninguna molestia.

Espermicidas

Son sustancias químicas que destruyen los espermatozoides. Por sí solos no son eficaces, sino que tienen que utilizarse en combinación con otro método anticonceptivo. Se venden en crema o en minióvulos. En el caso del óvulo es conveniente introducirlo en la vagina un rato antes del coito, por ejemplo cuando comienzan los juegos amorosos para que se derrita con el calor del cuerpo y forme una película protectora.

¿Es posible que los espermicidas den alergia? (Lorena, Barcelona, 22 años.)

Es posible, pero no es habitual. En caso de que ocurra el glande o la vagina se pueden irritar y sentir cierto picor y escozor, pero con un poco de agua fría es muy probable que los síntomas desaparezcan. En una próxima ocasión prueba con otra marca hasta que des con una que te vaya bien.

Si el espermicida solo no es eficaz, entonces no entiendo su eficacia con el condón porque si éste se rompe es como si sólo hubiera usado el espermicida ¿no?

No exactamente. Lo que planteas tiene mucha lógica pero piensa que cuando un preservativo se rompe, parte del semen puede derramarse pero el resto puede quedarse en el condón. Además, cuando el chico eyacula propulsa, mediante fuertes impulsos, su semen, que llega al cuello del útero. El preservativo frena esos impulsos, quedando tan sólo depositado en la zona que se ha derramado. En este caso, y teniendo en cuenta el momento del ciclo en el que está la chica, existirá el riesgo pero mucho menos que si no se usa condón, ya que el espermicida tiene la función de matar a los espermatozoides.

Dispositivo intrauterino (DIU)

Se llama así porque se coloca dentro del útero. Es un objeto de plástico, en forma de T, de unos cuatro centímetros de largo, con un hilo en uno de los extremos para su control. Existen muchos tipos de dispositivos, el ginecólogo explicará con detalle cuál es el más apropiado. Es un método con una eficacia del 98%.

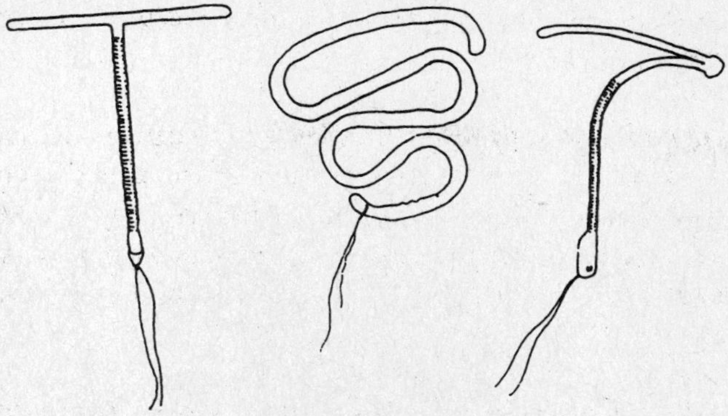

Colocación y funcionamiento

¿Cómo se tiene que colocar? (Maife, Tenerife, 29 años.)

Tiene que hacerlo un ginecólogo. El DIU se introduce plegado en el útero y una vez allí, con un aplicador, se abre, recuperando su forma original. Tiene unos hilos, que asoman por el cuello del útero y que la mujer debe tocar, preferiblemente después de cada regla, para comprobar que sigue bien insertado. Además, los hilos, que no molestan en absoluto durante la relación sexual, servirán para retirarlo. Generalmente se coloca cuando la mujer está con la regla, lo que asegura que la mujer no está embarazada.

Cómo funciona

Funciona de diferentes formas:

- Al tocar las paredes del útero en diferentes puntos, impide que un óvulo fecundado anide en ellas.
- El cuello del útero segrega más cantidad de flujo y éste ayuda a impedir el paso de los espermatozoides.
- Al entrar en contacto con la mucosa uterina, estimula la capacidad de ciertas células, que se llaman macrófagos y que destruyen cualquier intruso, como pueden ser los espermatozoides.

- Acelera la bajada del óvulo por la trompa de Falopio por lo que al llegar al útero el endometrio todavía no se encuentra preparado para una adecuada implantación.

¿Cuánto tiempo puedes llevarlo puesto? (Arancha, Madrid, 17 años.)

Existen diferentes modelos de DIU y según el modelo que lleves puesto así será la duración. En general, la duración de un DIU oscila entre dos y cinco años.

¿Se puede colocar tampones una mujer que lleva un DIU puesto? (Carmen, Las Palmas, 25 años.)

Se pueden utilizar cuando haya pasado el primer día de su colocación, que ya hay cierta seguridad de que está bien colocado. Es recomendable utilizar tampones que no sean de la máxima absorción.

¿Todas las mujeres pueden utilizar el DIU? (Susana, Mallorca, 22 años.)

Si no hay ninguna anomalía que lo impida, no hay motivos por los que una mujer no lo pueda utilizar. Algunos ginecólogos no son partidarios de insertarlo en mujeres que nunca han tenido hijos (nulíparas) porque consideran que el útero es demasiado pequeño y el cuerpo tenderá a rechazarlo de forma natural. Por otra parte, también hay ginecólogos que no comparten esta opinión y lo ponen sin problemas. Es posible que el cuerpo lo rechace, pero le puede ocurrir igual a una mujer que haya tenido hijos.

Controles que hay que realizar

El primer control debe hacerse un mes después de haberlo colocado. Hay que tener en cuenta que en los primeros meses pueden producirse pérdidas entre las reglas y éstas pueden ser más dolorosas y duraderas de lo habitual. Si estos síntomas persisten al cabo de un tiempo conviene consultar con el médico. Si todo va bien, los siguientes controles deben hacerse anualmente.

Comprobar el DIU

Para comprobar que el DIU está bien colocado, después de cada regla puedes introducir un dedo en la vagina. Muy al fondo podrás tocar unos hilos, que sobresalen del cuello del útero.

Hay que consultar con el ginecólogo si aparecen síntomas como:

- Dolores persistentes en el bajo vientre.
- Hemorragias.
- Flujo maloliente.
- Dolor durante el coito.
- Desaparición del hilo.

Cualquier cambio que te preocupe basta para que te pongas en manos de tu médico, ya que quizá sea necesario retirar el DIU.

¿Estos hilos, en las relaciones sexuales, pueden molestar al hombre? (Ramón, Sabadell, 28 años.)

No, están tan al fondo de la vagina que no se llegan a notar. En caso de que te molesten por cualquier motivo, se pueden cortar un poco más.

Contraindicaciones

La mayor contraindicación de este método anticonceptivo es el riesgo de contraer cualquier infección. Gracias al propio dispositivo, es más fácil que asciendan los gérmenes al útero y la infección se agrave rápidamente. Si se va a tener más de una pareja sexual, conviene utilizar además un preservativo que proteja de las ETS y del sida.

Métodos hormonales

Píldora

Es un método muy eficaz (99%) que se basa en la administración de hormonas femeninas. Cada pastilla contiene las dos hormonas que se producen en el ovario, estrógenos y progesterona, y al pasar a la sangre, la hipófisis no le envía órdenes para que las produzca, lo engaña, como si dijéramos. Gracias a esto no se produce la ovulación, sin la cual es imposible la fecundación. Previene los embarazos no deseados pero no las enfermedades de transmisión sexual ni el sida.

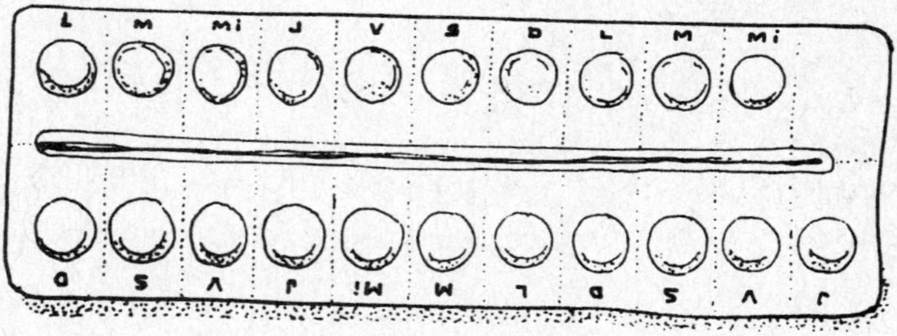

¿Cómo actúa la píldora exactamente? (Pilar, Castellón, 22 años.)

Podemos decir que actúa sobre tres órganos:

1. En los ovarios, que permanecen en reposo y no se produce la ovulación.
2. En el endometrio, que permanece atrofiado mientras dura el tratamiento, por lo que no se prepara para que el óvulo fecundado se implante.
3. En el moco cervical. Al no ovular, el moco es más

espeso y con ello se dificulta el paso de los espermatozoides.

Uso

¿Puedo tomarme la píldora por mi cuenta?, por ejemplo, la que toma mi amiga. (Amara, Madrid, 17 años.)

No es conveniente ya que tiene que recetarla un ginecólogo. Necesitará hacerte una exploración completa antes de recetarte una en concreto. Ten en cuenta que la pastilla que se tome tu amiga puede no ser la adecuada para ti. Asimismo recuerda que la píldora no se puede prestar ni pedir prestada; cada chica debe llevar su propia tableta y controlar cada día que se toma su píldora correspondiente.

¿Se necesita ser mayor de 18 años para tomar la píldora? (Elena, Castellón, 17 años.)

No, muchas chicas la toman antes de los 18, ya sea como método anticonceptivo como formando parte de un tratamiento recetado por el ginecólogo en casos de reglas dolorosas o irregulares, por ejemplo.

¿Cómo se toma? (Juanjo, Gerona, 26 años.)

Cada tableta contiene 21 pastillas con los días de la semana escritos al dorso. La primera toma ha de coincidir con el primer día de regla. Se debe tomar todos los días a la misma hora aproximadamente; para que no se olvide conviene asociar la toma a cosas que se hagan todos los días, por ejemplo por la noche al lavarse los dientes, durante el desayuno... Además, si tu chica es un poco despistada, conviene que tú también colabores y le recuerdes cada día la toma. Después de haber tomado las 21 pastillas, se hace un descanso de siete días en cuyo período bajará la regla. De nuevo el octavo día se ha de empezar una nueva tableta.

Importante

Durante el primer mes de toma puedes estar manchando un poquito de manera intermitente. No te preocupes, es normal.

Relaciones sexuales

He empezado a tomar la píldora hace una semana, ¿cuándo podemos hacer el amor sin preservativo?(Nuria, Málaga, 21 años.)

Si lees el prospecto, verás que dice que la píldora es efectiva desde el primer día de la toma, e incluso algunos ginecólogos opinan que con 15 días de espera es suficiente. Esto es cierto pero para estar completamente seguros es recomendable esperar el primer mes completo. En cualquier caso, la opinión de tu ginecólogo es tan válida como ésta.

Durante los días de descanso ¿se puede hacer el amor sin preservativo? (Carlos, Vitoria, 18 años.)

Sí. Estos días de descanso no es necesario el uso del condón puesto que la píldora sigue siendo efectiva.

Efectos secundarios

Me han dicho que la píldora engorda mucho y por eso dudo si tomarla. (Nuria, Madrid, 23 años.)

La píldora no engorda; en sí misma no tiene calorías, aunque sí es posible que abra el apetito, por lo que tenderás a comer más. Tan sólo tendrías que controlarte un poco en las comidas y, sobre todo, comer sano. Es recomendable no picar entre horas y procurar hacer algo de ejercicio, por ejemplo caminar cada día una media hora y sustituir el ascensor por las escaleras.

Es posible que al tomar la píldora tu cuerpo tienda a retener líquidos y te sientas algo más hinchada de lo habitual: conviene beber al menos 2 litros de agua diarios y reducir el consumo de sal.

¿Puede tener muchos efectos secundarios? (Sonia, Barcelona, 19 años.)

En general, la píldora que se receta hoy en día tiene la cantidad de hormonas mínima necesaria para realizar su función y apenas da problemas. Por supuesto también se pueden producir una serie de efectos secundarios y los más frecuentes son: mareos, irritabilidad, dolores de cabeza, dolor e hinchazón de los pechos, disminución de la libido, cansancio... Estos efectos suelen producirse al iniciar el tratamiento y son poco importantes, además, probablemente desaparecerán unos tres meses después de iniciado el tratamiento. Si ha pasado este tiempo y no los has superado es conveniente que hables con tu ginecólogo para evaluar qué está ocurriendo, quizá te cambie de marca.

Tengo entendido que si tomas antibióticos puede disminuir la eficacia ¿es cierto? (Carmela, Madrid, 26 años.)

Efectivamente. La eficacia de la píldora es muy alta pero en determinadas circunstancias puede disminuir. Por ejemplo:

- Si tomas ciertos antibióticos o barbitúricos. Coméntaselo al médico cuando te los recete.
- Si tienes diarrea o vómitos de manera continuada. Tendrás que utilizar preservativo durante, al menos, quince días después de estos problemas.
- La ingestión de drogas puede también disminuir la eficacia. Disminuye el consumo de alcohol y tabaco.

Si tomas la píldora: ¿es verdad que no se tienen orgasmos? (Rosa, Barcelona, 19 años.)

No, en absoluto. Incluso puede ocurrir todo lo contrario, ya que desaparece el miedo a un embarazo no deseado y se puede disfrutar más de la pareja y la relación sexual.

Mi chica quiere tomar la píldora pero tenemos una duda: ¿y si le baja el apetito sexual al tomarla? Porque eso le ha ocurrido a una amiga suya. (Carlos, Jaén, 24 años.)

Efectivamente la libido puede no ser tan intensa cuando se toma la píldora, pero el efecto suele ser reversible. Si pierde apetito sexual y no lo recupera pasados tres meses de tratamiento, tendréis que ir a su ginecólogo habitual para que cambie el preparado. En ocasiones sólo con esto es suficiente.

Ahora bien, algo muy importante es que ella no se sugestione y piense que si toma la píldora le va a disminuir el deseo. Esto puede jugar en su contra ya que estará predispuesta a que esto ocurra y a veces, de tanto pensarlo realmente se produce sin que la propia píldora tenga nada que ver. Es como cuando estás pensando constantemente que no quieres que se te baje la erección «por lo que más quieras, que no se me baje, que no se me baje» y justo en el peor momento hay una bajada de erección. Y no es que seas impotente, ni mucho menos, sino que cuanto más lo piensas más te bloqueas y aparece la respuesta que no deseas. Ante todo, recordad que es un método que vosotros elegís y si ella no está del todo convencida, mejor optar por otra cosa.

Tengo miedo a tomar la píldora porque he oído que puedes quedarte estéril.

Esto es completamente falso. Todo aquel truco de engañar a la hipófisis para que no produzca las hormonas que provocan la ovulación queda anulado en el momento que se suspende el tratamiento. En ese momento el cuerpo vuelve a la normalidad y la fertilidad se ve recuperada.

Descansos

¿Cada cuánto tiempo hay que descansar? (Peña, Cádiz, 17 años.)

En realidad los descansos no son necesarios, siempre y cuando tu médico no te indique lo contrario. Además, a diferencia de lo que mucha gente piensa, el riesgo de embarazo durante un descanso aumenta, por lo que tenéis que estar muy atentos a utilizar un método anticonceptivo eficaz. En cualquier caso, el descanso sólo es conveniente:

- Si estás cansada de tomar la píldora cada día.
- Si te falta la regla.
- Si debes someterte a un estudio médico de otras hormonas.

Aunque los descansos no son obligatorios, sí lo son los controles ginecológicos cada seis o doce meses, según tu edad, para constatar que no hay ningún problema. En general, se realiza un análisis de sangre para ver cómo está el hígado y el aparato circulatorio, además de una exploración médica.

Embarazo

Mi marido y yo queremos tener un hijo, ¿cuándo podemos intentarlo después de tomar la píldora? (Goya, Santiago, 28 años.)

En general, como el endometrio ha estado algo atrofiado puede tardar un par de ciclos o tres hasta volver a la normalidad. Conviene esperar unos tres meses. Durante este tiempo debes visitar al ginecólogo para preparar todo el proceso.

Olvidos

Si en los días en los que me tomo la píldora me retraso media hora ¿pasa algo? (Anita, Ourense, 18 años.)

No, lo importante es que no te retrases cada día más porque si no estarás variando la toma. No tienes que tomarla con rigurosa exactitud pero sí conviene que sea sobre la misma hora todos los días. A lo que sí hay que prestarle atención es que con un olvido de más de 12 horas la eficacia puede disminuir. Si el olvido es menor a las 12 horas, te tomas la píldora olvidada y ya está. Si se te olvida y pasan más de 12 horas hasta que te des cuenta, debes tomarte la píldora olvidada y la que te corresponde de ese día (a su hora correspondiente) y además conviene que utilices otro método anticonceptivo, el preservativo, por ejemplo, hasta que acabes la tableta que estás tomando ese mes.

Me voy de viaje a Santo Domingo y no sé cuándo me tengo que tomar la píldora, ¿a la hora de España o a la de allí? (Malena, Salamanca, 19 años.)

Quien manda es tu cuerpo, y por él sólo deben pasar 24 horas. Si te tomas la píldora a las 22.00, hora española, tienes que contar 24 horas en tu cuerpo. A partir de ese momento, las tomas serán cada 24 horas.

Importante

Si durante la toma tienes pequeños manchados *(spotting)*, entonces deberás consultar con tu ginecólogo. Usa el condón hasta que le consultes, es posible que la eficacia esté disminuyendo.

¿Existe ya la píldora masculina? (Jaime, C. Real, 26 años.)

De momento, no. Se está experimentando desde hace años con una píldora masculina cuya función sea la de eliminar los espermatozoides, pero los resultados aún no han sido concluyentes. Tendremos que esperar un poquito más.

Inyección hormonal

La frecuencia de administración puede ser cada cuatro, ocho o doce semanas. Su eficacia es muy alta, pero se utilizan con mucha menos frecuencia que la píldora puesto que pueden tener algunos efectos secundarios indeseables: después de utilizarla puede faltar la regla durante varios meses o incluso se pueden producir sangrados durante el tiempo que dure el tratamiento. En general este método anticonceptivo es administrado a mujeres que por diversas circunstancias no pueden acordarse de tomar una píldora diaria.

Píldora poscoital o del día siguiente

Es un preparado hormonal compuesto de una dosis concreta de hormonas y que se debe tomar en un plazo máximo de tres días, es decir, 72 horas después de un coito de riesgo. Su función es la de impedir que se produzca un embarazo no deseado, alterando el endometrio para que se produzca la regla. No se considera un método anticonceptivo, sino una solución de urgencia para un momento determinado, por lo tanto no debe utilizarse con frecuencia.

¿Es lo mismo píldora poscoital que píldora abortiva? (Marta, A Coruña, 29 años.)

No. La diferencia estriba en que el tratamiento poscoital actúa antes de que se produzca el embarazo; para evitarlo la píldora abortiva es un preparado especial que se administra a mujeres ya que están embarazadas y quieren abortar.

¿Tiene efectos secundarios? (Paula, Badajoz, 15 años.)

Aunque puede provocar determinados efectos secundarios, como vómitos o mareos, no es lo habitual. Antes de tomar las pastillas conviene seguir unas sencillas recomendaciones: dejar de fumar mientras dura el tratamiento, no tomar bebidas excitantes como café o Coca-Cola, no tomar alcohol o drogas y, muy importante, comer algo antes de tomar la dosis que corresponda. Si se siguen estas recomendaciones, es muy probable que no aparezcan esos efectos indeseables.

Mi amiga se ha tomado la píldora poscoital, ¿puedo tomarme la misma que ella? (Belén, Madrid, 20 años.)

En realidad no es una única píldora sino un tratamiento. Se trata de la píldora anticonceptiva pero tomada en dosis más altas, dosis que un médico debe planificar. No basta con tomar unas cuantas pastillas anticonceptivas, porque no hará ningún efecto. Es posible que tu amiga tomara la dosis adecuada, pero también puede que no y tú estarás repitiendo su error. Es mejor acudir a un profesional para que te asesore: en un centro de planificación familiar o centro de salud te ayudarán.

Ayer me tomé la píldora del día después y todavía no me ha bajado la regla ¿qué pasa? (María, Cáceres, 26 años.)

No esperes que te baje inmediatamente porque no suele ocurrir de ese modo. En realidad, dependiendo del día que la tomes, la regla se puede adelantar, bajar cuando le correspondía o incluso retrasarse, no hay una norma fija. En general, hay que esperar que baje en torno a los 5 o 10 días siguientes después de la última toma. Es importante estar relajada, porque los nervios también influyen en el posible retraso.

DIU poscoital

Se utiliza tras un coito desprotegido, en el que no se ha utilizado método anticonceptivo o el preservativo se ha roto. Se inserta un DIU en el útero, por supuesto por un médico cualificado, en un plazo máximo de cinco días. Al igual que la píldora poscoital, su labor es evitar un embarazo no deseado.

Métodos quirúrgicos

Son métodos irreversibles, o sea que la decisión de llevarlos a cabo tiene que estar muy pensada porque hay que tener en cuenta que, en principio, son de carácter permanente.

Vasectomía

El hombre que decide hacérsela debe tener muy claro que no desea tener hijos. Es una técnica sencilla, mínimamente invasiva, que conlleva, mínimos riesgos. Ambos miembros de la pareja han de estar de acuerdo a la hora de tomar la decisión; el hombre jamás debe sentirse presionado. Tomar la decisión bajo presión puede traer consecuencias negativas tras la operación, tanto en la sexualidad de él, como en las relaciones afectivas y sexuales con la pareja.

Me quiero hacer la vasectomía, ¿en qué consiste? (Mario, Córdoba, 28 años.)

Consiste en la ligadura de los conductos deferentes para impedir que los espermatozoides salgan al exterior junto con el líquido seminal. Se realiza con anestesia local y dura unos 30 minutos. Después de esto te podrás ir a casa por tu propio pie. Se puede hacer mediante diversas técnicas, pero vamos a explicar una de las más utilizadas. La técnica de Schmidt se realiza de la siguiente manera:

- Se localiza con los dedos el conducto deferente, tocando el testículo. Allí es donde se hará la incisión, donde se abrirá.
- Se aplica una inyección, que puede doler un poquito: es la anestesia.

- A continuación se hace la incisión y se saca un trocito del conducto deferente fuera del escroto.
- Entonces se corta el conducto en dos partes y se atan ambos extremos. Una vez hecho esto, se mete de nuevo en el escroto y se cierra. Se ponen puntos y aunque la cicatriz se nota un poco, es muy pequeña.

Después de la operación, ¿cuándo puedo hacer el amor?, ¿cuándo es efectiva y no hay riesgo de embarazo? (Tato, Madrid, 32 años.)

Tras la operación te puedes ir a casa pero has de estar un día o dos en reposo. Tendrás que esperar unos días hasta que puedas mantener relaciones sexuales y además es conveniente esperar alrededor de 20 eyaculaciones, o en torno a tres meses, antes de mantener relaciones sexuales sin protección, ya que los espermatozoides no se eliminan inmediatamente después de la intervención. Pasado este tiempo, tienes que hacerte un análisis de semen para comprobar que hay azoospermia (ausencia total de espermatozoides).

Entonces, después de hacerse una vasectomía, ¿el hombre no eyacula? (Jaime, Madrid, 25 años.)

Eyacula de la misma forma que antes de la intervención. La producción de semen apenas se altera y la cantidad de líquido eyaculado sigue siendo prácticamente la misma, quizá disminuya un poco, pero nada más. Lo único que ocurre tras la vasectomía es que el semen eyaculado no transporta espermatozoides.

¿Puedo tener problemas de erección después de la operación? (Moncho, Canarias, 32 años.)

La vasectomía no afecta en nada a la respuesta sexual ni a la calidad de las relaciones sexuales, es más, el mecanismo por el cual se produce una erección no está relacionado con el que está encargado de producir espermatozoides, son dos cosas diferentes. Si un hombre sufre problemas de erección tras la operación, se deberá a que no estaba seguro en su decisión o lo hizo presionado por su pareja. Por eso es tan importante, como decíamos antes, que sea una elección completamente libre y, por supuesto, muy reflexionada por parte de ambos miembros de la pareja, sobre todo del hombre.

Me han dicho que después de la vasectomía se tienen menos ganas de hacer el amor, ¿es cierto? (Fernando, Barcelona, 23 años.)

El hombre que se somete a la vasectomía debe tener en cuenta que esto no afecta en absoluto a su potencia sexual. En la mayoría de los casos suele ocurrir lo contrario, ya que al desaparecer el miedo a un embarazo no deseado, tanto el hombre como su pareja disfrutarán más de las relaciones sexuales.

Si se supone que no salen espermatozoides al exterior, ¿qué pasa con ellos, se acumulan? (Concha, Madrid, 35 años.)

Los testículos siguen produciendo espermatozoides pero son destruidos por unas células llamadas macrófagos. En cualquiera de los tres casos, la eliminación de los espermatozoides es completamente normal.

¿Es reversible la vasectomía?

Aunque la vasectomía se considera un método anticonceptivo con carácter permanente, podríamos decir que no es definitiva ya que en muchos casos es posible unir de nuevo los conductos deferentes mediante microcirugía. Aunque es una técnica laboriosa, y muy costosa, existe un 80% de probabilidades de éxito. En algunos casos, aunque se suele lograr la aparición de espermatozoides en el semen, es posible que disminuyan las probabilidades de producirse un embarazo, ya que los espermatozoides pueden perder parte de su capacidad para fecundar.

Ligadura de trompas

Consiste en ligar las trompas, de tal manera que no pueden pasar ni los espermatozoides ni el óvulo. Se puede practicar mediante cirugía abierta y también por laparoscopia, que es un examen visual interno de la cavidad abdominal.

¿La mujer sigue ovulando si tiene una ligadura de trompas? (Montse, Lugo, 25 años.)

Sí, el ciclo menstrual no se altera en absoluto. Los ovarios siguen expulsando sus óvulos y el cuerpo realiza todos los cambios que citábamos en el capítulo 3. La única diferencia es que se ha eliminado la posibilidad de fecundación puesto que el óvulo y el espermatozoide nunca se encontrarán. El óvulo es absorbido por el abdomen y se disuelve sin problemas.

¿Por qué no es reversible la ligadura de trompas? (Manu, Lleida, 34 años.)

En algunos casos, dependiendo de muchos factores, como el tiempo transcurrido tras la esterilización o la técnica empleada, puede ser reversible. Pero siempre la reversión es eficaz. En general, las posibilidades de éxito son mayores en la vasectomía que en la ligadura de trompas.

Noticias

La mitad de los turistas sexuales no utiliza el preservativo. Según un estudio del Hospital Clínico de Barcelona un

45,6% de los viajeros que mantuvieron relaciones sexuales con personas nativas no utilizaron condón. En muchos de los casos revisados los turistas contagiaron a sus parejas enfermedades de transmisión sexual.

Sabías que...

Desde tiempos muy antiguos se usaban en Oriente preservativos hechos con intestino de cordero. Se dice que un tal doctor Conton usaba intestinos secos de carnero que luego engrasaba para darles flexibilidad y que el invento fue popularizado en la corte de Carlos II de Inglaterra por un militar llamado Comdum, del cual deriva el nombre.

En Inglaterra los condones se vendían en unos paquetes que llevaban el retrato de la reina Victoria, madre de 9 hijos.

Utilizar métodos artificiales para evitar el embarazo (o anticonceptivos) estaba prohibido hasta hace pocos años, porque significaba practicar el sexo como un mero divertimento en lugar de ser un medio para la procreación, lo cual se consideraba pecado. Una ley francesa de 1920 prohibía la venta de todos estos métodos, incluso anunciar su existencia. De hecho los condones se vendían en las barberías; en la España franquista sólo era posible conseguir profilácticos en el mercado negro.

Curiosidades

Desde el año 3000 a. C. la humanidad ya se preocupaba por controlar la natalidad; claro está, con preservativos de lo más rudimentario. En el siglo XVII, Casanova usaba preservativos a los que llamaba «capote inglés de montar», el rey francés Luis XVI presumía de que sus condones estaban fabricados en seda y terciopelo; en 1843 Charles Goodyear contribuyó a que el preservativo diera el salto a la modernidad al inventar el proceso de vulcanización del caucho; y las fuerzas armadas italianas se decantan por los aromas, los utilizan de limón, fresa, plátano, menta y cola.

Las mujeres karo-batak, de Sumatra, se introducen en la vagina una bola de opio como método anticonceptivo.

Las mujeres egipcias introducían en su vagina bolitas de excremento de cocodrilo para no quedarse embarazadas.

Estadísticas sobre el uso de anticonceptivos

Informe de la Juventud, 1997, Ministerio de Trabajo y Asuntos Sociales.

Promedio: El 82% de las parejas utilizan métodos anticonceptivos.

Edad	Hombres	Mujeres
15-19 años	86%	88%
20-24 años	85%	84%
25-29 años	79%	77%

Un solo deseo basta para poblar todo un mundo.

LAMARTINE

7
Sentir el orgasmo

–Yo creo que ellas se lo pasan muy bien.
–¿Cómo sabes si realmente...?
–¿Quieres decir que tal vez simulan el orgasmo? ¡No digas tonterías!
–La mayoría de las mujeres lo han simulado en algún momento.
–Pues conmigo no lo han simulado.
–¿Y cómo lo sabes?
–¿No crees que notaría la diferencia?
–No.

Cuando Harry encontró a Sally

Los franceses lo llaman la *petite mort*, pequeña muerte, para describir ese breve momento que se produce cuando dos personas viven el calor de una relación sexual y se comunican a través de los cuerpos. Físicamente consiste en una serie de contracciones rítmicas, de espasmos, en toda la zona genital y pélvica. Todo esto va acompañado de una intensa sensación de placer, bienestar, satisfacción sexual, que se extiende a todas las partes del cuerpo. Como las sensaciones son vivencias subjetivas y abstractas, vividas de manera diferente por cada persona es difícil describir con palabras lo que se siente: «Es como si viera fuegos artificiales, como si todo se paralizase de repente, la sensación de ir subido en una montaña rusa y bajar a toda velocidad, de vivir como un terremoto en tu cuerpo...». Cualquier interpretación es válida.

Por supuesto, disfrutar de un orgasmo es algo maravilloso, pero también hay que tener en cuenta que muchas mujeres no saben ni han sabido nunca lo que esa palabra significa, bien por miedo a experimentarlo o porque su pareja no se preocupa lo suficiente por dejarlas satisfechas. Veremos que alcanzar un orgasmo no es tan difícil como, en algunos casos, puede parecer.

¿Existe realmente el orgasmo? (Isabel, Murcia, 25 años.)

Seguramente, si lo preguntas, para ti, de momento, no existe. Hay orgasmos muy débiles que pasan casi inadvertidos, pero la mayoría se notan, se sienten. A las mujeres que sufren anorgasmia (ausencia de orgasmo) se les propone que intenten obtenerlo, en primer lugar, mediante la masturbación. Si se logra obtener de esta manera, entonces es que en la pareja algo falla. Los nervios, el pensar que no vas a llegar, dar vueltas y vueltas a la cabeza mientras haces el amor o el miedo al embarazo son factores que pueden propiciar el que no aparezca. Hay que tratar de desinhibirse, abandonarse a las caricias y besos y gozar de cada detalle que vives en la relación sexual junto a tu pareja.

No alcanzo el orgasmo cuando hago el amor con mi pareja, no siento nada con la penetración. (Clara, Gerona, 25 años.)

Esto les ocurre a muchas mujeres. La explicación es sencilla: en realidad el punto más sensible del cuerpo de una mujer se encuentra en el clítoris, no en la vagina. En el caso de la vagina, su parte más sensible está localizada en el primer tercio, es decir, en la parte más externa, con lo cual sólo la estimulación de la vagina puede no ser suficiente para alcanzar el orgasmo. Lo que ocurre es que, mientras dura la penetración, que puede ser muy placentera, bien el hombre o bien la mujer tienen que frotar el clítoris para desencadenar el orgasmo en ella. Es tan sencillo como esto. Muchos hombres se centran sólo en la penetración y piensan que por el mero hecho de tener que tocar manualmente el clítoris la relación está *coja* y la mujer es casi *insensible.* Debemos educar a los chicos para que olviden esta absurda creencia y se centren más en preparar a su pareja para el coito, acariciando sus zonas erógenas. Igualmente una mujer que no alcanza el orgasmo sólo con la penetración debe guiar a su pareja y enseñarle qué quiere que toque. En estos casos hay que reforzar la comunicación, que es lo único que puede ayudar a solucionar los problemas.

Si una mujer no tiene orgasmos, ¿se puede quedar embarazada? (Mila, Sevilla, 14 años.)

Sí. Para que se produzca la fecundación basta con que el líquido seminal se deposite en la vagina y ascienda hasta el útero de la mujer, y esto ocurre cuando el chico eyacula, independientemente de que ella obtenga o no placer. Muchas mujeres tienen hijos y jamás han obtenido un orgasmo.

Yo no llego al orgasmo con mi pareja. Parece que esto sólo le ocurre a las mujeres, pero no, ¿qué puedo hacer? (Simón, Zaragoza, 29 años.)

Claro que no le ocurre sólo a las mujeres, aunque sí son más *frecuentes* los casos entre ellas. Conviene que consultes con un urólogo-andrólogo, en primer lugar, para descartar cualquier anomalía física. Si no es un problema físico, conviene que trates de hablar con tu pareja para determinar la causa del problema y trates de disfrutar la relación sin pensar que tienes que sentir el orgasmo. Un terapeuta sexual puede ayudaros a solucionarlo.

Importante
Si alguna vez no llegas al orgasmo, no te preocupes. Cualquiera puede tener un mal día. Procura disfrutar de tu pareja, de vuestra intimidad. Hay días en los que el cuerpo o incluso la cabeza no responden como esperábamos. No te culpes y disfruta del resto de cosas que el sexo te ofrece. El fin último de la relación sexual no es sólo llegar al orgasmo. No lo olvides.

¿Cómo puedo saber si mi novia ha tenido un orgasmo (Rafa, Menorca, 19 años.)

La mejor manera de saberlo es preguntándoselo abiertamente. Si tenéis confianza el uno con el otro, esta pregunta no tiene por qué dar corte o molestar. Y digo que se lo preguntes porque, en realidad, es difícil saberlo a ciencia cierta puesto que para las chicas es relativamente fácil fingirlo ya que, a diferencia de los chicos, su orgasmo no va acompañado (en la mayoría de los casos) de la eyaculación, que lo hace evidente. Por si te sirve de pista, al producirse el orgasmo, la vagina se contrae con fuerza, de manera que si estás atento, quizá puedas detectar esta presión. Puedes imaginarte lo difícil que resulta estar pendiente de esto en un momento tan intenso para ambos. En cualquier caso, lo mejor es crear un clima de confianza donde le transmitas mucha seguridad a tu pareja, es importante que te preocupes por ella y que realmente te interese hacerla feliz. Probablemente lo confiese, en caso de fingirlo, claro.

¿Debo decirle que finjo los orgasmos? ¿Por qué algunas chicas no lo dicen? No sé qué hacer. (Arancha, Lugo, 18 años.)

Sí. Díselo, sobre todo porque estás actuando en tu contra. Piensa que la sexualidad está hecha para disfrutar de ella, para compartir con la pareja un montón de emociones a través del cuerpo y merece la pena intentar sentirlo de verdad, no de manera fingida. Por supuesto hay personas que no alcanzan el orgasmo y disfrutan mucho de las relaciones sexuales, pero el mero hecho de fingir ya denota una insatisfacción que hay que procurar corregir. Algunas mujeres nunca lo dicen porque han arrastrado la mentira durante demasiado tiempo y temen la reacción de su pareja. En realidad, es posible que tu pareja se sienta algo decepcionada en un primer momento, pero después se le pasará y comenzará a preocuparse por que tú también disfrutes.

Yo muchas veces finjo el orgasmo. Resulta que odio que me acaricie los pechos porque me hace daño y no me atrevo a decirle nada porque parece que él no concibe la relación sin tocármelos. (Ana, Murcia, 17 años.)

Puesto que tú no le has dicho nada al respecto, él cree que tocarte los pechos es fundamental para tu proceso de excitación y lo repite cada vez que hacéis el amor. Además, ha aprendido que debe acariciarlos fuertemente puesto que ve que tú alcanzas el orgasmo y no le dices nada, al revés, refuerzas su conducta. ¿Cómo quieres que sepa que está haciendo algo mal si no se lo dices? Dale la oportunidad de rectificar, él hace todo lo que cree que a ti te gusta. Échale una mano.

Pero un chico no puede fingir un orgasmo, ¿no? (Marina, Burgos, 18 años.)

Diría que no, salvo excepciones. Puesto que su orgasmo suele ir acompañado de la eyaculación, es muy difícil de disimular. En casos muy concretos, existen hombres que consiguen hacer independiente la eyaculación del orgasmo, eyaculan hacia dentro y quizá podrían engañar. Como digo esto no suele ocurrir casi nunca.

Tipos de orgasmos

Qué diferencia hay entre el orgasmo clitoriano y vaginal. (Sandra, Mallorca, 21 años.)

Durante mucho tiempo se ha pensado que la mujer podía tener dos tipos de orgasmos: vaginal y de clítoris, pero esto no es cierto. No hay tal diferencia: existe un solo orgasmo, diferente cada vez, y ese orgasmo se puede alcanzar a través de distintas acciones: acariciando el clítoris, vagina, los pechos... Por tanto, lo que cambia es la estimulación, no el orgasmo. Es decir, la diferencia está en cómo se obtiene el orgasmo no en el tipo de orgasmo que es.

Muchas personas creen que tener un orgasmo por estimulación de la vagina es más completo que mediante el clítoris, pero esto no tiene un sustento lógico puesto que lo importante en una relación sexual no es el *botón* que toques sino cómo lo toques y todo lo que se deriva de esa acción: en suma, lo importante es disfrutar de ese momento plenamente sin pensar en cómo haces para conseguir todo eso.

¿Es mejor llegar los dos juntos al orgasmo? ¿Cómo se puede conseguir? (Sheila, Pontevedra, 18 años.)

Como dice Irving Singer *(The Goals of Human Sexuality):* «La simultaneidad en el orgasmo indica una armonía entre dos personas que sintonizan su placer según las necesidades de cada uno. Se puede saborear mejor la relajación posorgásmica si el otro miembro de la pareja ha quedado por completo satisfecho aproximadamente al mismo tiempo»[1]. Ciertamente, alcanzar el orgasmo a la vez es una experiencia muy gratificante, pero no debe convertirse en la meta final de la relación. Hay días en los que sí lo podréis lograr y otros en que será más difícil, depende. Para conse-

1. Cita extraída de Jolan Chang, *El tao del amor y del sexo*, Barcelona, Plaza & Janés, 1997.

guirlo es importante que aprendas muy bien el ritmo de tu pareja para *esperarle* hasta que esté a punto de alcanzarlo. Por ejemplo, si a ella le falta un tiempo, el chico deberá frenar el ritmo hasta que a ella le falte poco, para acelerar de nuevo. Pero procura que la *técnica* no te sobrepase, es decir, que no estés pensando en lo que tienes que hacer a cada momento, porque la relación sexual se hará mecánica y se enfriará. Si no alcanzáis el orgasmo a la vez, no pasa nada, lo importante es experimentar todas las sensaciones posibles, no sólo el orgasmo, y vivirlas juntos el uno con el otro.

¿Es verdad que la mujer puede tener varios orgasmos en una relación sexual? (Pedro, A Coruña, 25 años.)

Sí, es posible, sobre todo si conoce bien su cuerpo y es bien estimulada por su pareja. Claro que esto tampoco es una regla, como todo, hay chicas que necesitan más de un orgasmo para sentirse plenamente satisfechas y otras que con sólo uno quedan a gusto. También es posible que una mujer descubra su capacidad multiorgásmica al cabo de muchas relaciones sexuales. El hecho de que en una relación tenga más de un orgasmo no significa que en las siguientes tenga que ocurrir exactamente lo mismo. Depende también del momento.

Algunos chicos también experimentan más de uno en una misma relación sexual, pero es infrecuente y suele ocurrir en chicos muy jóvenes con un mínimo período refractario.

Mi novia no grita cuando llega al orgasmo, es muy silenciosa, ¿significa que no disfruta? (Manuel, Ciudad Real, 33 años.)

No necesariamente. Cada persona tiene una conducta distinta cuando llega al orgasmo. Estamos acostumbrados a ver cómo en las películas, nada más empezar a tocarse ya están gimiendo y llegan al orgasmo en cuestión de segundos; recuerda, por ejemplo, la famosa escena del ascensor de la película *Atracción fatal*, en donde los protagonistas, en un sitio tan incómodo, tienen una relación sexual maravillosa y muy placentera. No olvidemos que es una película y no refleja la realidad. En la vida cotidiana las cosas no son exactamente así. Es habitual que la persona gima, se ría o llore, grite con fuerza o por el contrario, no diga absolutamente nada. Es su manera de expresarse. También existe el que aúlla o canta. Si tienes dudas sobre su satisfacción pregúntale sin miedo. Si ha disfrutado, acostúmbrate a su silencio como algo que forma parte de su reacción.

¿Es lo mismo correrse que eyacular? Porque las chicas también dicen que se corren y no eyaculan, ¿no? (Bruno, Ciudad Real, 23 años.)

En general es y no es lo mismo. Veamos: en el caso de los chicos, la eyaculación va unida al orgasmo (salvo excepciones), por lo que *correrse y eyacular* se refieren a una misma cosa. Ahora bien, en el caso de las chicas, como el orgasmo no va acompañado de eyaculación, cuando hablan de *correrse* se refieren simplemente a que han alcanzado el orgasmo. En los casos en los que la chica eyacula, que son muy pocos, entonces se habla de eyaculación, sin más.

¿Quién debe llegar primero al orgasmo? (María, Alicante, 25 años.)

En general, es deseable que sea ella quien llegue primero puesto que cuando llega el chico, la erección baja y no puede seguir con la relación sexual. La mujer, sin embargo, puede tener un orgasmo y seguir haciendo el amor sin problemas, incluso, puede obtener más orgasmos mientras su pareja alcanza el suyo. En caso de que el chico eyacule antes de que ella alcance el orgasmo, puede estimular manualmente su clítoris para que llegue al orgasmo.

El punto G

Como explicamos en el capítulo 2 «Cómo son nuestros cuerpos», la estimulación del punto G puede darle mucha calidad a una determinada relación sexual. Ya vimos dónde se podía localizar este punto en las mujeres, veamos ahora en los hombres.

El equivalente del punto G de las mujeres se encuentra en el hombre en la glándula prostática, a unos cinco centímetros del ano. Se puede estimular cuando el hombre está recostado boca arriba y con las piernas flexionadas hacia arriba. Se introduce uno o dos dedos en el ano con mucho cuidado, siempre bien lubricados. Hay que estimular la zona suavemente. Muchos hombres dicen experimentar orgasmos deliciosos mediante la estimulación de esta zona y el pene al mismo tiempo.

¿Es cierto que las mujeres eyaculan como los hombres? (Javier, Madrid, 16 años.)

La mayoría de las mujeres no eyaculan, aunque hay algunas que han experimentado algo parecido: se trata de una emisión de líquido claro, parecido al semen, que puede salir por la uretra o vagina. Claro está que no tiene nada que ver con el semen, de hecho no se sabe exactamente qué tipo de líquido es. Lo que sí se sabe es que parece estar relacionado con la estimulación del punto G en la mujer.

Cuando toco el punto G de mi chica, le entran ganas de hacer pis y tenemos que parar, ¿qué pasa? (Pablo, A Coruña, 29 años.)

La estimulación de este punto tanto puede gustar como desagradar por completo. En general, las mujeres que son estimuladas en esta zona describen las sensaciones como tú has comentado, como «si tuvieran ganas de hacer pis», aunque en realidad si ella no parase la relación y se dejara llevar, veríais cómo no se orinaba. Podéis hacer la prueba: lo máximo que puede ocurrir es que se orine, y tampoco es tan grave. Incluso es posible que eyacule, no lo confundáis con orina.

Mejorar el placer

Para alcanzar el orgasmo son fundamentales tanto la estimulación adecuada como sentir deseo por la persona que tenemos delante. Sin deseo no hay nada que hacer. Si las premisas básicas se cumplen entonces se puede intentar ir más allá: mejorar la calidad de los orgasmos. ¿Cómo se hace esto? Sencillamente, fortaleciendo los músculos pelvianos. Los ejercicios de Kegel[1] consisten en ejercitar esos músculos. Deben contraerse y relajarse haciendo un movimiento similar a cuando queremos hacer pis y cortamos el chorro. Estos ejercicios se pueden hacer en cualquier momento del día, realizando cualquier actividad y sin que nadie se de cuenta de que lo estás haciendo. Al ejercitar estos músculos podrás mejorar la calidad de tus orgasmos y si haces el ejercicio durante el coito, tu pareja también disfrutará más, al comprimir su pene con tu vagina.

En resumen

La obtención o no de orgasmos puede ser fuente de plena satisfacción y compenetración con la pareja, así como una fuente de conflictos e insatisfacciones. El orgasmo es la consecuencia más deseable de una relación sexual pero tampoco debe condicionar al máximo nuestra sexualidad.

Si una mujer o un hombre no son capaces de alcanzar orgasmos, debe plantearse a la pareja y tratar de buscar soluciones. A veces con variar ciertas costumbres, acariciar el

1. En el año 1950, el doctor Arnold Kegel ideó una serie de ejercicios para estimular y ejercitar los músculos pelvianos.

clítoris, variar las posturas o enseñar a la pareja se puede solucionar el problema. Si con ninguna variación o intento se logra el orgasmo, conviene consultar con un experto.

Curiosidades

Algunas sectas emplean el sexo para captar y controlar mejor a sus adeptos. Por ejemplo, el Rajnesismo propaga la creencia de que el orgasmo es la primera experiencia hacia lo religioso, y considera la sexualidad y su práctica como algo sagrado; las seguidoras de la secta Niños de Dios, hasta abril de 1995, ejercían la prostitución para conseguir adeptos, a partir de esa fecha sólo se permite la prostitución con los miembros de sus propias comunas.

La práctica del sexo en postura erguida, o sea, de pie, es la que se asocia a los escarceos amorosos; en las islas Fidji se utiliza en las relaciones extramatrimoniales y en las pinturas eróticas chinas se representan con ella escenas de amor ilícito, es más, en esta misma postura con la mujer de espaldas es la mejor para que ella alcance el orgasmo ya que se estimula la pared anterior de la vagina y para él es de lo más excitante.

Los placeres deben colocarse en la vida lo mismo que las comas en una frase.

EUGENIE DE GUERIN

8

Visita al ginecólogo

–¿Por qué te pones así, Manuela?
–¿Por qué me pongo así?
–De tres meses, creo, estoy muy preocupada.
–¡Preocupada! ¡No me extraña!
–Hoy he manchado, esta mañana.
–¿Has ido al médico?
–Voy mañana al ginecólogo del Hospital del Mar, quería saber si me podías acompañar.
–Sí, claro.
–Gracias. ¿Y lo del alquiler?
–Lo siento, no puedes quedarte aquí.

Todo sobre mi madre

No es necesario tener ninguna enfermedad para acudir al médico. Una consulta cada cierto tiempo ayuda a prevenir enfermedades y permite comprobar que todo va bien en el cuerpo. Si hablamos de que una chica tiene que ir al ginecólogo a hacerse una revisión, no nos sonará raro, es lo más habitual. Pero, sin embargo, es muy raro oír a un chico decir que le toca su revisión anual de andrólogo o que tiene cita con el urólogo. Y esto se debe, en parte, a que no se educa a los hombres en este aspecto y también a que las mujeres disponen de toda la información que necesitan sobre todos los temas relacionados con cómo cuidar su sexualidad, cosa que no ocurre en el caso de los hombres. Habrá incluso algún chico que jamás haya oído la palabra andrólogo o urólogo y si alguna vez acaba en una consulta de este tipo será porque ha tenido molestias.

Me da miedo ir al ginecólogo. ¿Por qué debo ir? (María, Vitoria, 20 años.)

No tiene por qué asustarte. Acudir a consulta te va a permitir estar más cuidada, conocer mejor tu cuerpo, aprender a reconocer tú misma tus pechos para localizar precozmente cualquier posible problema. Además, cualquier duda con respecto a tu sexualidad y la de tu pareja, cualquier duda anticonceptiva te la puede resolver el médico. Tiene conocimientos suficientes para ayudarte en todo lo que necesites. Verás cómo cuando salgas de la consulta te darás cuenta de que no era para tanto.

Dentro de poco tengo cita con el ginecólogo y estoy un poco asustada. ¿Qué me va a hacer? (Sandra, Barcelona, 18 años.)

Lo primero que va a hacer tu ginecólogo es redactar una historia clínica, y para ello te efectuará un montón de preguntas:

- Si has sufrido alguna enfermedad importante, datos sobre la salud de tu familia, si te han operado de algo, o si eres alérgica a algún medicamento... y probablemente también te preguntará si tienes relaciones sexuales.
- Información acerca de tu menstruación: a qué edad tuviste tu primera regla, cada cuánto tiempo la tienes, cuántos días te dura, si sufres molestias de algún tipo, si son reglas muy abundantes o no, y también cuándo has tenido la última menstruación. Para facilitarle toda esta información, es conveniente que apuntes en un calendario cada vez que te

baje la regla, siempre el primer día. De esta manera llevarás un control exhaustivo sobre tus reglas y no dudarás ante sus preguntas.

Una vez cumplimentada la historia pasará a hacerte una exploración. Ésta suele ser la parte que más temen las chicas, pero no hay motivos para ello.

- Pasarás a un cuartito donde vas a encontrar todos los instrumentos de tu *gine* y además un sillón especial, que tiene una especie de estribos en lo alto para apoyar los pies y poder abrir bien las piernas. Imagina cualquier película en la que sale una mujer de parto. ¿Recuerdas esa silla en la que está recostada mientras da a luz? Pues es igual que esto, puede resultar un poco aparatosa, pero así facilita al ginecólogo la exploración.
- Cuando estés en la habitación, tienes que desvestirte de cintura para abajo, así que procura llevar ropa cómoda que sea fácil de quitar.
- Una vez que te hayas colocado en el sillón, con las nalgas un poquito hacia afuera, tu ginecólogo lo primero que va a hacer es observar el aspecto externo de tus genitales para descartar cualquier anomalía, como alguna infección o inflamación, por ejemplo.
- Para ver el interior de la vagina y cuello de útero se introduce dentro de ésta un aparato llamado espéculo: es alargado y se introduce cerrado, para, después, abrirlo una vez está dentro de la vagina.

¿Me dolerá cuando me meta el espéculo? (Lorena, Badajoz, 19 años.)

No tiene por qué, si se introduce con cuidado. Eso sí, es muy importante estar relajada porque los nervios favorecen la tensión de los músculos que rodean la vagina y ésta se cierra automáticamente, haciendo algo dolorosa la introducción del espéculo. Apoya bien las nalgas en el sillón y relaja los muslos. También te puede ayudar a tranquilizarte si charlas con el *gine* mientras te hace la exploración. Pídele, por ejemplo, que te deje ver con un espejito el interior de tu vagina, y que te explique cada parte que veas. Aunque no lo creas, ésta es una experiencia muy interesante. Seguro que te sorprende.

Cuando el espéculo está dentro de la vagina, se introduce un bastoncillo y se realiza una citología. Después de cerrarlo y retirarlo, el ginecólogo realiza lo que se llama un tacto vaginal: introduce los dedos en la vagina y con la mano libre presiona sobre el abdomen para delimitar el útero y a veces también los ovarios.

En la revisión ginecológica también realiza una exploración de los pechos. Como probablemente tú no sabrás hacerte la exploración sola, dile al ginecólogo que te enseñe a hacerlo, y a partir de entonces podrás hacerlo tú misma cada mes. Si todo resulta normal en esa visita, todo lo que tú encuentres al explorarte a partir de ese momento no debe variar.

Y si la chica es virgen, ¿también introduce los dedos en la vagina? (Luisa, León, 18 años.)

En estos casos, en los que el himen está intacto, introduce los dedos en el ano y hace la misma exploración manual.

¿Cómo se realiza una exploración de pechos? (Sofía, Burgos, 19 años.)

Es recomendable hacerla después de cada regla, que es cuando los pechos están más deshinchados. Es posible que notes unos bultitos en los pechos, pero no te asustes, son normales. Acostúmbrate a reconocer su forma. Para ello, en primer lugar, tienes que mirarte en el espejo: observa su forma, tamaño, y también el color de los pezones. Aprieta cada pezón para comprobar si sale algún líquido de él. Para observarte correctamente en el espejo, apoya las manos sobre las caderas.

A continuación acuéstate en un sitio donde estés cómoda, pon una brazo detrás de la cabeza y examina el pecho correspondiente a ese brazo. Para hacerlo, utiliza la mano que tienes libre: recorre el pecho en pequeños círculos, incluidas las axilas, que es la zona donde se suelen localizar con más frecuencia los tumores, concretamente entre el pezón y la axila. Después haz lo mismo con el otro pecho. Recuerda que si notas algo diferente a lo habitual tienes que acudir a tu médico.

Quiero saber cuándo una chica tiene que empezar a ir al ginecólogo (Alicia, Madrid, 28 años.)

Es conveniente iniciar las visitas cuando se empieza a tener relaciones sexuales con penetración. A veces las relaciones provocan pequeñas infecciones que pasan desapercibidas pero que es conveniente que se cuiden.

En caso de no tener relaciones sexuales, entonces es recomendable iniciar las revisiones a partir de los 18-20 años. Si no existe ningún tipo de problema o no se sigue ningún tratamiento, la norma habitual es acudir una vez al año.

Es necesario acudir al ginecólogo si se presentan cualquiera de los siguientes síntomas:

- Flujo vaginal más abundante de lo normal, maloliente o de distinto color al habitual.
- Picores, escozor, si salen granitos, verrugas o alguna llaga en la vagina o vulva.
- Ganas constantes de orinar, y al hacer pis sentir molestias.
- Orinar con algo de sangre.

- Reglas muy dolorosas. Es imprescindible consultar al médico cuando estas molestias te impiden hacer tu vida normal.
- Reglas muy abundantes o muy irregulares. Conviene recordar que los primeros años de la regla, ésta puede ser irregular. Si pasados cinco años, la regla sigue siendo irregular entonces debes acudir al médico. Es conveniente anotar en un calendario el primer día que baja la regla para llevar el control de tus ciclos. Este calendario te vendrá muy bien en la visita al ginecólogo.
- Si se produce algún sangrado que no corresponde a la regla.
- Aparición de bultos en los genitales externos.
- En caso de sospechar un posible embarazo.
- Aparición de algún bulto en el pecho que antes no estaba y también si se produce algún tipo de secreción por el pezón.
- Si tienes dificultades para quedarte embarazada. Si lo llevas intentando al menos un año o año y medio tendrás que consultar con el ginecólogo este problema.

Muy importante

Si tienes alguno de estos síntomas nunca te automediques sin consultar al médico. En caso de picores, por ejemplo, hasta que te den cita con el médico, puedes preparar remedios caseros, como por ejemplo, lavarte con agua tibia con sal gorda o, también, agua con manzanilla. Esto te aliviará el picor e incluso en ocasiones, puede curar pequeñas heridas, o pequeñas infecciones.

Cuando vas al ginecólogo te hacen una citología, ¿qué es? (Mamen, Córdoba, 24 años.)

Concretamente estás hablando de una citología vaginal. Una citología vaginal es un estudio que se realiza de las células del cuello del útero y de la vagina para después analizarlas. Se hace de la siguiente manera: una vez que el espéculo está dentro de la vagina, abierto, con un bastoncillo se raspa un poquito en la zona del cuello del útero y vagina, y las células recogidas se depositan en un cristal y se analizan a través del microscopio. La observación de estas células da una información muy valiosa sobre:

- Cómo funcionan los ovarios.
- Si existe alguna infección.
- Permite diagnosticar ciertas lesiones (displasias) del cuello del útero que con el tiempo se pueden convertir en cáncer.

Tengo terribles dolores durante la regla, casi no me puedo mover y he ido al ginecólogo. Me ha dicho que me va a hacer una biopsia: ¿qué es esto? Me suena a algo de cáncer y estoy preocupada. (Maribel, Madrid, 25 años.)

Una biopsia consiste en tomar muestras de tejido del cuello del útero, el endometrio o la vulva y enviarla a un especialista para que la analice. Se hace con anestesia local y no tiene por qué preocuparte, ya que hacer una biopsia no significa que tenga que existir un cáncer, lo que ocurre es que el análisis de esos tejidos puede permitir diagnosticar tanto el cáncer como cualquier otro tipo de problema.

Cuando hay un fuerte trastorno de la regla, se hace la biopsia del endometrio para ver las alteraciones hormonales y además también se hacen biopsias en las pruebas sobre infertilidad.

¿Una ecografía sólo se puede hacer a una mujer embarazada? (Marta, Lugo, 26 años.)

No. La ecografía es una prueba en la que mediante ultrasonidos se ven los órganos internos y sus movimientos en una pantalla y para hacerlo no es imprescindible que la mujer esté embarazada. La prueba se hace siempre que el médico así lo requiera. Sirve para ver cómo son tus ovarios, el tamaño del útero, etc.

Para realizar el examen, es necesario que la vejiga esté llena y para ello has de beber agua o cualquier líquido en gran cantidad y no orinar hasta que hayas hecho el examen. Esto permite obtener imágenes mejores para localizar bien tus órganos. Una vez estés en la consulta se te aplicará una especie de crema o aceite sobre la superficie del vientre para que se deslice con facilidad el transductor, que es una especie de rodillo que va pasando por todas las zonas del vientre y va reflejando en una pantalla tus órganos.

¿Qué es una bartolinitis? (Mónica, Granada, 28 años.)

En la entrada de la vagina se encuentran unos pequeños conductos, las glándulas que segregan una sustancia para lubricar toda la vulva cuando la mujer se excita durante la respuesta sexual. A veces ocurre que esta glándula se inflama y se obstruye, no pudiendo vaciar su secreción, de modo que se forma una bolsa de pus. Entonces se infecta y se produce un bulto muy doloroso, que se tiene que abrir quirúrgicamente para vaciar el contenido. Se realiza con anestesia general. No es grave pero hay que tomar antibióticos.

Quisiera saber qué es la endometriosis. (María, Madrid, 23 años.)

Ocurre cuando existe tejido endometrial fuera del útero, instalado en zonas como las trompas, los ovarios, las cintas que sujetan el útero... Este tejido está influido por el ciclo menstrual; por lo tanto, cuando llega el momento de tener la regla, aparte del endometrio que tapiza la matriz, también sangran estos trocitos de endometrio, estén donde estén, lo que provoca fuertes dolores durante los días de la regla. Además puede ser causa de infertilidad y provocar también dolores durante la relación sexual.

Me gustaría saber qué son los quistes de chocolate en una chica. (Marta, Cuenca, 15 años.)

Son unos quistes llenos de coágulos y sangre. Se producen cuando una mujer tiene endometriosis, debido a la existencia de ese tejido endometrial fuera del útero. Si una mujer sufre mucho durante los días de la regla conviene que vaya al *gine.*

¿Qué pasa si tienes quistes en el ovario? (Laura, Salamanca, 20 años.)

En ocasiones, cuando el médico te hace una ecografía puede descubrir que tienes un quiste en el ovario. En la mayoría de estos casos, estos quistes no son malignos. Son tumores que están llenos de líquido que derivan de un folículo que no se rompe y permanece durante dos o tres meses. Después de este tiempo, habrá, probablemente, desaparecido. Éstos se llaman quistes funcionales y no es preciso operarlos. Lo que ocurre en algunos casos es que hay mujeres que tienen ovarios poliquísticos, lo que significa que están produciendo quistes constantemente en los ovarios. Aunque a los tres meses desaparezca un quiste, vuelve a aparecer otro. En estos casos es necesario o recomendable seguir un tratamiento adecuado que te pondrá el ginecólogo.

¿Descubrirá el ginecólogo que me masturbo? (Cristina, Palencia, 22 años.)

Por supuesto que no. Como comentábamos en el capítulo 4 «La masturbación femenina y masculina», la masturbación no deja huellas, a no ser que te hayas producido algún tipo de herida. Si tienes una heridita y coincide con la visita al ginecólogo, es probable que la detecte, pero nada más. La masturbación forma parte de tu vida privada y al ginecólogo no le interesa en absoluto. Si tú se lo quieres comentar puedes hacerlo, pero recuerda que él o ella no debe hacer ningún juicio de valor respecto a esto.

Mi madre quiere acompañarme al ginecólogo y yo no sé cómo decirle que no quiero que me acompañe, porque no quiero que se entere de que ya no soy virgen. Estoy agobiada. ¿Se lo dirá la ginecóloga? (Carmen, Granada, 17 años.)

Tranquila. Los médicos, como otros muchos profesionales, se rigen por un código deontológico, en el que existe lo que se llama secreto profesional. Esto quiere decir que nada de lo que hable contigo debe salir de su consulta, exceptuando claro está, algún caso que quiera comentar con algún otro profesional para prestar una mejor ayuda. Así que puedes hablar sin miedo, la confidencialidad está asegurada.

Respecto a tu madre, a ella le hará ilusión acompañarte así que deja que lo haga. Es posible que entre contigo al despacho del médico pero no entrará a la sala de exploración. Es posible que el ginecólogo no te haga esa pregunta delante de ella pero si te la hace responde sin miedo y aprovecha el momento de la exploración, a la que no entrará tu madre, para decirle que no quieres que ella se entere. Además aprovecha también para preguntarle todas las dudas que tengas.

Me da una vergüenza atroz ir al ginecólogo y que me vea desnuda, prefiero mil veces no ir nunca. (Carla, Valladolid, 29 años.)

Cuenta con que alguna vez en tu vida tendrás que ir al ginecólogo, bien porque te quedes embarazada o bien porque pueda surgir algún tipo de problema. Cuanto antes pierdas la timidez mejor, además piensa que aunque pases un mal rato, son tan sólo unos minutos y es mucho más importante tu salud que la vergüenza que pases, ¿no crees? Desnudarse es inevitable en la consulta y tienes que pensar que tu médico es un profesional que no se va a escandalizar por tu cuerpo desnudo. Además, si quieres puedes elegir una ginecóloga, que te ayudará a vencer el corte.

¿Puede el ginecólogo recetar la píldora tan sólo para regular la regla? (Juan, Córdoba, 20 años.)

Sí. Hay mujeres que siguen un tratamiento de este tipo. Si además quiere aprovechar y utilizarlo como método anticonceptivo, conviene que se lo diga al ginecólogo para que recete las pastillas adecuadas, ya que hay algunas que son eficaces como regulador pero no como anticonceptivo.

¿Qué diferencia existe entre un urólogo y un andrólogo? (Joaquín, Lleida, 25 años.)

El urólogo estudia las enfermedades del aparato urogenital y el andrólogo se ocupa del estudio de la anatomía y el funcionamiento de los órganos sexuales del hombre, así como de la prevención y el tratamiento de sus alteraciones, es decir, que el andrólogo es el *ginecólogo* del hombre. Esta palabra proviene del latín *andros*, que significa varón.

Cuándo hay que acudir a consulta? (Mario, Cáceres, 39 años.)

En general, ante cualquier cambio que se produzca en tu cuerpo y que esté relacionado con el aparato genital. Veamos:

- Picores, escozor, cualquier síntoma que pueda indicar una infección.

- En caso de molestias al orinar y si hay sangre mezclada con la orina o semen.
- En caso de dificultades en la erección y eyaculación. Antes de hacer un diagnóstico y ver qué pasa o por qué se produce hay que descartar problemas físicos.
- Ante cualquier cambio de tamaño o forma de los testículos.
- Si aparecen granos o enrojecimiento de la piel.
- En caso de posible infertilidad del hombre. Después de intentar un embarazo al menos durante un año seguido.
- Y, por supuesto, para solicitar información sobre métodos anticonceptivos, incluida la vasectomía.
- En caso de fimosis, curvatura del pene o cualquier malformación que preocupe o dificulte las relaciones sexuales.

Fimosis

¿Qué es la fimosis? ¿Es grave? (Juan, Palencia, 16 años.)

En primer lugar, no es nada grave, es una malformación del pene que consiste en que la piel que cubre el pene, que se llama prepucio, es muy estrecha, de tal manera que cuando el chico tiene una erección, esta piel no se puede echar hacia atrás con facilidad, y el glande no sale al exterior. Éste es un problema que preocupa mucho a los chicos ya que piensan que tener fimosis les puede impedir hacer el amor con normalidad, cuando en muchos casos no es cierto. Veamos algunas de las cuestiones más habituales acerca de este tema:

¿Es necesario operarse de fimosis aunque no moleste? (Roberto, Logroño, 18 años.)

La fimosis favorece que se acumulen restos de orina y semen en la zona de la corona del glande, formándose esa capa espesa de la que ya hablamos (véase el capítulo 2), esmegma, que huele tan mal. Lógicamente, al tener completamente cubierto el glande, la higiene es más difícil y hay que esmerarse un poco más. Si acaso tu fimosis te impide limpiar correctamente el pene, la intervención quirúrgica puede ser una opción. Consulta con tu médico.

¿La operación de fimosis es peligrosa? ¿En qué consiste? Tengo miedo. (Sánchez, Sevilla, 17 años.)

La operación de fimosis se llama circuncisión y puedes estar tranquilo, es una intervención sencilla, no durará más de media hora. Se realiza con anestesia local y consiste en extirpar el prepucio y dejar el glande al descubierto. Te pondrán puntos y te irás a casa. En los primeros días vas a notar ciertas molestias en el pene; puesto que el glande ya no está tapado ahora tendrá una sensibilidad extrema por lo que notarás cualquier mínimo roce. Esto irá pasando hasta que el glande se fortalezca. Además sentirás molestias si tienes alguna erección, porque los puntos tiran, por eso tendrás que evitarlas en la medida de lo posible. A veces molesta más durante la noche, cuando se tienen erecciones involuntarias, pero conforme pasen los días los puntos dejarán de tirar y se irán cayendo por sí solos. En unas semanas estarás perfectamente, ya verás.

¿Cuándo se puede hacer el amor después de una operación de fimosis? (Fernando, Murcia, 22 años.)

Esto depende de cada chico, de cómo cicatricen sus heridas. Algunos chicos, a las dos semanas están completamente recuperados, otros tardan un poco más. Haz la prueba moviendo suavemente el pene arriba y abajo y si te duele, deja pasar un poco más de tiempo. El mejor síntoma de recuperación es cuando el chico ya puede masturbarse. Generalmente, al cabo de un mes todo suele estar perfecto. ¡Has cambiado de imagen!

Si un chico tiene fimosis, ¿puede eyacular? (Antonio, Girona, 18 años.)

Claro que puede. Tanto el semen como la orina salen al exterior por el mismo conducto, la uretra. Si no pudiera salir el semen, tampoco la orina y esto significaría que el prepucio estaría completamente cerrado, cosa que no suele ocurrir.

¿Es cierto eso de que la fimosis puede causar impotencia? (Sonia, Barcelona, 22 años.)

Es posible si el prepucio está muy tirante y no deja que el pene se ponga erecto. En estos casos es imprescindible que el hombre se realice la circuncisión, para solucionar el problema.

¿Con fimosis se puede dejar embarazada a una chica? (Manuel, Córdoba, 30 años.)

Existen casos en los que la fimosis es tan acentuada que al final del pene queda un mínimo orificio que hace muy difícil tanto expulsar la orina como el semen. Hay que realizar la circuncisión. Pero en una fimosis normal, puesto que el chico puede eyacular con normalidad, puede producir un embarazo. Basta con introducir el pene en la vagina y depositar el semen para que exista posibilidad de embarazo, con fimosis o sin ella.

¿Un chico con fimosis se puede masturbar? (Quique, León, 17 años.)

Depende del grado de fimosis que tenga. Tanto la masturbación como el coito se pueden llevar a cabo siempre y cuando no sienta dolor. Por tanto el tope lo pone él, y es quien decide si puede o no practicar el sexo. La masturbación generalmente no suele molestar puesto que el chico suele controlar muy bien hasta dónde se puede echar la piel hacia atrás; sin embargo, en el coito no es tan fácil puesto que la piel tiende a bajar más, resultando algo más molesto. Por supuesto, hay chicos que tienen fimosis y no notan ningún tipo de molestia. Si las tienen han de visitar al médico.

Voy a tener un bebé y quiero saber si le tengo que hacer la circuncisión cuando nazca. (Loli, Sevilla, 32 años.)

En diferentes culturas, la circuncisión tiene un significado religioso muy importante; por ejemplo para los judíos y musulmanes es una práctica muy común. Incluso en muchos países occidentales ésta es una práctica corriente, no sé vosotros qué opinaréis.

Actualmente los pediatras no son especialmente partidarios de realizarla, y enseñan a los padres a ensanchar la piel del prepucio desde que nacen los niños para evitar que se forme la fimosis. Cada día, cuando bañes a tu hijo y ayudándote del gel, que resbala, échale sin miedo la piel del prepucio hacia atrás unas cuantas veces, volviendo a ponerla de nuevo en su sitio. De esta manera como la piel del niño todavía es muy elástica, se da de sí, evitando que se forme la fimosis. Poco a poco tendrá ese problemilla solucionado.

Yo he oído que si te operas de fimosis, luego pierdes sensibilidad al hacer el amor y no te excitas igual. (Alberto, Logroño, 26 años.)

Ni una cosa ni la otra son correctas del todo. Es cierto que el glande se fortalece y es menos sensible a pequeños estímulos, se necesita un poco más de presión, pero esto es de manera aislada, en el conjunto de una relación sexual se ponen en juego todos los sentidos y no se focaliza tan sólo en una leve caricia en el glande. Por otra parte, la relación sexual no se modificará en nada con respecto a aquellas en las que aún tenía fimosis.

Además, el deseo no depende, en absoluto, de esta pequeñez. Si a un hombre le gusta su pareja y quiere hacer el amor con ella, entonces es suficiente, ¿no crees?

¿Crece el pene cuando te operas de fimosis? (Juan, Madrid, 21 años.)

En verdad, no es que crezca exactamente, lo que ocurre es que al no poder asomar el pene en su totalidad, cuando desaparece la piel que se lo impedía, aparece tal como es, y puede parecer más grande. Esto ocurre sobre todo en fimosis que no permiten siquiera una correcta erección.

Me masturbo desde hace tiempo y ahora la piel del pene se me queda atrás estancada y me duele, ¿qué me pasa? (Guillermo, Valencia, 14 años.)

Este tipo de problema se denomina parafimosis: se produce cuando un prepucio estrecho retrocede hacia la parte de atrás de la cabeza del glande y no puede volver por sí solo. El prepucio se queda como si fuera un anillo; si no se echa hacia delante se va hinchando y comprimiendo al glande. Se debe consultar inmediatamente con el urólogo ya que si permanece mucho tiempo en esa posición, el glande se puede quedar sin riego sanguíneo y necrosarse. Por eso es importante que cuando la madre echa hacia atrás la piel del prepucio del niño, vuelva de nuevo a ponerla en su sitio.

En las parafimosis primero se intenta echar la piel hacia delante de manera manual, pero si no se logra hay que practicar la circuncisión.

¿Cómo se le hace una revisión a un hombre? (Pedro, Murcia, 40 años.)

Veamos qué hace en la consulta el urólogo-andrólogo:

- Revisión de los genitales externos, para ver si su forma y desarrollo son normales.
- Exploración del escroto para comprobar que no existen venas varicosas.
- Exploración de la zona de las ingles para descartar hernias o ganglios en la zona.
- Hará un tacto rectal, para palpar la próstata, vesículas seminales y base de la vejiga.
- También prestará atención a los caracteres sexuales secundarios: mamas, distribución del vello, etc.

Autoexamen testicular

Es una exploración muy sencilla que sólo lleva 10 minutos y que el chico debe acostumbrarse a hacer. Hay que realizarla con el escroto relajado. Primero se explora un testículo y después el otro: con una mano se coge el testículo y con el pulgar y el resto de los dedos se palpa la superficie del testículo para ver si existe algún bulto que antes no estuviera. Si descubres algo anormal, no dudes en ir al médico.

Mi pene está torcido hacia un lado y quisiera saber si esto es malo y si me va impedir tener relaciones sexuales en un futuro. (Alejandro, Huelva, 17 años.)

Hay ocasiones en que cuando el pene está fláccido es completamente normal, pero cuando se pone en erección curva hacia un lado (hacia arriba, a la derecha...). Generalmente, todos los penes en erección tienen una pequeña desviación, pero no tiene ninguna importancia. Para resumir, hay que tener en cuenta que si el pene erecto tiene una curvatura de menos de 15 grados, entonces no te tienes por qué preocupar. Ahora, siempre y cuando las erecciones no sean dolorosas o te duela. Es muy probable que en este caso no tengas ningún problema para mantener una relación sexual con penetración.

En caso de que la curvatura sea mayor de 15 grados, entonces sí que puede haber dificultades para realizar el coito. Si éste es tu caso, debes acudir a un urólogo o andrólogo para que te haga un examen y ver si hay algún problema.

¿Qué es la peyronie*? (Nacho, Sevilla, 19 años.)*

Es un tipo de curvatura que se va produciendo con el tiempo, es decir, el hombre puede tener el pene un poco curvado que poco a poco se le va curvando más y más, hasta que llega a unos extremos en los que no se puede realizar el coito, e incluso las erecciones son dolorosas. Esta enfermedad fue descrita por el médico francés François de la Peyronie. La enfermedad consiste en la formación de unas placas fibrosas en los cuerpos cavernosos. Entonces, estas placas se van haciendo duras, torciendo el pene hacia un lado. En el momento en que el urólogo o andrólogo diagnostica la enfermedad, los tratamientos existentes hacen que desaparezca por completo en la mayoría de los casos.

El médico me ha dicho que tengo varicocele y quisiera saber si se puede operar y si es grave. (Jorge, Valencia, 22 años.)

La varicocele son las varices de las venas espermáticas. Es muy frecuente, el 19% de los chicos la sufren y puede ser una de las causas fundamentales de infertilidad masculina. Se suele presentar en el testículo izquierdo, ya que suele tener más venas que el derecho.

Es un agrandamiento de las venas que están dentro del testículo. La sangre se queda atascada en las venas ya que no retorna. Se suele describir como un saco de gusanos. Los síntomas son ciertas molestias, sensación de pesadez, etc.

Intervenir quirúrgicamente es una opción puesto que esto evitaría cualquier alteración de la fertilidad.

¿Qué es la criptorquidia? (José Luis, Salamanca, 20 años.)

Antes de nacer, los testículos se forman en el nivel de los riñones, en la parte superior del abdomen. A medida que el feto se va desarrollando, los testículos van descendiendo poco a poco, y alrededor del octavo mes se colocan fuera del abdomen. Si en algún momento los testículos quedan atrapados y no salen del todo al exterior, entonces es lo que llamamos criptorquidia. ¿Qué puede ocurrir en estos casos? Como el testículo está dentro del cuerpo, no puede producir espermatozoides puesto que tiene que estar dos grados por debajo de la temperatura del abdomen para producir espermatozoides normales.

Si el testículo no baja, ayúdale a bajar para que se puedan producir los espermatozoides con normalidad.

Por otra parte, existen otros casos en los que el testículo se encuentra en el escroto, pero en determinadas circunstancias, asciende al interior del abdomen y sube y baja llamándose «testículo en ascensor».

Noticias

El uso de la píldora poscoital evitaría 35.000 abortos. El presidente de la Sociedad Española de Contracepción ha asegurado que 35.000 de los 50.000 abortos que se producen se podrían evitar si se pudiese dar abierta y libremente a las parejas la píldora poscoital o del día después. (22/03/00)

El amor que nace súbitamente es el más tardo en curar.

De la Bruyère

9

Disfrutar en las relaciones sexuales

–Soy polimorfamente perversa. Sólo es una debilidad.
–Polimorfamente perversa significa...
–Significa que todas las partes de mi cuerpo me dan placer sexual.
–¿Y eso te hace muy sensible?
–Si tocas mis muslos, mis manos, mi cuello, mis rótulas... me pongo orgásmica.

Celebrity

La primera consigna para mejorar la calidad de las relaciones sexuales es huir de la rutina, no permitir que se instale en la relación de pareja, ya que es el peor enemigo de una relación tanto en el plano afectivo como en el sexual. Hay muchas maneras de evitarlo y entre ellas se encuentra la imaginación y entregarse de lleno a la pareja. Al fin y al cabo qué es la sexualidad sino una búsqueda constante de placer y disfrute para quien la vive. Incluso si las motivaciones que llevan al sexo son únicamente la procreación, éstas no tienen por qué ser menos placenteras y gratificantes.

La comunicación

Practicar juegos eróticos antes del coito favorece la comunicación, ayuda a romper la rutina e incluso puede evitar problemas de lubricación en la mujer, anorgasmia y eyaculación precoz e impotencia en el hombre.

Mi pareja es mayor que yo y tiene más experiencia. Llevamos cuatro años juntos y tengo miedo de no satisfacerle sexualmente, de que se haya acostumbrado a todo lo que hacemos. (Julia, Málaga, 30 años.)

En primer lugar tienes que comunicarte más con tu pareja, preguntarle cómo se siente y si se siente satisfecho plenamente. Sin lo que él te diga no puedes abordar ninguna solución. Sin la comunicación una relación de pareja se muere, se agota. Mediante la comunicación podemos compartir con los demás nuestras inquietudes y además hacerles partícipes de ellas.

Gracias a la comunicación se pueden resolver conflictos, abordar la rutina con armas y avivar el deseo sexual. Piensa en él, en cómo debes hablarle, cuándo hacerlo y de qué manera. Nadie mejor que tú para preguntarle lo que siente. A partir de ahí, sólo tienes que emprender nuevos cambios para no caer en el aburrimiento sexual. A continuación los veremos.

Creo que mi chica no siente el orgasmo y no sabe cómo decírmelo. Yo evito ese momento porque creo que no quiero oírlo, me voy a sentir muy mal y no sé cómo debo reaccionar. Sé que no me estoy portando bien. ¿Qué hago? (Antoni, Alicante, 24 años.)

Si tú te sientes mal, imagínate ella. Dale la oportunidad de desahogarse y deja por un momento el orgullo a un lado, es la única manera de buscar soluciones juntos. Escucha todo lo que te tenga que decir sin interrumpirla y luego habla con ella. Ante todo sé sensible y honesto y si te sientes mal al oírlo, díselo pero piensa en las consecuencias que puede tener lo que vayas a decir. Por supuesto, tendrás que ayudarla. Te lo agradecerá.

Vivir los cinco sentidos

A veces nos centramos en unas únicas zonas olvidando que nuestro cuerpo es todo un mundo de sensaciones que hay que descubrir. Para ello empecemos por poner alerta los cinco sentidos, implicarlos al 100%.

El tacto

La piel es un terreno extremadamente sensible que se enriquece con los besos, caricias y masajes. Tocad vuestros cuerpos rincón a rincón, con los ojos cerrados o abiertos. Se pueden poner nombres a ciertas partes del cuerpo, resaltando las partes que más te gustan, apreciando su olor y textura. De la cabeza a los pies, la piel tiene infinitas posibilidades.

Masaje sensual

Se realiza estando los dos ya desnudos, tumbados en un sitio donde se esté cómodo. Se pueden usar las manos, el resto del cuerpo, el cabello y objetos eróticos, por ejemplo.

La persona que da el masaje debe estar sentada a horcajadas sobre su pareja. Las zonas a estimular dependen por completo de lo que a ambos os apetezca: hay que experimentar con los cuerpos hasta que descubráis lo que más os gusta. Los pies no se pueden olvidar, son tremendamente eróticos, la cara interna de los muslos, los brazos, la espalda... Veamos algunas sugerencias:

- Puedes darle palmaditas en las nalgas, besándolas a continuación.
- Caricias tanto en el cuerpo como los genitales con el cabello o incluso con una pluma, siempre sin llegar a hacer cosquillas.
- Algunas parejas utilizan para masajear el cuerpo ciertos alimentos, como yogur, crema, helado, nata..., que ponen en distintas partes de sus anato-

míos para ir lamiendo: los pechos, los genitales, el ombligo.
- Se puede morder un hielo (que no esté recién sacado del congelador) y recorrer con él el cuerpo de la pareja.
- Chupar ciertas zonas y luego soplarlas puede proporcionar sensaciones fantásticas, al igual que mosdisquear suavemente y succionar, jugando con la lengua.
- Besar y chupar los dedos de los pies y las manos, uno a uno puede ser una experiencia muy gratificante.

Sea cual sea la estimulación elegida es importante prestar atención a las reacciones de la pareja e ir cambiando de vez en cuando, ya que la práctica repetida de algo que nos gusta, puede llegar a convertirse en pura rutina. En general, es importante ir de menos a más, reservando lo más placentero para el final, de tal modo que la excitación vaya creciendo cada vez más hasta llegar a lo más alto.

¿Cuándo no se debe hacer un masaje?

- Cuando existan problemas cardiovasculares, tales como flebitis, trombosis, varices, hipertensión... Debes consultar con tu médico.
- Durante el embarazo no masajear el abdomen.
- No masajear una zona inflamada, alguna herida o que duela.
- No presionar sobre los huesos. En la espalda, por ejemplo, no se deben presionar las vértebras.
- Cuidado con las zonas sensibles. Los pechos, por ejemplo, deben masajearse con sumo cuidado, en especial los días que preceden a la regla y durante ésta puesto que están extremadamente sensibles. Tu chica te enseñará cómo hacerlo sin miedo.

La vista

¿Se debe hacer el amor con la luz encendida o apagada? (Marta, Salamanca, 25 años.)

Lógicamente depende por completo de ti y de tu pareja, aunque debes tener en cuenta que ver el cuerpo desnudo de tu amor puede ser un potente afrodisíaco tanto para ti como para él. En cualquier caso, hay momentos en los que puede apetecer hacer el amor a oscuras y otros no. Hay personas que aunque hagan el amor con luz, prefieren poner un ambiente romántico, una luz tenue que no deslumbre.

Me da vergüenza desnudarme delante de mi chico porque tengo michelines. (Carmela, Asturias, 18 años.)

Parece que ahora lo que se estila es la extrema delgadez, pero te puedo asegurar que la mayoría de los chicos prefieren mujeres bien proporcionadas y con *algo donde agarrarse*. Cuidarse es sano, el culto al cuerpo, sin embargo, puede destruir tu autoestima. Lo básico es sentirse a gusto con uno mismo y dar todo de sí a la pareja. Probablemente tu pareja te desee tanto que tus michelines le parezcan oro puro. No lo dudes. Desnudarse puede ser divertido y muy sensual. Hasta que vayas perdiendo la timidez, puedes hacerlo con las luces apagadas, más adelante a la luz de las velas o incluso a plena luz del día. (Cuando lo hagas una vez, verás como pierdes el miedo.) Él se fijará en lo que más le gusta de ti, no en lo que te avergüenza y, además, casi seguro, te enseñará a aceptar tu propio cuerpo diciéndote lo mucho que le gusta y le excita.

¿Cómo podría desnudarme de forma erótica para calentar *a mi chico? (Catia, Cádiz, 25 años.)*

No hay que olvidar que desnudarse puede convertirse en todo un arte con una gran carga erótica para ambos. Desnúdate poco a poco, quitando primero todas las prendas más superficiales hasta llegar a la ropa interior. Puedes ir tirándole las prendas de ropa, como en un *strip-tease*. Puedes jugar con tus prendas íntimas antes de quitártelas. Crear expectación aviva mucho más el deseo. Acompaña tu desnudo con un sinuoso baile, con música de fondo o cantando tú misma y acércate a él de vez en cuando para despertar su deseo. También se puede dejar alguna prenda de ropa puesta durante el acto sexual. Puede ser muy excitante. Merece la pena intentarlo.

Mirar mientras te masturbas

Se puede decir que ésta es la mejor forma para que tu pareja aprenda a estimularte como necesitas. Es posible que os resulte un poco chocante. Suele dar vergüenza ser observados en un momento tan íntimo, pero la mejor recomendación es que no se haga como una clase particular sino como parte de un juego erótico en el que tanto tú como tu pareja disfrutéis. Para la persona que mira puede ser muy excitante presenciar esta escena: aprovecha para observar qué zonas acaricia, la presión que utiliza, en qué momentos empieza a aumentar el ritmo, cómo es el movimiento de su mano, si se acaricia al mismo tiempo otra zona del cuerpo, etc.

El oído

Algunos estudios han demostrado que las palabras malsonantes, incluso soeces, tienen un resultado muy estimulante, si se utilizan en la relación sexual. Igualmente los susurros con palabras sugerentes, pueden rebosar sensualidad y si además lo aderezáis todo con una música de fondo, puede envolver el ambiente de manera muy especial. La elección de la música es, también, a gusto del consumidor: una música relajante puede entonar de maravilla e, igualmente, no hay nada como una con mucha marcha para despertar las pasiones más escondidas.

Contar historias eróticas o cuentos inventados también puede resultar muy emocionante.

Notas curiosas

El 65% de las personas consideran más excitante el tono con el que se dicen las palabras que su significado.

Cada vez que escuchamos halagos, nuestro cerebro segrega unas sustancias que nos hacen sentir placer. De ahí que algunos sexólogos recomienden el uso de expresiones eróticas (incluso obscenas) para incrementar el deseo sexual (siempre que resulten agradables a nuestra pareja). Ya se lo decía Cyrano de Bergerac a su prima Roxana: «Os amo, me ahogo, no puedo más...» y como ellos, personajes de ficción y reales han hecho uso, durante siglos, de estas palabras para cortejar, así es que... ¿por qué no seguir haciéndolo?

El olfato

Es tan importante como cualquier otro sentido. Empecemos por la higiene: es fundamental en una relación de pareja, pero no es imprescindible estar perfumado y oliendo a rosas. Es posible que haya parejas que lo prefieran pero no hay que olvidar que el olor de un cuerpo limpio puede ser mucho más excitante que cualquier perfume o colonia, incluso el olor a sudor en los momentos de máxima excitación puede resultar agradable. Si es el perfume favorito de tu pareja *vístete* con una única gota.

También se pueden usar aceites aromáticos en los masajes sensuales, pero con moderación, ya que demasiado olor puede saturar.

Hay que recordar que el olor natural de los genitales no es desagradable, aunque es posible que algunas personas tengan un olor más fuerte que otras. En caso de no soportar el olor, se pueden utilizar algunos productos que lo enmascaren, como por ejemplo, nata, yogur, chocolate... ¡que no esté caliente! O lo que ambos prefiráis. En estos casos lo que hay que tener en cuenta es que nunca se debe introducir ninguno de estos productos en la vagina ya que se pueden producir infecciones. En cualquier caso si sigue desagradando el sabor, el sexo oral no es una práctica obligatoria. Díselo a tu pareja y probad cosas diferentes.

El gusto

Dicen que comer y amar son los dos afrodisíacos más potentes que existen. En la antigua Roma se celebraban increíbles bacanales en las que las orgías y comida abundante eran las protagonistas. El sabor de las cosas se potencia cuando se cierran los ojos. Tapa los ojos de tu pareja y jugad a probar diferentes alimentos: ¿recuerdas la película *Nueve semanas y media*? Podéis probar algo muy parecido: fresas, zumo, guindas, miel...

Como ves, hacer el amor no consiste solamente en besarse durante un rato y realizar a continuación el coito. Va mucho más allá. Si te concentras con tus cinco sentidos y los utilizas no sólo disfrutarás más sino que harás más feliz a tu pareja.

Notas curiosas

A lo largo de la historia, los juegos preliminares han ido variando según las culturas. Por ejemplo, en Oriente se les da muchísima importancia, hasta el punto de que lo consideran todo como una relación erótica; en el *Kamasutra* (libro sagrado del hinduismo) hay varios capítulos dedicados al arte de los abrazos, besos y caricias; el libro brahamánico *Las leyes de Manu*, del año 100 a. de C., ya hablaba de estas formas de acercamiento entre las parejas. En las islas Tobriand, cerca de Nueva Guinea, ningún matrimonio se consuma sin antes haber pasado por un largo período de, digamos, intimidad sexual, y por el contrario, entre los lepchas del Himalaya casi ni existe el cortejo, y los kwana nigerianos nunca acarician los senos y sólo en contadísimas ocasiones se abrazan antes del coito y es que, algunos... no saben lo que se pierden.

Posturas amatorias

Con una buena dosis de compenetración, curiosidad y verdadera comunicación, se puede conseguir que el simple acto sexual se convierta en un auténtico mundo de sensaciones, y las posturas que se pueden adoptar durante la relación sexual ayudan mucho a conseguir este apasionante mundo erótico.

El ángulo en el que el pene entra en la mujer puede afectar las sensaciones de los dos miembros de la pareja. Alterando estas posiciones se puede conseguir que se estimule toda la pelvis de la mujer y tenéis que tener en cuenta que cuanto más atrás estén las piernas más profunda será la penetración.

Las posturas en las que *la mujer se apoya sobre sus manos y rodillas,* permiten que el pene estimule el punto G, del que hablábamos en el capítulo «Sentir el orgasmo». En esta posición el hombre puede acariciar los pechos de ella, el clítoris, al mismo tiempo que es penetrada.

La postura del misionero es la más utilizada por las parejas: la pareja está cara a cara, el hombre encima y la mujer debajo. Ella puede controlar el grado de penetración según coloque las piernas. Si las pone sobre los hombros de él, por ejemplo, la penetración es muy profunda. A algunas mujeres las caricias en el cuello del útero les resultan muy placenteras, mientras que a otras no les gustan tanto. Depende de lo que prefiráis, la mujer debe controlar la penetración. Si el pene golpea con fuerza el cuello del útero se puede provocar el movimiento del útero y esto puede resultar muy doloroso para la mujer.

La mujer encima: ella puede controlar la profundidad de la penetración y mover su cuerpo como le apetezca para obtener mejores sensaciones.

De pie: hay que contar con la fuerza del hombre que deberá sostener a su pareja. Por otra parte la penetración por detrás estando de pie, es más descansada. Cuanto más abajo apoye la mujer las manos más profunda será la penetración.

De lado: permite que la pareja se mire a la cara y se abrace fuertemente.

De estas posiciones básicas pueden surgir múltiples variantes: divertidas, difíciles, excitantes, dolorosas..., cada una de ellas permite estimular distintas zonas del cuerpo, tanto para el hombre como para la mujer. ¿Por qué no probar?

Notas curiosas

Según el *Kamasutra,* existen 529 formas posibles de hacer el coito; una de ellas es la que sitúa a la mujer encima del hombre; una postura procedente de la región mesopotámica de Ur y que actualmente utilizan los muzugiu de Australia y los indios crow de Norteamérica. Postura aconsejada para las mujeres que padecen vaginismo, aunque no para las que quieran quedar embarazadas, ya que la penetración no es profunda.

Fantasías sexuales

Aunque muy pocos se atrevan a reconocerlo, todo el mundo sueña algunas vez con el sexo; las fantasías sirven para mantener activa nuestra vida sexual, disfrutarla más intensamente y alargarla. Las fantasías forman parte de ese mundo que tenemos en la mente, igual que nuestras necesidades y deseos. Estos pensamientos pueden aparecer cuando nos masturbamos, en nuestros sueños e incluso durante nuestras relaciones sexuales con la pareja: las posibilidades son infinitas.

Por raras que nos puedan resultar está demostrado que echarle imaginación al sexo sólo es síntoma de enfermedad cuando reemplazan a la realidad.

¿Se deben compartir las fantasías o es mejor guardarlas para uno mismo? (Nacho, A Coruña, 26 años.)

Se pueden compartir siempre y cuando se tenga muy claro que se hace para mejorar la relación y hay que procurar hacerlo con precaución. ¿Qué significa esto? Pues significa que tu pareja puede ver las cosas de diferente manera que tú y no reaccionar como deseas que lo haga. Hazlo con cuidado: elige el momento adecuado, por ejemplo, cuando los dos estéis muy excitados, y empieza por contar pequeños detalles de tu fantasía. Observa cómo reacciona a esto; si notas que participa y juega contigo puedes continuar. Es posible que ella también destape sus secretos e incluso que compartáis algunas fantasías. Esto es sólo el principio, se ha abierto una puerta, aprovechadla para comunicaros y compartir.

Es posible que no todo sea tan fácil y ella no colabore: en este caso es mejor dejarlo e intentarlo en otro momento ya que puedes hacer que se sienta muy violenta.

El hecho de contar tus fantasías sexuales a tu pareja ¿significa que tienes que hacerlas realidad? (Merche, Lugo, 26 años.)

No necesariamente. Algunas fantasías se pueden llevar a cabo, otras no, por la sencilla razón de que hacerlas realidad puede acabar con ellas y que te decepciones. Piensa que una fantasía la inventas tú y le das la forma que deseas, le pones cara, colores, sensaciones... y muchas veces la realidad no es tan apetecible. Por supuesto esto depende de cada persona.

Mi pareja tiene la fantasía sexual de hacer un trío y me lo ha propuesto, pero yo no sé si eso puede llegar a estropear nuestra relación. (María, Burgos, 35 años.)

Puede estropearla y también fortalecerla, depende de cómo os planteéis la fantasía. La recomendación básica es la de tener muy claro lo que deseáis y por qué queréis hacerlo. Es importante que esa tercera persona no tenga lazos afectivos con vosotros (un vecino, compañero de trabajo o incluso amigo) y tampoco que vosotros mismos os impliquéis afectivamente con ella. Los dos debéis estar completamente seguros y convencidos y debéis marcar unos límites que no hay que sobrepasar. Si cualquiera de los dos duda, es mejor no seguir adelante porque esto sí puede ser motivo de posteriores recriminaciones y rencores.

Notas curiosas

En cuestión de fantasías sexuales, hacer un *strip-tease* delante de su pareja e imaginar que se es completamente irresistible, es la más común entre las mujeres, mientras que los hombres fantasean con practicar sexo oral.

El 60% de las mujeres casadas admite fantasear sobre mantener relaciones sexuales con otros hombres.

Fantasear con practicar sexo en grupo es algo que confiesan el 60% de los hombres y, de ellos, a la mayoría le gustaría practicarlo con dos mujeres.

Las fantasías sobre dominación (ser atadas y obligadas a practicar el sexo) es una de las más habituales en las mujeres; y lo mismo ocurre con los hombres, a muchos les motiva sentirse objeto sexual.

Afrodisíacos

«¿Cómo definir un afrodisíaco? Digamos que es cualquier sustancia o actividad que aguijonea el deseo amoroso[1].» En realidad, la mayoría de los afrodisíacos, como dice Isabel Allende, actúan por impulso de la imaginación, porque ¿quién se imagina que comer un espárrago blanco produce verdaderos efectos eróticos? Sí, es cierto que la forma de meterlo en la boca, de succionarlo, de jugar con él pueda revolver a la pareja en su asiento, pero a la hora de tragarlo no hará milagros en quien lo come. Eso son los afrodisíacos: los juegos que acompañan, las comidas que sugieren, los productos que muestran una forma parecida con algo sexual: el espárrago con forma alargada y punta suave, las ostras, parecidas a la vulva femenina..., y también los juegos amorosos, los cuentos eróticos, y todo ello mezclado en una coctelera con toquecitos de gusto e imaginación. Veamos algunas ideas *afrodisíacas:*

- Un baño erótico: todo el cuarto de baño plagado de velas encendidas, una bañera llena de agua templada con espuma o algún aceite esencial. Lavaos el uno al otro, la suavidad del agua favorece un buen masaje, sobre todo en la zona del cuello, para descargar tensiones. Uno de los dos puede leer o simplemente disfrutar del agua y las caricias. Después secaos el uno al otro y seguidamente podéis hacer el amor.
- Una cena romántica: a la luz de las velas, con un buen vino y una mesa impecable. Esfuérzate en preparar una comida vistosa, que entre por los ojos.

1. Isabel Allende, *Afrodita*, Barcelona, Círculo de Lectores, 1999.

- Ambiente con aromas: se pueden poner tiras de incienso, velas perfumadas o popurrí de fragancias frescas.
- Flores: no hay nada tan especial como una casa con bellas flores.

Juguetes sexuales

Gran cantidad de artículos pueden ser utilizados por las parejas como complemento a sus juegos eróticos. Existen todo tipo de artilugios como las bolas chinas, de las que hablamos en el capítulo 4, vibradores y consoladores, muñecas hinchables, simuladores de vaginas y un largo etcétera. Para adquirirlos hay que dirigirse a tiendas especializadas como *sex-shops*. Un dato muy importante es que hay que tener en cuenta que este tipo de *juguetes* no solucionan problemas sexuales de ningún tipo y hay que saber utilizarlos en su justa medida, no como meros sustitutos de una pareja.

Besos

Decía la actriz Ingrid Bergman que el beso era un «truco encantador para dejar de hablar cuando las palabras se tornaban superfluas». Besar, aparte de ser una de las experiencias más íntimas que puede compartir una pareja, lleva consigo una tremenda carga sexual, aunque sea fugaz. Y es que, los labios, junto con la lengua, son zonas muy receptivas a las caricias sexuales. Además, a través de un beso se puede expresar todo el amor que se siente por una persona. Es increíble el efecto que puede llegar a tener un buen o un mal beso en alguien.

«Mi primer beso fue horrible porque me choqué con los dientes del chico y me hice daño en el labio.» (Laura, 17 años.)

«Recuerdo los besos con mi mujer como algo increíble. Desde el primer momento nos acoplamos a las mil maravillas y nunca nadie me ha besado así.» (Carlos, 45 años.)

«Si me llegan a decir que mi primer beso iba a ser como fue realmente, todavía estaría sin besar a nadie: fue horrible: olía mal su aliento, me empapó de saliva, me metió la lengua hasta el fondo y me traspasó un trozo de patata frita de una bolsa que habíamos comprado para comer. Por supuesto puse buena cara pero tardé muy poco en volver a casa. No volví a besarle nunca más.» (Toñi, 29 años.)

«Yo me emocioné con mi primer beso y me eché a llorar, le quería y ¡le quiero un montón! Fue muy bonito.» (María, 22 años.)

«Se lo di el día antes de nuestra boda. Fue un simple besillo pero pensé: ya estoy preparado para casarme.» (Antonio, 70 años.)

«Llevábamos saliendo tres meses y yo no me atrevía ni a acercarme a ella. Un día, mientras discutíamos, me cogió la cabeza con las dos manos y muy cabreada me besó. Se dio media vuelta y se largó. Ni me moví del sitio. Al día siguiente ya habíamos hecho las paces.» (Paco, 26 años.)

«Mi primer beso... ¡si aún no lo he tenido!» (Guillermo, 14 años.)

La historia del beso parte de una primitiva manera de tocarnos con los labios; unos dicen que todo empezó en Grecia en el año 500 antes de Cristo, cuando los hombres iban al ágora a charlar y beber vino de Corinto, a su regreso a casa, las mujeres les saboreaban la boca para descubrir si habían bebido o no. Otros dicen que su verdadero origen está en la Tierra del Fuego (entre Argentina y Chile); parece ser que en aquella cultura no existían vasos y para beber se traspasaban el agua unos a otros a través de la boca. Eso sí, parece ser que su aspecto más erótico no surgió en Europa hasta la Edad Media, luego ya impusimos nuestra particular forma de besar.

No he besado nunca a nadie y ¡no sé cómo debo hacerlo! Necesito ayuda. (Caren, Barcelona, 13 años.)

Recuerda que se trata de disfrutar el momento; por lo tanto, déjate llevar y cierra los ojos. Deja que lo que sientes por esa persona te envuelva y que sea él, o ella, quien te guíe. Besar es muy fácil, no estés tensa porque si no tanto tus labios como tu lengua lo notarán y también tu pareja. No pasa nada si sale mal, lo mejor es decirlo en alto y reírse, el mejor remedio para solucionarlo y aprender es volver a intentarlo con naturalidad. Puedes seguir estas pautas. Saldrá muy bien, ya lo verás.

Primero hay que evitar besar en la boca hasta que nos sintamos seguros y relajados. El primer beso puede ser un beso *pico*, para romper el hielo. Bésale un poco la boca, la cara, el cuello..., antes de darle un beso profundo. Intenta no introducir la lengua en su boca nada más empezar el beso, ya que puede resultar agresivo.

Retira el exceso de saliva. Un beso muy húmedo puede resultar muy desagradable. A continuación puedes pasar la lengua por su labio inferior y mordisquearlo suavemente. Ahora puedes introducir tu lengua en su boca y jugar con la suya. Besa las comisuras de sus labios, ve de un lado a otro de la boca. Inúndale con muchos y pequeños besos en los labios, succiónalos con cuidado... Y, por supuesto, utiliza las manos para acariciar el resto de su cuerpo, primero por encima de la ropa y luego ¡quién sabe!

¿Le digo que no sé besar o me lo guardo? (Sara, Madrid, 15 años.)

Es mejor que seas sincera ya que no merece la pena mentir por una tontería así. Piensa que si mientes y el beso no sale bien del todo, habrás decepcionado a tu pareja; sin embargo, si sabe que es tu primer beso, te ayudará y guiará y no tendrá en cuenta cualquier posible fallo. También es posible que salga bien y nunca se dé cuenta pero, ¿crees que merece la pena empezar una relación con mentiras? Tú decides.

Notas curiosas

Con algo tan sencillo como un beso la presión arterial puede aumentar de 70 a 150 pulsaciones por minuto, el corazón puede bombear un litro más de sangre, y un beso apasionado puede provocar un cambio tan brusco en el cuerpo que, según los científicos, puede acortar nuestra vida hasta en tres minutos.

El beso es el paso casi obligado antes de comenzar el acto sexual; con él, los enamorados se intercambian descargas bioeléctricas positivas que provocan la excitación, claro que a veces significan una reconciliación. En cualquier caso, todos necesitamos besar y ser besados para alcanzar el equilibrio emocional.

En zonas de África y Asia el beso de pareja es habitual; se da con la nariz y contiene una carga sexual parecida a la nuestra, los esquimales frotan su apéndice nasal para saludarse, también en Samoa se huelen y en Gambia y la zona alta de Níger se frotan el rostro. En Laponia, África, Polinesia, Malaisia, China, y sudeste de la India, lo más erótico consiste en acercar la nariz a la mejilla de la persona deseada, inhalar, bajar los párpados y chasquear los labios sin llegar a tocarla; aún hoy, muchas de estas culturas califican nuestros besos en la boca como una práctica de origen caníbal.

No sólo los seres humanos se besan; antes de la cópula, los elefantes entrelazan sus trompas y se dan un sonoro beso, algunas especies de monos se lamen y mordisquean al aparearse, y los lametones son una parte fundamental en la estimulación sexual de los perros.

Bailar es un buen estímulo para fomentar el deseo sexual; entre otras cosas porque se libera testosterona, además de fortalecer los músculos del abdomen, la pelvis y los muslos; lo que hace que las relaciones sexuales resulten más satisfactorias al poder practicar más posturas y tener mayor control sobre el orgasmo. El movimiento rítmico de nuestro cuerpo al bailar nos hace resultar deseables; y el más erótico por excelencia es el tango. Un baile que nacía a finales del siglo XIX en los puertos de Buenos Aires y en los prostíbulos frecuentados por emigrantes. De ahí que se considere no sólo erótico sino también nostálgico. En 1910 el gobierno argentino lo prohibió porque lo consideraba inmoral, sin embargo se popularizó en Europa y América. Finalmente París se convirtió en la ciudad del tango y de ahí a los salones de baile de la alta sociedad.

> Quien no sepa dar variedad a nuestros placeres no nos proporcionará nunca placer.
>
> FRANCESCO MULIZIA

10

La sexualidad y el embarazo

–Estoy embarazada.
–¡¿Embarazada?! ¿Y qué piensas hacer?
–Tenerlo, ¿qué quieres que haga? Pensé que aquí, en tu casa, sería menos escandaloso.
–¿El padre no puede echarte una mano?
–El padre, ¡Dios sabe dónde estará!
–Pero tú sabrás quién es, supongo.
–Pues claro, ¿por quién me tomas?

Todo sobre mi madre

El embarazo es un período muy importante para la mujer, en el que experimenta grandes cambios. Durante nueve meses, el feto depende por completo de su madre, por lo que ésta debe procurar llevar una vida sana, cuidándose y acudiendo al médico cada cierto tiempo.

La fecundación

¿Cómo se produce un nuevo bebé? (Marta, Córdoba, 12 años.)

Aproximadamente cada mes, uno de los ovarios de la mujer libera un óvulo que se encamina hacia la trompa de Falopio para seguir bajando hasta el útero. En el momento en que el óvulo está en la trompa es cuando puede ser fecundado por un espermatozoide, de modo que si en ese momento del ciclo, un hombre deposita su semen en la vagina de la mujer, éste asciende hasta el útero y continúa hacia las trompas, pudiendo fecundar ese óvulo. Por tanto la unión entre óvulo y espermatozoide sólo se puede producir en la trompa. Si no ocurre, el óvulo continuará descendiendo y será absorbido por el cuerpo. Recuerda que todo este proceso se produce independientemente de que la mujer alcance el orgasmo en la relación sexual o no.

Entonces, ¿sólo me puedo quedar embarazada cuando se ovula? (Elena, Madrid, 18 años.)

No exactamente. Es el momento del ciclo donde existe más riesgo, pero también en los días cercanos a esta ovulación la fecundación se puede producir.

¿Cómo evitar que se produzca un embarazo no deseado? (Rosa, Guadalajara, 17 años.)

Es fundamental usar un método anticonceptivo en todo momento. Un error muy frecuente es el de pensar que el mero hecho de introducir un poco el pene en la vagina o salirse de ésta antes de eyacular (marcha atrás) son suficientes para evitar el embarazo. Por supuesto, esto no es cierto y el peligro que conlleva hace necesario el uso de un anticonceptivo seguro. Si se trata del preservativo, hay que utilizarlo desde el primer momento de juego en la entrada de la vagina.

Síntomas del embarazo

Mi chica y yo queremos tener un hijo y ella tiene un retraso de 15 días. Nos gustaría saber cuáles son los síntomas de embarazo. (Miguel, Madrid, 26 años.)

Antes de hablar de los síntomas conviene decir que es posible que en el primer mes la mujer no note nada especial, sin embargo sí se producen algunos cambios. El primer signo es la falta de regla o amenorrea; se pueden producir ligeros sangrados, aumento de pechos y también pueden doler un poco, náuseas, cansancio, sueño, ganas de orinar... Esto no significa que por el mero hecho de estar embarazada se presenten todos los síntomas juntos, sino poco a poco o incluso es posible que la mujer no llegue a experimentar algunos de estos cambios. Cada embarazo es completamente diferente; incluso la misma mujer nunca tiene un embarazo igual a otro.

Antes del embarazo

Pruebas de embarazo

¿Cuándo es fiable un test de embarazo? He oído que tienen que pasar unos días después de que no tengas la regla para poder hacértelo, ¿por qué es esto? (Vanessa, Granada, 25 años.)

El test es fiable a partir de una semana o diez días de amenorrea, antes de este plazo también puede dar un resultado correcto pero es más fácil que falle. La razón es muy sencilla: en la primera etapa de embarazo, la placenta de la mujer produce, en la sangre y en la orina, una hormona que se llama gonadotropina coriónica humana (GCh). Si se hace la prueba antes de la semana de falta es posible que el cuerpo todavía no haya producido una cantidad suficiente de esta hormona y el test no sea capaz de detectarla en la orina, produciéndose en la prueba lo que se llama un falso negativo.

Tengo retraso de cuatro días en mi regla y me quiero hacer un test de embarazo, pero no se cuál comprarme, ni dónde, ni cómo hacérmelo. (Ana, Murcia, 23 años.)

La marca es lo de menos, pídele al farmacéutico que te recomiende alguno: todos los modelos determinan la presencia de GCh en la orina. Debes hacerlo, preferiblemente, con la primera orina de la mañana. Algunos métodos requieren mezclar la orina con un líquido y otros simplemente depositar unas gotas en un recipiente que luego cambiará de color. Depende de la prueba que elijas. Antes de hacer la prueba, lee las instrucciones completas y haz paso por paso lo que te indica. Si el resultado es positivo, ponte en contacto con un ginecólogo para que lo confirme definitivamente y realice el seguimiento del embarazo.

Por último, sólo quiero recordarte que la prueba de embarazo no sólo puedes hacerla a través de un test, sino también llevando una muestra de orina a una farmacia que tenga laboratorio o al médico. O directamente realizando un análisis de sangre.

¿El test es fiable 100%? (Susana, Cáceres 19 años.)

Los resultados suelen ser muy precisos pero a veces fallan. Es más habitual que se produzca un falso negativo, como hemos comentado antes, que un falso positivo, aunque, en ocasiones, determinados medicamentos pueden alterar la prueba.

Durante el embarazo

Cuando la mujer está embarazada, ¿sigue ovulando? (María, Valencia, 16 años.)

No. Cuando el óvulo es fecundado, la placenta en desarrollo produce la GCh. Durante los primeros estadios de embarazo la GCh estimula el folículo que ha liberado el óvulo para que produzca estrógenos y progesterona, de manera que suben los niveles de estas hormonas. Por tanto este aumento impide tanto la ovulación como la menstruación durante el embarazo.

Relaciones sexuales

¿Se puede hacer el amor durante el embarazo? Mi chico tiene miedo a hacer daño al feto. (María, Málaga, 30 años.)

Por supuesto que sí, el feto está perfectamente protegido y no sufre. Hay que tener en cuenta que las posturas a adoptar irán cambiando a medida que el abdomen se vaya abultando. Por ejemplo, una posible postura puede ser aquella en la que la mujer tiene apoyadas las manos y rodillas y el hombre penetra por detrás, sujetándole la barriga con cuidado. Conviene experimentar diferentes posturas en las que la mujer esté lo más cómoda posible.

Cuándo no se debe practicar el coito durante el embarazo

En algunos casos el médico puede desaconsejar las relaciones sexuales por diferentes motivos, veamos algunos de ellos:

- En caso de haber tenido anteriores abortos.
- A causa de alguna infección.
- Si se producen pérdidas de sangre o de líquido amniótico durante el curso del embarazo.

En cualquier caso, el coito no es la única alternativa para hacer el amor. El contacto sexual es ilimitado y en ocasiones incluso hasta puede ser más placentero.

Estoy embarazada de dos meses y mi ginecóloga me ha dicho que tengo un leve desprendimiento y que tengo que guardar reposo absoluto y que no tenga sexo. ¿Esto incluye el sexo anal? (Mónica, Santander, 29 años.)

Esto incluye las relaciones coitales, tanto anales como vaginales. Ten en cuenta que lo que se pretende con el reposo es que el embrión se implante bien para poder desarrollarse sin problemas. Si no haces reposo corres el riesgo de sufrir un aborto, por esta razón, el movimiento que provoca el coito puede ser fatal para tu embarazo y especialmente el coito anal, que es mucho más traumático que el vaginal. Aprovechad estos momentos para recrearos en las caricias, los besos..., hay muchas formas de hacer el amor, ¿no crees?

Problemas

Una compañera de trabajo ha tenido un embarazo ectópico y no sé muy bien lo que es; ¿es peligroso? (África, Salamanca, 22 años.)

El embarazo ectópico también se denomina embarazo extrauterino porque se produce fuera del útero, casi siempre en una de la trompas (aunque también puede estar en cualquier otro sitio de la cavidad abdominal). En este tipo de embarazo el huevo debe ser extraído lo antes posible, con el fin de evitar una grave hemorragia que ponga en peligro la vida de la madre.

Después de un embarazo ectópico, ¿podré quedarme embarazada de nuevo? ¿Cuándo? (Susana, Alicante, 26 años.)

No hay nada que pueda impedir un nuevo embarazo, siempre y cuando no se hayan producido complicaciones médicas insalvables, en cuyo caso el ginecólogo te dará todas las explicaciones necesarias.

El cuándo es más difícil de determinar puesto que depende del criterio médico, ya que el tiempo puede variar en función de dónde se instaló el embarazo. En el 90% de los casos se produce en las trompas, y el tiempo suele ser entre tres y seis meses, pero insisto en que es tu médico quien tiene que valorar esto. En un tiempo razonable y si no hay contraindicación médica, se podrá volver a producir un embarazo.

¿Qué significa un aborto por mola*? ¿Qué es una* mola*? Mi mujer lo ha tenido y no hemos entendido las explicaciones médicas. (Javier, Huesca, 25 años.)*

A partir del segundo mes de embarazo empiezan a funcionar los primeros estadios de la placenta, las vellosidades coriónicas *(Guía para antes, durante y después del embarazo)*. Ocurre entonces que el tejido de estas vellosidades degenera y se forman unas vesículas en forma de uvas, rellenas de líquido. La consecuencia es que el útero suele tener mayor tamaño de lo normal y hay que extraer el contenido de éste lo antes posible.

¿Cuándo se puede volver a intentar un embarazo?

En estos casos el período oscila entre uno y dos años.

¿Qué significa tener placenta previa? (Carmela, Oviedo, 28 años.)

Significa tener la placenta en la parte más baja del útero, tapando parcial o totalmente el cuello del útero, que es por donde va a salir el bebé. Debido a esto, se suelen producir sangrados durante los últimos meses del embarazo. Si esto te ocurriese, debes acudir inmediatamente al médico, ya que es posible que necesites ser hospitalizada. En ocasiones puede provocar un parto prematuro y éste casi siempre requiere cesárea.

Hace un mes mi mujer sufrió un aborto espontáneo y quería saber cuánto tiempo debemos esperar para volver a intentar que se quede embarazada. (Raúl, Segovia, 28 años.)

En términos generales, cuando el aborto se produce durante el primer trimestre de embarazo es conveniente esperar de tres a cuatro meses.

Drogas

Los órganos del feto se forman durante los tres primeros meses de embarazo y el consumo de drogas puede afectar de manera irreversible al bebé.

La marihuana. Provoca partos prematuros y los bebés suelen ser más pequeños. Además, la marihuana contiene monóxido de carbono, que puede impedir que el feto reciba suficiente oxígeno.

La cocaína. Puede exponer a la madre a un parto prematuro y los bebés son más pequeños. También son más irritables e intranquilos. Además la madre puede tener ataques cardíacos y morir el feto.

Tabaco

El monóxido de carbono disminuye la cantidad de oxígeno tanto a la madre como al feto. Es frecuente que el bebé nazca con menos peso y, además, se tiene un mayor riesgo de parto prematuro.

¿Gemelos o mellizos?

¿Por qué se producen los gemelos, cómo es posible? (Miranda, Vitoria, 17 años.)

En un ciclo normal el ovario libera un óvulo cada mes; sin embargo, en algunos casos ocasionales, se liberan dos o más óvulos. Y éstos son fecundados por dos espermatozoides diferentes, dando lugar entonces a dos embriones. Cada uno de ellos tendrá su propia placenta y líquido amniótico. En este caso, hablamos de gemelos dizigóticos o bivitelinos.

Por otra parte, aunque es menos frecuente, es posible que un único óvulo fecundado por un espermatozoide se divida en dos mitades en las primeras fases del embarazo. Esto dará lugar a dos gemelos idénticos, que compartirán la misma placenta pero cada uno con su propio saco amniótico. Éstos se denominan gemelos monozigóticos o univitelinos.

Tengo unas tías que son mellizas y no se parecen en nada, sin embargo dos de mis mejores amigas son gemelas igualitas. ¿Por qué pasa esto si nacieron también a la vez? (Lara, Bilbao, 24 años.)

Los gemelos dizigóticos, como son producto de una unión entre dos óvulos diferentes con dos espermatozoides también distintos, se parecerán relativamente, como cualquier hermano, y además pueden ser del mismo sexo o de distinto. Sin embargo, los gemelos monozigóticos, al provenir de un mismo óvulo y espermatozoide comparten toda la información genética y son idénticos y, por supuesto, del mismo sexo.

Después del embarazo

Hace ya meses que mi mujer dio a luz y ahora no tenemos relaciones sexuales porque a ella le resultan dolorosas, ¿puede ser por episiotomía? (Fernando, Cádiz, 32 años.)

Sí, puede ser. Esto es bastante frecuente. Es necesario estimular y masajear la zona para que adquiera de nuevo elasticidad. Me permito citar a una de nuestras oyentes, Laura, que es fisioterapeuta y nos contó en el programa lo que ella hace para solucionar este tipo de problemas. Veamos lo que dijo: «Normalmente, en los casos en que se ha practicado la episiotomía, cuando la cicatriz ya no es una herida abierta, yo suelo enseñar a las mujeres a que se realicen masajes y estiramientos suaves alrededor de esa cicatriz, tanto por fuera, con aceite de almendras dulces, como por dentro, sin ningún tipo de producto especial. Previamente yo les realizo una exploración y valoración del suelo pélvico y les hago las maniobras adecuadas para que ellas las aprendan y las puedan realizar en su casa por la mañana y por la noche. Esto se debe llevar a cabo para elastificar esos tejidos que han quedado dañados y evitar la tirantez de los mismos, las retracciones o las cicatrices queloides, que sobresalen de su espacio normal y son incómodas y antiestéticas. Mi consejo es que, si puede, contacte con algún fisioterapeuta que trabaje en este tema; y, por supuesto, con su ginecólogo. La fisioterapia pretende recuperar esa musculatura que ha sido sobreestirada y dañada, así como evitar las incontinencias urinarias que pueden quedar durante el posparto, y así mejorar la calidad de vida de la mujer».

Después del embarazo, han pasado dos meses y mi mujer aún no tiene la regla, ¿es normal?, ¿podemos hacer el amor sin riesgo? (Juan, Zaragoza, 30 años.)

Es normal. La regla volverá de siete a diez semanas después del parto. Si está dando de mamar tardará más en aparecer. No obstante, has de tener en cuenta que existe riesgo de embarazo ya que los ovarios pueden funcionar tres o cuatro semanas después del parto. Tomad medidas anticonceptivas aunque no haya regla.

¿Me puedo quedar embarazada en el agua? (Susana, León, 22 años.)

Claro que sí. Para que se produzca un embarazo, como dijimos, es necesario que el semen se deposite en el interior de la vagina de la chica y da igual el medio en el que estés, siempre y cuando esto ocurra. Utiliza el preservativo; para ponerlo él ha de sacar el pene del agua, ya que si se lo pusiera dentro, se llenaría de agua y reventaría. Cuidado con el agua sucia.

¿Con la ropa interior hay riesgo de embarazo? (Víctor, Cáceres, 21 años.)

No. Imagínate si esto fuera posible. Ten en cuenta que los espermatozoides son microscópicos y no podrían atravesar el tejido de la braga o de los calzoncillos. Para que se produzca el embarazo es necesario que los espermatozoides se depositen en el útero, pasando por la vagina, y con la ropa interior no pueden llegar hasta aquélla y mucho menos al útero.

Si un chico tiene fimosis, ¿puede dejar embarazada a una chica? (José, Guipúzcoa, 17 años.)

Sí. Tener fimosis significa tener estrecho el prepucio. No puede liberar el glande, pero el líquido seminal puede salir, por lo que el embarazo se puede producir.

Calendario del embarazo

¿Cómo puedo saber cuándo voy a dar a luz? (Lia, Barcelona, 33 años.)

Un embarazo son cuarenta semanas desde el primer día de la última regla. En general, para saber cuándo nacerá el bebé se calcula aproximadamente cuándo fue la concepción: unos catorce días después de la última menstruación, como hemos visto antes son los días de ovulación. A esta fecha se le suman siete días y luego se retrocede tres meses. Ejemplo: 10 de mayo (fecha de la concepción aproximada) + 7 = 17 mayo – 3 meses = 17 febrero.

Embarazo no planificado

Muchas mujeres jóvenes se enfrentan a este problema cada día: falla un método anticonceptivo o no se llega a utilizar, el caso es que después de hacerse el test de embarazo el resultado ha sido positivo, ¿qué hacer? Aunque algunas mujeres deciden al instante que no quieren llevar a término ese embarazo y que quieren abortar, otras piensan que lo mejor es seguir adelante. Cualquiera de las dos decisiones tiene que reflexionarse detenidamente, junto a la pareja y hacer por fin aquello de lo que se esté plenamente convencida, sin presiones. Hacer algo que contradice los propios deseos o creencias puede resultar muy negativo para ella.

Qué decisión tomar

Estoy embarazada y no me atrevo a decírselo a mis padres. Ellos son muy conservadores respecto a este tema. Ni siquiera sé lo que quiero hacer. Mi novio dice que me apoya en la decisión que tome pero estoy hecha un lío. (Miranda, Barcelona, 16 años.)

Lo más normal es que, después de saber que estás embarazada aparezca el pánico y un montón de pensamientos negativos. En este momento se empieza a pensar que todo se ha terminado, que tu vida se ha destrozado, que tus padres te matarán o incluso que quieres morir. Nada de esto te llevará a ninguna parte, por lo que lo primero que tienes que hacer es tranquilizarte y hablar con tu pareja para afrontar juntos el problema. Si él no responde, cuéntaselo a una amiga de confianza para que pueda ayudarte a pasar el mal momento.

Antes de contárselo a tus padres, puedes acudir con tu pareja o tu amiga, si no tienes pareja, a un centro de planificación familiar, en busca de ayuda y consejo. Incluso, puedes plantear en el centro la posibilidad de que ellos te ayuden a comunicárselo.

Después de esto, el paso que debes dar es el de hablar con tus padres. Recuerda que eres menor de edad y en caso de querer interrumpir el embarazo ellos tendrán que dar su consentimiento. Por el contrario, si quieres seguir adelante con el embarazo, es obvio que tarde o temprano lo van a detectar por lo que cuanto antes se lo digas mejor, ya que podrás recibir más ayuda desde el primer momento.

Cómo decirlo a los padres. (Ana, León, 18 años.)

Intenta reunir el valor suficiente para comunicarlo. Bien podéis reunir a los padres de tu chico y a los tuyos y decírselo juntos o bien por separado. Eso depende de lo que habléis entre los dos. Al principio no será fácil, es muy posible que ellos se enfaden y reaccionen de manera brusca, y piensen en lo mismo que tú cuando viste el resultado del test de embarazo: en todos los aspectos negativos. Es posible, incluso, que decidan castigarte sin salir y no te hablen durante una temporada, al menos uno de ellos, pero ten en cuenta que *después de la tormenta siempre viene la calma* y las cosas se irán normalizando poco a poco y te apoyarán. Al fin y al cabo eres su hija y lo más importante para ellos es que no te ocurra nada malo.

Por otra parte, quizá reaccionen como tú nunca te hubieras imaginado: muchos apoyan desde el primer momento a sus hijas y otros, aunque al principio se decepcionen, son comprensibles y amables. Incluso aquellos tan conservadores y que han amenazado muchas veces con echar de casa a su hija si alguna vez les ocurre algo parecido, incluso ésos pueden reaccionar bien. Recuerda el famoso refrán *del dicho al hecho hay un gran trecho,* pues eso es completamente real en algunos de estos casos. Y como ves nada de lo que pueda ocurrir es tan grave como para no decirlo en casa. Una vez que lo hayas hecho te sentirás plenamente aliviada.

¿Y si me echan de casa?

Aunque es una posibilidad, este caso no se suele producir. Si ocurriese, pedid ayuda a los padres de tu pareja o acudid a un asistente social. En tu centro de salud o ayuntamiento te dirán cómo ponerte en contacto con esta persona. Tranquila, encontrarás soluciones.

¿Qué decisión es la correcta; seguir adelante con el embarazo o, por el contrario, abortar? Ambos somos mayores de edad y ella está en contra del aborto pero los dos sabemos que no podemos educar a un hijo en estos momentos. ¿Qué hacemos? (Juan, Toledo, 23 años.)

Existen personas a favor y en contra del aborto. Los que están en contra insisten en que un niño no nacido tiene derecho a la vida y no tiene la culpa del error cometido por los padres. Por otra parte, los que están a favor abogan por el derecho de la mujer a elegir libremente y consideran que traer al mundo un niño no deseado, a la larga, es peor para él ya que sufrirá todo tipo de problemas. En cualquier caso, nadie puede tomar la decisión por vosotros, tenéis que valorar tanto los pros como los contras de las posibles vías. Antes de tomar una decisión conviene que consultéis con un profesional que os pueda hacer ver las cosas con más claridad. A este profesional podéis encontrarlo en un centro de atención a mujeres, un centro de planificación familiar o en un centro de salud. En caso de tomar la decisión de abortar, en el capítulo siguiente hablaremos un poco de ello.

Aparte del aborto o no aborto existe otra posibilidad y es la de continuar el embarazo hasta el final y ceder el bebé en adopción. Pensadlo bien y tratad de permanecer unidos en la decisión.

Noticias

Milagroso nacimiento de un bebé británico gestado fuera del útero. Una mujer británica de 42 años ha dado a luz mediante cesárea a un niña gestada en el tejido adiposo de su vientre y las dos se encuentran muy bien. Hasta el momento de la operación nadie se había dado cuenta de que el bebé se había gestado fuera del útero y mucho menos de que el embrión se había implantado en la capa de grasa que recubre el vientre de donde la placenta extrajo los nutrientes. Realmente es un nacimiento milagroso, a ella le dijeron que la posibilidad de una gestación semejante era de una entre medio millón: «Tenía un 90% de probabilidades de morir antes del nacimiento y la madre un 10% de riesgo de muerte».

Vivimos mientras nos renovamos.

HENRI F. AMIEL

11

El aborto

–Tendremos otro hijo.

–Michael, sigues ciego. No fue un aborto normal, fue provocado. Un aborto, Michael, igual que nuestro matrimonio: también fue un aborto sucio y endemoniado. No quería otro hijo tuyo, no podía traer otro hijo al mundo para que creciera en este ambiente de criminales.

El padrino II

En 1997, 49.578 mujeres se sometieron a una interrupción voluntaria del embarazo (IVE), de las cuales 7.074 eran adolescentes de entre 15 y 19 años. La mujer es libre de tomar su propia decisión sobre llevar a cabo o no un embarazo no deseado, pero lo que está claro es que muchas de estas situaciones se podrían evitar con una adecuada información y educación sexual y anticonceptiva.

Por supuesto, el aborto se puede producir de manera espontánea o de forma voluntaria, en este segundo caso la interrupción del embarazo debe ser llevada a cabo por profesionales cualificados.

Aborto espontáneo

Pérdida del feto antes de las 20 semanas de embarazo. Durante los tres primeros meses de embarazo existe un 20% de probabilidades de aborto espontáneo. El síntoma más frecuente de alarma puede ser cuando se sangra o si la mujer siente fuertes calambres en la zona del bajo vientre. Es una señal de que el embarazo no se está desarrollando de una forma normal. No hay ninguna razón para pensar que la mujer no pueda volver a quedarse embarazada. En caso de haber tenido abortos repetidos es conveniente acudir al médico para que valore si hay algún problema específico.

Interrupción voluntaria de embarazo

En este caso la interrupción es una decisión que toma una pareja de manera voluntaria. Es una decisión muy complicada, difícil de afrontar, y por ello es necesario todo el apoyo e información posibles para la pareja. Ambos deben ser conscientes de que, al tomar la decisión de abortar, se tendrán que enfrentar a una serie de aspectos, más o menos negativos en el proceso: aspectos legales, riesgos físicos y psicológicos y las consecuencias sociales. Vamos a ir viendo uno por uno esos aspectos:

Aspectos legales

En julio del año 1985 el Parlamento español aprueba la Ley del Aborto y se incluye en el artículo 417 bis del Código Penal.

«No será punible el aborto practicado por un médico o bajo su dirección en centro o establecimiento sanitario público o privado, acreditado y con consentimiento expreso de la mujer embarazada, cuando concurra alguna de las circunstancias siguientes:

- Que sea necesario para evitar un grave peligro para la vida o salud física o psíquica de la embarazada y así conste en dictamen emitido con anterioridad a la intervención, por un médico de la especialidad correspondiente, distinto de aquel por quien o bajo cuya dirección se practique el aborto. En caso de urgencia o riesgo vital para la gestante podrá prescindirse del dictamen y del consentimiento expreso.

- Que el embarazo sea consecuencia de un hecho constitutivo de delito de violación del artículo 429, siempre que el aborto se practique dentro de las primeras doce semanas de gestación y que el mencionado hecho hubiese sido denunciado.
- Que se presuma que el feto habrá de nacer con graves taras físicas o psíquicas, siempre que el aborto se practique dentro de las veintidós primeras semanas de gestación y que el dictamen, expresado con anterioridad a la práctica del aborto, sea emitido por dos especialistas del centro o establecimiento sanitario, público o privado, acreditado al efecto, y distintos de aquel por quien o bajo cuya dirección se practique el aborto.

Antes de llevar a cabo la interrupción, la mujer deberá consultar con un psicólogo o psiquiatra que será quien dictamine si es aplicable a esa mujer cualquiera de los tres supuestos anteriores.»

Una chica menor de edad, ¿puede abortar? (Juana, Mallorca, 16 años.)

Puede abortar pero contando con el consentimiento de sus padres o tutores.

Y si mi novio ya tiene 18, ¿puedo abortar con su consentimiento? (Mirella, Madrid, 17 años.)

Lo siento, pero no es posible. Tendrás que enfrentarte a tus padres y decírselo cuanto antes (consulta el capítulo que hemos visto anteriormente sobre cómo decírselo a los padres).

Riesgos físicos

¿Qué le puede pasar a una chica si aborta? ¿Es peligroso? (Macarena, Sevilla, 17 años.)

En general, todo tipo de operación supone un riesgo, incluido el embarazo. Tanto si se interrumpe como si no, se pueden presentar complicaciones. Aunque en principio no tiene por qué pasar nada, hay menos probabilidades de riesgos cuanto antes se realice el aborto, es decir, en las primeras semanas.

¿Dónde debe abortar una chica? (Miriam, Ciudad Real, 22 años.)

En cuanto la chica descubre que está embarazada debe acudir a un centro especializado donde le informen de todos los pasos a seguir, como ya hemos comentado. Existen dos vías por las cuales se puede realizar la interrupción voluntaria del embarazo: la sanidad pública, donde la intervención es gratuita pero de difícil acceso; y las instituciones privadas, en donde se realiza el 97% de los casos. En este caso la intervención no es gratuita.

Muy importante

¡Jamás se debe acudir a centros clandestinos!, aunque te cobren menos dinero. En estos lugares las personas que atienden no están capacitadas para llevar a cabo el aborto y pueden producirse graves problemas, como infecciones o hemorragias que incluso pueden costarle la vida a la mujer o provocarle problemas de esterilidad de por vida.

Hablando con unas amigas, una de ella nos dijo que si una chica se da un baño de agua caliente y bebe, a la vez, una cer-

veza caliente se puede provocar un aborto. ¿Es eso cierto? (Isabel, Gandía, 15 años.)

No, claro que no. Lo que puede coger en este caso, es una indigestión, por la cerveza caliente. Pero existen otros métodos que sí son realmente peligrosos y que no se deben realizar nunca, no se debe intentar interrumpir un embarazo con métodos caseros. Por ejemplo: introducir perejil en la vagina, jabón o similares, automedicarse o hacer ejercicios violentos. Esto puede ser muy peligroso.

Técnicas

Quisiera saber cuáles son las técnicas que se utilizan para realizar un aborto. (Moncho, Valladolid, 26 años.)

En estos momentos existen dos procedimientos: la intervención quirúrgica y la píldora abortiva que, recientemente, se ha empezado a comercializar en España.

Intervención quirúrgica

La técnica varía en función del tiempo de gestación.

Hasta las 12 semanas, la técnica más utilizada es la aspiración, y se realiza con anestesia local. Se introduce una cánula de plástico a través del cuello uterino. Mientras, el otro extremo de la cánula está conectado a una máquina que absorbe el contenido del útero. La intervención no dura mucho y al cabo de pocas horas la chica se puede ir a casa. En ocasiones, si queda algún resto en el interior de la matriz, se realiza un legrado o raspado.

De 12 a 16 semanas, se realiza un legrado, con anestesia general. Se produce una dilatación del cuello del útero y se raspa el contenido del útero mediante un instrumento llamado legra. Requiere una noche de hospitalización.

Más de 16 semanas, el método es la inducción. Mediante unos medicamentos se provocan las contracciones del útero, obligándole a expulsar el contenido. Suele alargarse unas horas y no se utiliza anestesia general, pero sí unos sedantes. Tras la operación, la mujer debe estar ingresada dos o tres días.

¿En qué consiste la píldora abortiva, que ahora está tan de moda? (María, León, 23 años.)

Está de moda porque es la novedad, pero no creas que se hace tanto uso de ella. De hecho, en España, parece ser que su éxito es relativo puesto que el proceso que lleva al aborto final es muy complejo y traumático. Muchas personas piensan que se trata de tomar una píldora y la mujer se va a su casa, pero no es así. En realidad son tres tomas: se toman tres pastillas en una primera visita y pasadas 48 horas la mujer tiene que volver a la clínica para tomar otra dosis, que será la que haga expulsar el contenido del útero. La mujer se quedará en observación en la clínica durante unas horas, para favorecer que se produzca allí la expulsión. Pasadas estas horas, si no ha habido expulsión del contenido del útero, la mujer se marcha, teniendo que vivir ella por su cuenta la expulsión. Esto es realmente duro. Después, tiene que volver a la clínica para hacerse una exploración y comprobar que no ha quedado nada dentro del útero, de lo contrario habría que realizar un legrado. Como se puede ver, el proceso es mucho más lento y la mujer sufrirá mucho más durante todo el proceso.

¿Cuánto puede costar un aborto en una clínica privada? (Conchi, Salamanca, 23 años.)

Los datos que voy a mencionar son absolutamente orientativos y dependerán de la clínica y ciudad donde se realice la IVE. En líneas generales, el precio varía en función de las semanas de gestación: desde 45.000 pesetas (12 semanas y anestesia local) hasta las 200.000 en casos de embarazos muy avanzados y con anestesia general.

Mi chica se ha sometido a un aborto, pero estábamos tan nerviosos que ni prestamos atención a lo que ella tenía que hacer después. ¿Puede hacer vida normal? ¿Tiene que reposar? (Miguel, A Coruña, 25 años.)

Después del aborto se requiere un poco de descanso. Es posible que se produzca alguna hemorragia, en estos casos conviene que utilice compresas en vez de tampones, ya que el riesgo de infección aumenta después de la intervención. Igualmente se recomienda que la chica no se bañe por espacio de seis semanas aproximadamente, por estos mismos motivos, aunque sí se puede duchar.

Debe acudir a una revisión médica pasadas seis semanas. No lo olvidéis porque es importante que el médico compruebe que todo se encuentra en perfecto estado.

¿Cuándo me bajará la regla después del aborto? (Sandra, Huelva, 22 años.)

Aproximadamente después de cuatro o seis semanas después de practicada la IVE. Si no te baja la regla, consulta con tu médico.

¿Cuándo podemos tener relaciones de nuevo? (Manolo, Cádiz, 24 años.)

Después de la intervención, es posible que el médico recete a tu pareja antibióticos para evitar infecciones y es posible que os recomiende que no reanudéis las relaciones hasta una vez pasadas dos semanas. La explicación a esto es que el cuello del útero estará un poco dilatado todavía y el hecho de tener relaciones con penetración puede favorecer las infecciones. Podéis hacer el amor, pero evitando el coito.

Aspectos psicológicos

Hace poco tuvimos que tomar la decisión de abortar. Nos costó mucho pero lo hicimos. Ahora mi novia está muy triste y no sé cómo ayudarla. Sé que me necesita pero no sé cómo debo actuar porque yo también estoy triste. (Alberto, Barcelona, 26 años.)

Es un momento muy difícil para una pareja y especialmente para la mujer. Es lógico que tú también estés triste y no tienes que disimular esa tristeza, pero trata de ser un poco más fuerte que ella y de estar simplemente a su lado. Con frecuencia, en los días siguientes a la IVE aparecen depresiones y profunda tristeza en la mujer. Se siente como atrapada y todo lo que ve relacionado con bebés le recuerda al aborto y se entristece más todavía. También es posible que tenga recaídas cada cierto tiempo, sobre todo en las fechas en las que hubiera tenido que nacer el bebé, pero, en general, con el tiempo se va superando. Es necesario que pase por este momento bajo. Si notas que se alarga demasiado, es recomendable que vayáis los dos juntos a un psicólogo (suele haber uno en los centros de planificación) para hablar del tema y que os ayude. Mucho ánimo a los dos.

Aspectos sociales

¿Debo decirle a mis amigos que he abortado? No sé cómo se lo tomarán. (Julia, Madrid, 26 años.)

Antes de decirlo piensa bien qué repercusión puede tener en ellos esta noticia. Respecto al aborto vas a encontrar multitud de opiniones, en contra y a favor, y puede que alguno de tus amigos esté en contra y no te comprenda. Trata de averiguar sus puntos de vista antes de hablar de algo tan íntimo e importante. Ten en cuenta que el mero hecho de encontrar una postura enfrentada a la tuya puede hacerte sufrir mucho y hacerte sentir muy culpable. En todo caso, si quieres desahogarte, hazlo con personas de tu máxima confianza, que demuestren respeto por tu decisión y absoluta discreción.

Noticias

Aumenta el número de abortos entre chicas jóvenes en Italia. El número de abortos voluntarios practicados anualmente en Italia ha disminuido un 40% en las dos últimas décadas, al tiempo que ha aumentado de forma alarmante los casos entre las menores de edad. Los abortos en jóvenes entre los 15 y 18 años no han dejado de aumentar y pasaron de un 4,5‰ de mujeres en esta franja de edad a principios de los años noventa a un 6,5‰ en 1998.

Estadísticas

Interrupción voluntaria del embarazo en adolescentes de entre 15 y 19 años. (Ministerio de Sanidad y Consumo. Datos de 1997.)

Total IVES: 49.578
IVES en adolescentes: 7.074

> Lo dulce es llegar a alguna parte, aunque sea al fin de la desesperación.
>
> Jean Anouilh

12

¿Hacia dónde va el deseo?

–No digas nada, dame una oportunidad.

–Magie, Magie, tu oferta es muy tentadora pero no quiero poner en peligro nuestra amistad.

–¿No te gusto?

–No es eso. Magie, eres atractiva, inteligente y sensual, pero ¡Dios mío! cómo puedo decírtelo con delicadeza, es que no me van los asuntos vaginales.

–¿Me estás diciendo que eres gay?

–Bueno, nunca oculté el hecho de que soy un poco ambiguo. Pero si te soy sincero, creo que soy lo que comúnmente se llama bisexual, lo que no importa, ya que últimamente no me acuesto ni con hombres ni con mujeres. Claro que si lo hiciera te prometo que estarías al principio de mi lista, junto con Michelle Pfeiffer y River Phoenix.

Los amigos de Peter

¿Nos gustan los chicos o las chicas, o todos por igual? ¿Somos más promiscuos por querer un *poco de todo*? ¿Qué es la orientación del deseo? ¿Hacia quién va dirigido?

¿Existe un homosexual puro? ¿Con qué criterio definimos a una persona como homosexual o heterosexual? (Miriam, Madrid, 30 años.)

En los años cuarenta el doctor Alfred Kinsey realizó uno de los primeros estudios científicos sobre la sexualidad humana y llegó a la conclusión de que una persona no era exclusivamente homosexual o exclusivamente heterosexual, sino que existía una escala gradual para definir la orientación sexual. Veamos esta escala:

0. Conductas exclusivamente heterosexuales.
1. Predominantemente heterosexual pero con conductas homosexuales ocasionales.
2. Predominantemente heterosexual pero con conductas homosexuales más que ocasionales.
3. Igual cantidad de heterosexual que homosexual.
4. Predominantemente homosexual pero con conductas heterosexuales ocasionales.
5. Predominantemente homosexual pero con conductas heterosexuales más que ocasionales.
6. Conducta exclusivamente homosexual.

Generalmente, se tiende a pensar que la persona homosexual lo es porque desea ser del sexo contrario, es decir, un chico homosexual es afeminado porque desearía ser una chica. Esto tiene que ver con la identidad sexual y no con la orientación sexual. No hay que confundirlas.

Identidad sexual

Biológicamente tenemos una dotación genética que es masculina o femenina y cuando una persona siente que su cuerpo físico no corresponde al psíquico, entonces estamos ante una identidad sexual anómala. Es el hombre que se siente atrapado en el cuerpo de una mujer, o esa mujer que se siente atrapada en el cuerpo de un hombre. Es decir, la identidad sexual tiene que ver con que se es hombre o se es mujer.

La construcción de la identidad sexual no es algo solamente genético, sino que la influencia ambiental es muy importante (factores sociales y psicológicos). Desde que nacemos se nos atribuye el papel de niño o niña, por lo que hacemos, por los diferentes papeles y hábitos que tenemos, por ejemplo, a las niñas se les viste de rosa, a los niños de azul; las niñas juegan con muñecas, los niños con camiones, se peinan de manera diferente, etc.

Lógicamente, si un niño es criado como un niño, se sentirá como tal. Por tanto, el aprendizaje social es fundamental.

A partir de los dos años de edad, los niños y las niñas ya empiezan a saber que son niños o niñas, y a partir de los dos o tres años prácticamente la mayoría saben autodenominarse y aceptar la categoría sexual de los demás.

Orientación sexual

Consiste en las tendencias sexuales de cada persona, y en función de esto diferenciaremos entre heterosexuales, homosexuales y bisexuales.

Los homosexuales sienten atracción por las personas de su mismo sexo.

Los heterosexuales sienten atracción por personas de distinto sexo.

Los bisexuales sienten atracción por ambos sexos.

Cuándo se tiene clara la orientación sexual

La orientación sexual se perfila a partir de la adolescencia, y puede sufrir cambios a lo largo de la vida.

Yo no estoy en desacuerdo con la homosexualidad, ni mucho menos, pero está claro que la heterosexualidad es lo normal, porque es lo que lleva a la perpetuación de la especie, ya que al fin y al cabo es la última finalidad del ser humano. (Pepi, Salamanca, 32 años.)

La perpetuación de la especie se produce gracias a la unión entre un hombre y una mujer, eso está claro y aunque es la tendencia natural para lograr la supervivencia de la especie, no significa que otras formas de orientar el deseo sean anormales. De hecho, si se tratara de poblar el mundo, lo podría hacer perfectamente una persona homosexual, sólo con depositar su semen en el lugar adecuado (una vagina). Pero no se trata de eso. La orientación sexual tiene más que ver con la afectividad y la emotividad de las personas. No se trata de normalidad o anormalidad de una u otra orientación sexual, sino del fin que se persigue: vivir la sexualidad conforme a unos deseos y apetencias.

Bisexualidad

Las personas bisexuales, ¿significa que se acuestan con todo el mundo? (Lorena, Madrid, 23 años.)

Significa que se acuestan con quien les gusta, sea del sexo femenino o masculino, pero no significa que estén todo el día cambiando de pareja. Tendemos a pensar que el hecho de poder sentirse atraído por ambos sexos significa que tendrán relaciones con más personas. Desde luego tienen más donde elegir pero nada más. Decir eso es simplificar demasiado. Puede haber bisexuales promiscuos y no promiscuos. Es como si tu pareja mira a otra chica por la calle: no significa que se vaya a ir con ella, ¿no? Pues ocurre igual con las personas bisexuales: pueden tener una pareja, y romperla, como todas las parejas normales, lo que pasa es que después podrán enamorarse o de otro hombre o de otra mujer, mientras que una persona heterosexual lo hará de una persona del sexo contrario.

La orientación sexual no la puede elegir la persona a su antojo, ni cambiarla cuando desee. Muchas personas sufren en silencio una orientación de la que se avergüenzan, sobre todo los homosexuales y bisexuales, pero esto se debe a un rechazo social que les hace vivir aislados. Tendríamos que ser más tolerantes y respetuosos con todas las orientaciones sexuales, porque... para eso somos todos diferentes, ¿no?

Curiosidades

Un alto porcentaje, cercano al 65%, de los hombres y mujeres que dicen ser bisexuales aseguran ser más felices que los heterosexuales. De todos son conocidas las tendencias de famosos personajes como Cary Grant, Madonna, David Bowie, James Dean o Elton John; también la actriz Anne Hecho protagonista con Harrison Ford de *Siete días, siete noches* cambió su pareja masculina por otra femenina –la también actriz Ellen Degeneres–; de hecho, afirmó estar más unida a ella de lo que nunca había estado con un hombre, y Michael Stype, cantante de REM, se proclama a sí mismo «lascivo a partes iguales».

Algunos bisexuales declaran que el mantener relaciones indistintamente con personas de ambos sexos les hace ser más creativos. Algunos bisexuales están catalogados como genios, aunque estuvieron casados o formaron parejas heterosexuales. Salvador Dalí y Gala hacían alarde de libertad a la hora de elegir conquistas amorosas fueran del sexo que fueran. El filósofo Jean Paul Sartre y la escritora, y también filósofa, Simone de Beauvoir formaron pareja, y eso no evitaba que ella compartiera algo más que su saber con sus alumnas, y una vez se cansaba de ellas, se las cedía a Sartre o al revés. ¿No dicen que uno de los lemas del amor es compartir?, pues ellos lo tomaron muy en serio.

Noticias

Autorizan el matrimonio entre un transexual y un señor. El Registro Civil de Melilla ha autorizado la celebración del matrimonio entre un transexual y un hombre, en contra de la doctrina mantenida por la Dirección General de los Registros y el Tribunal Supremo, que hasta ahora sólo justifican legalmente el matrimonio entre distintos sexos. Para autorizar este matrimonio, el magistrado ha apelado a los jueces a proteger los derechos de las personas, pues entiende que la doctrina del Tribunal Supremo niega la posibilidad de enlace entre transexual y varones.

La transexualidad se cuantifica en 60 personas por cada millón de habitantes. Sesenta personas por cada millón de habitantes tiene un síndrome psiquiátrico caracterizado por un intento de cambiar el sexo biológico e identificarse con el otro género, según la definición que hizo de transexualismo el doctor Cadwel. Se ha comprobado que el transexualismo afecta más a hombres que a mujeres.

> El que se alimenta de los deseos reprimidos finalmente se pudre.
>
> William Blake

13

¿Es tan diferente la homosexualidad?

–¿Realmente eres marica?
–Nosotros preferimos decir gay.
–Pero si eres tan atractivo..., me parece una pérdida terrible. Oye, ¿sabes lo que pienso?
–¿Qué?
–Que una mujer adecuada podría... reformarte.
–¿Yo renunciar a los hombres? ¡Jamás!
–Eso es exactamente lo que pienso yo.

Víctor o Victoria

La homosexualidad ha existido siempre a lo largo de la historia. En la antigua Grecia, por ejemplo, determinadas formas de homo y bisexualidad no se consideraban pecaminosas. De la misma manera, aunque siempre se ha creído que desde sus orígenes el cristianismo condenó y persiguió la homosexualidad, parece ser que durante muchos siglos la Europa católica no se mostró en contra de la homosexualidad. Más adelante la homo es perseguida hasta los siglos XVIII y XIX, en los que empieza a considerarse como una enfermedad. En 1974 la Asociación Norteamericana de Psiquiatría decide oficialmente que la homo no es una enfermedad.

¿Qué significa la palabra homosexual?

La palabra homosexual deriva del griego *homos,* que significa igual o mismo. También la palabra gay se utiliza para denominar a las personas homosexuales y muchas de ellas prefieren este término porque significa persona alegre, vital. Aunque se suele pensar que gay sólo se refiere a los hombres, también se aplica a las mujeres aunque en España apenas se utiliza en este sentido, prefieren denominarse lesbianas, palabra que procede del nombre de una isla griega, Lesbos. En esta isla una poetisa, Safo, escribió en la Antigüedad poemas sobre amor entre mujeres[1].

Recordemos que el 3 de junio se celebra el día del orgullo gay en todo el mundo. Es un día de celebración y reivindicación a la vez, con el fin de ser aceptados por la sociedad.

Mitos

Hemos oído, visto, leído todo tipo de manifestaciones y opiniones acerca de la homosexualidad, miedos, desconocimiento, dudas... ¿Se nace o se hace? ¿Se puede curar? ¿Se produce por un gen defectuoso? ¿Cuáles son las causas? Si me atrae alguien de mi mismo sexo, ¿ya soy homosexual? Igualmente, alimentamos mitos como estos:

- Los homosexuales masculinos son más afeminados y las lesbianas son marimachos.
- Los homosexuales quieren ser mujeres.
- La sexualidad de las mujeres lesbianas es incompleta puesto que les falta algo fundamental, el pene.
- En las parejas homo, uno siempre hace el papel de mujer y el otro de hombre.

1. Jane Cousins, *Hazlo bien, hazlo seguro*, Barcelona, Medici, 1991.

- La homo se puede tratar psicológicamente.
- Los homo son los primeros infectados por el sida.
- Los homosexuales abusan de los niños.
- El sexo anal es la práctica principal de los hombres homo.

A continuación vamos a tratar de derrumbar todos estos mitos falsos que llevan al puro desconocimiento y, en ocasiones, a la intolerancia y homofobia sin sentido.

¿Se nace o se hace?

¿Por qué hay unas personas homo y otras no? (María, Bilbao, 32 años.)

Realmente es difícil saberlo, ya que no se saben cuáles son las causas de la homosexualidad, como tampoco se saben las de la heterosexualidad. No obstante, gran cantidad de teorías han intentado explicar las causas; sin embargo, de momento, ninguna de ellas ha tenido completo éxito. Parece ser más bien que la homosexualidad es el producto de muchas causas tanto biológicas como psicológicas, en las que interviene también el factor de aprendizaje y ambiental en el que vive el niño.

¿Es cierto que los homosexuales son más propensos que los heterosexuales a abusar sexualmente de los niños? (Mamen, Soria, 25 años.)

Por supuesto que no, ni mucho menos. No existe ninguna prueba de que las personas de esta orientación sexual tengan más tendencias a este tipo de conductas. Es cierto que algunos homosexuales llevan a cabo este tipo de actos (no por ser homosexuales) pero exactamente igual que algunos heterosexuales.

Tengo la sospecha de que el profesor de mi hijo es homosexual y me da cierto miedo que pueda lavarle el cerebro y convertirle en lo mismo. ¿Estoy diciendo una tontería? (Ana, Cádiz, 33 años.)

No es una tontería, pero tampoco es cierto lo que dices, es decir, que la orientación sexual no se traspasa ni se inculca. Si tu hijo es heterosexual, aunque su profesor sea homosexual, no va a cambiar por ello su orientación sexual.

Ahora bien, hay algo muy importante a tener en cuenta respecto de este tema y es que muchas veces los padres desconocen la verdadera orientación sexual de su hijo, es decir, piensan que le gustan las chicas cuando realmente es homosexual y no lo ha confesado por miedo al rechazo tanto de los compañeros como de los padres.

Es posible que de repente un día decida decirlo. Lo primero que piensan los padres es que ha sido por culpa del profesor y le acusen de haber *convertido* a su hijo, cosa que es falsa. Lo que ocurre es que en la adolescencia, el profesor o profesora es muy importante para un chaval, un modelo a seguir, su referencia, y si ve que éste reconoce con orgullo su homosexualidad, es probable que el chico decida imitarle y afrontar la suya con valentía. Si esto ocurriera, los padres deben tratar de hablar con él y de darle su apoyo. Si tu hijo es heterosexual, ten claro que no sólo no cambiará por su profesor, sino que además aprenderá a valorar y respetar a las personas homosexuales y será más tolerante en todos los aspectos.

¿Soy homosexual?

A veces sueño que tengo relaciones sexuales con hombres, ¿significa que soy homosexual? (Carlos, A Coruña, 28 años.)

No tiene por qué, los sueños tienen muchos significados y sólo alguien experto en este campo puede interpretarlos correctamente. Está demostrado que tanto soñar como tener fantasías sexuales con personas del mismo sexo no implica homosexualidad necesariamente.

Tengo fantasías homosexuales, me gusta pensar en relaciones con mujeres en ocasiones, cuando me excito, ¿por qué? Yo tengo novio y estoy segura de que me gustan los hombres. ¿Significa eso que soy lesbiana? (Vanessa, Pamplona, 23 años.)

En el mundo de las fantasías sexuales todo está permitido y además, con frecuencia, tanto mujeres como hombres tienen este tipo de fantasías sin que ello signifique en modo alguno una variación de su orientación sexual. Muchas mujeres tienen la fantasía de ser forzadas por un hombre en contra de sus deseos y esto les excita mucho, sin embargo jamás disfrutarían de una situación así que fuera real. Exactamente igual que lo que tú comentas. Analiza tus fantasías eróticas y piensa si todas ellas te gustaría llevarlas a la práctica.

¿Es posible tener muchas dudas y no saber si eres homosexual o heterosexual? Creo que me gustan las chicas, pero de repente pienso que también algún chico. (Miguel, Madrid, 13 años.)

Es muy importante tener en cuenta la edad. Sabemos que la orientación sexual se produce en la infancia, pero es en la adolescencia cuando se consolida. Ésta es una época repleta de cambios y confusiones que llevan tanto a los chicos como a las chicas a cuestionarse todos sus valores y creencias. Desean experimentar y encontrarse a sí mismos por lo que tienden a dudar acerca de su verdadera sexualidad. En la adolescencia se llevan a cabo conductas homosexuales, bien por miedo a relacionarse con el sexo contrario, incluso por conocer algo nuevo, pero esto no define de manera definitiva la orientación del deseo. Muchas personas, después de estas prácticas, consolidan su heterosexualidad y nunca más vuelven a repetir un acto homosexual.

Lo mejor es que no te pongas nervioso y tengas un poco de paciencia, deja que las cosas surjan solas y no las fuerces. Dentro de poco tiempo te encontrarás más seguro de ti mismo y no tendrás tantas dudas.

Relaciones sexuales

Las relaciones sexuales entre homo tienen que ser aburridas. No me imagino el sexo entre dos personas que son completamente iguales, ¡no pueden descubrir nada nuevo! (Marcos, Barcelona, 29 años.)

Cualquier persona homosexual podría darte mil motivos por los que prefiere alguien de su mismo sexo. Tú los ves iguales, pero ellos no y en realidad no lo son, cada persona es completamente distinta a las demás, sean hombres o mujeres. Es cierto que las partes del cuerpo son iguales, pero cada persona tiene sus peculiaridades físicas, además de su carácter. Por otra parte, su sexualidad es increíblemente rica y hay tanto lugar para jugar con la imaginación como en las relaciones heterosexuales. Podemos decir, incluso, que a veces juegan más con la imaginación que algunas parejas heterosexuales.

¿Y cómo es esto posible? Oímos constantemente todo tipo de tabúes y limitaciones acerca de ciertas prácticas heterosexuales que están mal vistas, porque parecen desviaciones. Por ejemplo, hasta hace bien poco no se concebían las relaciones anales en una pareja heterosexual, sin embargo hoy se habla de ello con cierta naturalidad, igualmente el sexo oral es raramente aceptado por algunas personas. Como las prácticas homosexuales están mal vistas en su totalidad no existen convencionalismos acerca de lo que está bien o mal visto dentro de las prácticas sexuales, por tanto el abanico puede ser muy amplio.

Hombres

¿Cómo lo hacen los homosexuales, aparte de penetración anal? (María, Asturias, 22 años.)

Responde Jesús:

Aunque te parezca raro, algunos homosexuales no realizan con frecuencia este tipo de práctica, aunque, en general, la mayoría (93%) lo han llegado a probar. Existe todo tipo de estimulaciones que pueden llevar a disfrutar plenamente de la relación, como los besos, las caricias por todo el cuerpo y los genitales, la masturbación mutua, y la felación, que suele ser la práctica más habitual entre ellos (90%).

En una relación sexual anal entre dos hombres, ¿quién es el que penetra?, es decir, ¿quién hace ese papel?, ¿cómo se elige? (Miguel, Madrid, 19 años.)

Eso lo deciden entre los dos miembros de la pareja, pero lo que tú estás pensando es que siempre hay uno de los dos que hace uno de los papeles y el otro el contrario. Esto no es cierto del todo: en las relaciones sexuales existe, lo que podríamos llamar el homosexual pasivo, el que es penetrado, y el activo, que es quien penetra. Es posible que los roles estén fijos, pero la inmensa mayoría de parejas prefieren intercambiar estos papeles en las relaciones sexuales.

También se puede penetrar, no sólo con el pene, sino con los dedos o incluso con el puño, lo que se llama manosodomía, pero no es recomendable porque puede conllevar graves riesgos.

No me gusta nada la penetración anal, porque me hace daño pero no quiero decepcionar a mi pareja, ¿debo decírselo? (Carlos, Alicante, 20 años.)

Claro que sí. La sexualidad está hecha para ser disfrutada no para sufrir y pasarlo mal. Piensa en las cosas que a él no le gusta que hagas, ¿ha sido tan terrible para ti? Quizá se desilusione un poco en un primer momento pero se le pasará. Además, la penetración anal está absolutamente contraindicada en los casos en los que se produce dolor al practicarla. Puedes estar sufriendo desgarros graves. Tienes que abandonar la práctica cuanto antes, habla con tu pareja.

Mujeres

Tengo curiosidad por saber cómo hacen el amor las lesbianas si no tienen pene, porque yo no concibo la sexualidad sin un pene. (Carolina Madrid, 23 años.)

Ésta es una de las respuestas que recibimos en el programa *En tu casa o en la mía* cuando una chica hizo esta misma pregunta.

«Así hacemos el amor las lesbianas: piel, piel, piel, manos, rodillas, dedos, lengua, labios, pezones, más labios, clítoris, vulva, vagina, nariz, ojos, vaselina, saliva, agua, cava, nata, azúcar... ¿Sigo?»

Me encanta esta respuesta porque es increíblemente completa, imagínate la de posibilidades que existen de hacer el amor. Quizá para ti sea inconcebible hacerlo sin un pene pero para ellas no lo es. En general, la manera más extendida de hacer el amor en una pareja lesbiana consiste en acariciarse los genitales, por la sencilla razón de que la gran mayoría de las mujeres alcanzan el orgasmo con mucha más facilidad mediante este tipo de prácticas.

Además, juegan con ventaja en un aspecto y es que conocer los propios puntos de placer ayuda mucho a acariciar a la pareja y llegar a los suyos. Una mujer sabe mejor que un hombre cómo ha de practicar un *cunnilingus* a su pareja, sabe bien cómo acariciar los pechos, dada su gran sensibilidad, puesto que ella también es mujer.

Salir del armario

Soy homosexual, lo tengo claro desde hace años, pero no me atrevo a decirlo. Salgo con chicas, pero mis amigos siempre dicen que no me duran ni dos días. Yo sé la razón, pero ¿debo decírselo a ellos? ¿debo descubrirme? No sé cómo hacerlo. (Carlos, Pontevedra, 18 años.)

La decisión sólo depende de ti, pero hagas lo que hagas, trata de disfrutar de tu vida, de ser feliz. Tienes derecho a ser aceptado tal y como eres, tanto por tus amigos como por el resto de las personas. Si decides hacerle frente, prueba primero dentro de una asociación *gay* y deja pasar un tiempo, hasta que te sientas preparado y con fuerzas para decirlo en casa y en tu grupo de amigos. En caso de sufrir algún tipo de rechazo, podrás recurrir a los nuevos amigos de la asociación.

¿Cómo decirlo en casa? No hago más que darle vueltas a la cabeza, quiero hacerlo pero no sé cómo. (Fernando, Alicante, 19 años.)

Antes de hablar con tus padres procura tener muy claras las siguientes cuestiones:

- Estar seguro de tu orientación sexual. Si sientes dudas, habla con alguien antes de decirlo en casa, esto puede confundiros a todos. Por ejemplo, acude a una asociación, como dijimos antes, o a algún amigo.

- Trata de tener a tu lado personas que te apoyen. En caso de sufrir rechazo por parte de tus padres, necesitarás mucho apoyo y ayuda.
- Trata de absorber todos los conocimientos posibles acerca de la homosexualidad para poder explicarles y darles información que les ayude a entenderte.
- Intenta encontrar un buen momento para hablar con ellos, en el que no haya tensiones ni ningún problema que les preocupe.
- Haz esto porque tú lo deseas plenamente y no porque estés presionado por nada ni por nadie. Si necesitas reflexionar más tiempo, hazlo. No tienes ninguna prisa.

Una vez que lo hayas decidido y se lo digas a tu familia, recuerda que tú también tienes que ser comprensivo con ellos. Trata de no guardarles rencor por nada de lo que puedan haber dicho en su reacción inicial y concédeles un tiempo para reflexionar. Lo necesitarán. Si quieres, puedes darles algún teléfono de información que les pueda ser útil: amigos de *gays* y lesbianas, un libro dirigido a los padres... Infórmate en la asociación a la que sueles acudir.

Cómo reaccionar

He descubierto que un amigo es homo, y me da cosa que quiera ligar conmigo. (Marcos, Valencia, 17 años.)

¿Y por qué va a hacer eso? ¿Tú ligas con todas las chicas que conoces? Claro que no. Piensa que el hecho de ser homosexual no significa que le gusten todos los chicos que existen sobre la faz de la tierra, igual que a ti te gustarán unas chicas y otras no. Quizá ni se haya planteado proponerte nada, así que no le juzgues antes de saber qué va a hacer. Además, si sois amigos, seguramente sabrá que no eres homosexual y no se le ocurrirá hacerte ninguna proposición.

Si pese a esto, te la hace, entonces sólo tendrás que decirle que no compartes sus gustos. Si tú le respetas, él también te respetará.

Le gusto a mi amigo, que es homosexual, pero no sé cómo decirle que no quiero nada con él sin que piense que rechazo su homosexualidad. (Jesús, Malagón, 16 años.)

Él no tiene por qué pensar que le rechazas por su homosexualidad si tú no se lo demuestras. De la misma manera que él ha sido sincero contigo sé tú sincero con él y dile lo que sientes, pero con absoluta normalidad. ¿Cómo le dirías a una chica que no te gusta que no quieres salir con ella? Seguramente con cariño y explicándole que no sientes nada por ella. Pues lo mismo con tu amigo. Es posible que te sientas un poco incómodo al principio, pero quizá con el tiempo se enamore de otro y esto quede olvidado.

Mis amigos no me aceptan desde que saben que soy homo. Estoy muy triste, ¿qué puedo hacer? (M. Ángel, Alicante, 19 años.)

Lo mejor es que cambies de amigos. No tiene sentido intentar seguir con ellos si no te quieren lo suficiente. Ya te han demostrado que no son buenos amigos, así que no merece la pena conservarlos, ¿no crees?

¿Cómo puedo dejar de ser homosexual? ¿Debo ir a un psicólogo para que me cure? (Enrique, Barcelona, 19 años.)

Si estás seguro de serlo no puedes cambiarlo. La homosexualidad no es una enfermedad que se pueda curar, tú lo eres y debes intentar aceptarlo. Un psicólogo no te va a cambiar, simplemente te ayudará a aceptarlo. Si te sientes muy perdido, quizá sea buena idea ir a uno para que te ayude. Recuerda una cosa: la orientación sexual no se puede elegir, es posible que cambie a lo largo de la vida por determinadas circunstancias, pero no puedes elegir qué ser en cada momento. Intenta vivir con ello.

¿Por qué los hombres homosexuales son más femeninos y las mujeres homosexuales más marimachos? ¿Es debido a las hormonas? (Luz, Pamplona, 23 años.)

Esto es un completo error. Es otro de los grandes mitos de la homosexualidad. La persona homosexual no desea cambiar de sexo.

Se confunde la homosexualidad con la transexualidad y ése es un error grave. El hecho de ser homosexual no implica un problema de identidad sexual. La identidad sexual tiene que ver con la identificación de una persona con su propio sexo y la homosexualidad no es esto, la persona homosexual siente atracción hacia personas del mismo sexo. El hombre y la mujer homosexuales se sienten realmente hombre y mujer.

Muchas personas no aceptan a los homosexuales. ¿Por qué? No lo comprendo. (Nuria, Madrid, 23 años.)

Es que es realmente incomprensible. Este rechazo se denomina homofobia: un tipo de reacción negativa, de rechazo hacia los homosexuales. Estas conductas son de discriminación e, incluso, de agresión, tanto verbal como física. Hay gente que piensa que la homosexualidad no es algo normal, que las personas homosexuales son peligrosas, raras... Tiene sentimientos de rechazo, de asco, de miedo a los homosexuales, por lo que intenta evitarlos, se mofa de ellos. Podemos decir que estamos ante una persona homófoba. Actualmente, en la sociedad, este tipo de reacciones se dan en menor medida, pero todavía se producen. Por eso, hay que seguir luchando para que los homosexuales se sientan integrados como gente normal.

Parece que la homosexualidad se lleva, que cada vez más personas se convierten en homosexuales y no entiendo por qué. ¿Por qué ahora hay más homosexuales que nunca? (Patricia, Santander, 25 años.)

Hay homosexuales desde siempre, lo que pasa es que en los últimos años la homosexualidad se ha hecho mucho más visible, es más aceptada, y no está tan mal vista como antaño. La libertad sexual es mucho mayor y estas personas llevan mucho tiempo luchando para ser aceptadas como una parte más de la sociedad, cosa que poco a poco va dando su fruto.

Una persona homosexual, ¿podría dejar de serlo acudiendo a un psiquiatra o a un psicólogo? (José Manuel, Valladolid, 35 años.)

La orientación sexual no se puede elegir, puede variar a lo largo de la vida pero no puedes elegir ser una cosa o la otra. Lo que un psicólogo puede hacer es ayudar a aceptar su orientación sexual, pero no a cambiarla. No hay ningún tratamiento efectivo contra la homosexualidad, ninguno, puesto que la homosexualidad no es ningún trastorno mental ni psicológico, y las personas homosexuales son tan normales como las heterosexuales.

Sida

¿Es cierto eso de que los hombres homosexuales son más propensos a tener el sida? ¿Por qué? (Raúl, Mérida, 25 años.)

No es cierto en absoluto. Como veremos en el capítulo 15, «El sida», la infección de VIH tiene que ver con conductas no con determinadas orientaciones sexuales. Es decir, que sólo se transmite mediante determinadas prácticas, seas homosexual, heterosexual o bisexual.

Sabías que...

Dinamarca fue el primer país del mundo que permitió en 1989 un matrimonio civil para homosexuales.

La primera celebración por los derechos de los gays, lesbianas y bisexuales se hizo en el Reino Unido el 28 de agosto de 1971. En ella participaron mil personas, las cuales marcharon desde Hyde Park hasta Trafalgar Square. Lo que pedían era simplemente igualdad ante la ley con el resto de la población.

Curiosidades

En la antigua Grecia los hombres adultos que buscaban a un jovencito como amante eran hombres casados, con hijos, que solían frecuentar a las prostitutas. El homosexual maduro y el travestido eran considerados infames y castigados por la ley, que les impedía ejercer sus derechos como ciudadanos.

La cultura hindú considera la homosexualidad como algo negativo, de hecho los actos homosexuales están prohibidos en la India, aunque no el travestismo.

Los baños públicos eran lugar de encuentro, y los intercambios de pareja eran muy frecuentes. Como apunte original surge el amor platónico, que era el sentimiento, más espiritual que físico, que Platón sintió por su maestro, Sócrates; admiraba de él su inteligencia, su forma de ser..., de ahí que hoy en día un amor platónico sea casi inexplicable por quien lo sufre. Por tanto las relaciones homosexuales han estado presentes a lo largo de toda la historia.

Ocultas durante una época muy larga, que va del siglo X hasta el XVI, más o menos, en Francia se volvieron a retomar esas prácticas, pero eso sí, no con la liberalidad de la época clásica.

Por lo que a Oriente se refiere, las relaciones homosexuales han estado ahí latentes tanto en dinastías como en el pueblo llano. Aunque siempre llaman la atención las relaciones entre reyes y súbditos, etc. Incluso algunos dioses y divinidades tenían rasgos homosexuales.

Noticias

Greta Garbo tuvo una amante lesbiana. Las cartas de amor secretas que la diosa del cine Greta Garbo escribió a su amante, la guionista y reportera Mercedes de Acosta, fueron mostradas por vez primera en un museo norteamericano en el mes de abril del año 2000. De Acosta donó 55 cartas íntimas que le escribió Garbo en los años treinta al museo Rosenbach Museum and Library de Filadelfia, con la condición de que éstas no fueran leídas hasta diez años después de la muerte de ambas mujeres. Mercedes de Acosta murió en 1968, mientras que Garbo murió en Nueva York en 1990. Sin embargo, no todo el mundo está contento con la publicación de estas cartas. La sobrina de Garbo, Gray Reisfield, dice que aunque el museo posee las cartas, ella posee su contenido, por lo tanto nadie puede mostrar las cartas sin su permiso.

> Todos estamos hechos del mismo barro, pero no en el mismo molde.
>
> PROVERBIO MEXICANO

14

Enfermedades de transmisión sexual

–¿Queréis decir que tengo que hacer *eso* con tres hombres distintos?

–Te estoy diciendo, pequeña, que mientras tomes unas pequeñas elementales precauciones podrás hacerlo o no con tantos hombres como quieras, siempre que quieras y de la forma que quieras.

Las amistades peligrosas

Es tan importante cuidar nuestros genitales como cuidar cualquier otra parte de nuestro cuerpo, y preservarlos de cualquier infección, ya sea transmitida a través de prácticas sexuales, en cuyo caso se denominan enfermedades de transmisión sexual (ETS) o por otros motivos, como pueden ser por mero descuido de la higiene personal. Las ETS son más frecuentes en los jóvenes de 15 a 29 años, ya que en este período es cuando hay una mayor actividad sexual. En ocasiones el hecho de tener algún tipo de infección en los genitales produce vergüenza y a la vez sentimientos de culpa que hacen difícil que la persona reconozca su problema, tanto ante su pareja como ante sí mismo. Sea cual sea el origen que produce una infección es necesario acudir a un médico especialista para que trate el problema y se pueda solucionar. A excepción de algunas enfermedades graves, como el sida, la mayoría, si son tratadas a tiempo, tienen una curación satisfactoria.

¿Es lo mismo ETS que enfermedad venérea? (Teresa, Madrid, 17 años.)

Sí, ambas expresiones se refieren a las infecciones que se transmiten mediante el contacto sexual con otras personas. Existe una ligera diferencia y es que algunas ETS pueden adquirirse mediante prácticas que no son sexuales y transmitírselas a su pareja en el intercambio sexual. Actualmente se utiliza con más frecuencia el término ETS, que ha sustituido al de enfermedad venérea.

Precauciones

En ocasiones una ETS puede pasar inadvertida porque no presenta apenas síntomas y esto hará mas difícil el diagnóstico. Por eso es tan importante, como decíamos en el capítulo 8, la visita anual al especialista, tanto hombres como mujeres.

¿Ante qué síntomas se debe consultar? (Soledad, Bilbao, 19 años.)

Siempre y cuando algo vaya mal, notes algo diferente en los genitales, te encuentres cansado o con mal cuerpo, debes consultar al médico. Por supuesto, ante los siguientes síntomas debes acudir inmediatamente:

- Secreción por el pene.
- Picores en la zona genital.
- Frecuentes ganas de orinar y escozor al orinar.
- Cualquier tipo de bulto, herida, verruga, llaga...
- Flujo amarillento o como requesón y maloliente.
- Sangre en la orina.
- Dolor en las relaciones sexuales.

¿Cómo puedo saber si mi pareja tiene alguna infección? Sobre todo si no la conozco muy bien. (Maika, Murcia, 26 años.)

Si ves que tu pareja tiene alguna herida, rojeces en la zona genital o si es una pareja ocasional, no practiques el sexo con ella. Si es una pareja habitual, no lo practiques hasta que se haga una revisión médica. En cualquier caso, evita la penetración, y si se realiza, siempre con preservativo.

Si tienes muchas parejas, estarás más expuesta a contraer ETS, por lo tanto utiliza siempre preservativo.

Si tu pareja tiene costras en la boca, no debes practicar sexo oral, ya que puede tener un herpes y contagiártelo. Si se practica, que sea con preservativo en el pene o parche de látex para la vulva.

No practiques el sexo si tu pareja tiene heridas o ronchas en los genitales.

Y para más seguridad, utiliza preservativo junto con una crema espermicida que contenga nonoxinol-9: ayudará a protegerte del sida.

Procura ir al baño a orinar dentro del cuarto de hora siguiente al coito, de esta manera evitarás infecciones de la uretra.

Hay que evitar tragar semen u orina.

Si sospechas que te has contagiado, no mantengas relaciones sexuales hasta que vayas al médico.

Nunca te automediques. Puede ser tan peligroso hacer esto como no curarlo adecuadamente.

¿Me lavo con jabones especiales después de acostarme con mi chico? (Lara, Jaén, 23 años.)

No es necesario. Los jabones y aceites de baño pueden destruir la flora vaginal y producir infecciones. Tanto tú como tu chico debéis lavaros antes y después del coito pero con jabón normal.

Coito anal

He oído que hay más riesgo de infección mediante el coito anal. ¿Por qué? (Carlos, Vitoria, 21 años.)

Debido a la gran cantidad de microorganismos que se encuentran en el ano. En cuanto al VIH –el virus del sida–, el coito anal se considera una práctica de alto riesgo, ya que la mucosa anal es muy frágil y se puede desgarrar fácilmente, produciéndose sangrados, lo que aumenta el riesgo de infección.

Si tienes dudas sobre tu pareja es preferible que no practiquéis el sexo anal hasta que estéis seguros, ya que existe mayor riesgo de que el condón se rompa.

Importante

Tanto si ambos estáis sanos como si no, conviene tener en cuenta esta recomendación: siempre que haya penetración anal y a continuación vaginal, es necesario cambiar de preservativo o si no se utiliza, el chico deberá limpiar su pene antes de introducirlo en la vagina para evitar pasar microorganismos del ano a la vagina y producir infecciones.

Irritaciones de la piel

Después de hacer el amor con mi novia y quitarme el preservativo, me salen unas manchitas rojas en el pene y estoy asustado, ¿será una ETS? (Rodolfo, Jaén, 20 años.)

Lo más probable es que sea una simple irritación de la piel. En ocasiones la goma del preservativo puede producir una reacción alérgica. Esto se llama dermatitis de contacto y aparte del preservativo se puede producir por el uso de algunos cosméticos, ciertas ropas, pomadas con antibióticos, etc. En cuanto ya no hay contacto con estos productos la irritación desaparece. Por supuesto, si los síntomas continúan, conviene que visites a un médico.

En general, todas las alteraciones de la piel son muy llamativas pero desaparecen con el uso de determinados medicamentos o pomadas y, a excepción de las verrugas genitales y los herpes, que se pueden transmitir por contacto sexual, la mayoría de las irritaciones no pueden considerarse como ETS.

Últimamente me pican mucho mis partes a todas horas y no sé qué hacer porque a veces me desespero. ¿Pueden ser ladillas? (Miriam, Valencia, 22, años.)

Lo primero que tienes que tener en cuenta es que si te rascas compulsivamente, el picor no sólo no desaparecerá, sino que se agravará. Si persiste durante mucho días conviene que visites al ginecólogo. Puede ser o bien ladillas, sarna o simplemente es posible que tengas la zona muy seca. Además este tipo de picores son muy frecuentes en personas diabéticas. De momento, hasta que vayas al médico, puedes hacer baños de asiento en el bidé con una infusión de manzanilla templada. Lava la zona durante un ratito, dos o tres veces al día. Las molestias disminuirán pero recuerda que necesitas seguir un tratamiento médico.

Diferentes ETS

Sífilis

Infección producida por un microorganismo denominado *Treponema pallidum*. Los primeros síntomas aparecen de tres a seis semanas después de la infección y ésta evoluciona en tres fases:

- Aparece una llaga (chancro sifilítico) cerca de la vagina o el pene, y en ocasiones alrededor del ano o de la boca. Después de seis semanas, aproximadamente, el chancro desaparece y aunque se piense que la enfermedad ha desaparecido continúa en el organismo.

- En la segunda fase aparecen manchas en la piel y síntomas gripales.
- Dichos síntomas pueden desaparecer en la tercera fase; sin embargo, esto engaña puesto que la enfermedad ataca a todos los órganos del cuerpo y puede haber graves complicaciones en el corazón, huesos, articulaciones, cerebro...

Si no se trata adecuadamente se pueden producir parálisis, ceguera, locura e incluso la muerte.

Tratamiento

Con penicilina (antibióticos). Es una enfermedad que, si se trata a tiempo, tiene fácil curación.

Gonorrea o Gonococia

Se transmite practicando sexo anal, vaginal u oral y está producida por una bacteria llamada gonococo. El período de incubación es de unos seis a diez días.

Los síntomas varían en hombres y mujeres. En la mujer es frecuente la ausencia de síntomas (pero puede infectar igualmente a su pareja), mientras que en el hombre son más evidentes: secreción purulenta por el pene, dolor al orinar, irritación y secreciones anales. Si la mujer presenta síntomas éstos pueden ser: flujo amarillento, escozor al orinar, fiebre, escalofríos, dolor de articulaciones. También puede haber síntomas de infección anal.

El diagnóstico es fácil ya que enseguida salta a la vista la secreción de la uretra. Si no se trata adecuadamente podría traer serios problemas en el aparato sexual, como esterilidad en hombres y mujeres, enfermedad inflamatoria pélvica en la mujer.

Tratamiento
A base de antibióticos. Después del tratamiento conviene un seguimiento médico para confirmar que la enfermedad ha desaparecido por completo.

Tricomoniasis

Esta enfermedad afecta sobre todo a las mujeres. La infección se localiza en la uretra, en los hombres, y en la vagina, en las mujeres. Casi siempre se produce por transmisión sexual, aunque pueden existir otras vías: hay casos en los que los bacilos de Döderlein, encargados de limpiar y proteger la vagina, no existen o hay poca cantidad, dejándola desprotegida. Suele ocurrir en algunas niñas o ancianas. También puede ser adquirida por el intercambio de ropa interior, trajes de baño o toallas húmedas.

Los síntomas son flujo amarillento, espumoso y con mal olor, escozor y picor al orinar y en ocasiones la orina puede tener sangre. En los hombres no suele dar ningún síntoma, si acaso se produce una inflamación en el glande después del coito, pero también tiene que seguir el tratamiento.

Tratamiento
Se analiza al microscopio una muestra de la secreción para identificar el tipo de infección y aplicar su tratamiento. Suele ser con antibiótico, por vía oral y vaginal.

Condilomas

Son unas verrugas de unos cuatro o cinco centímetros que aparecen en la zona de la vagina, el pene o el ano entre uno y tres meses después del contagio. Están causadas por el virus del papiloma humano que se transmite mediante sexo anal o vaginal o bien de las manos a los genitales.

Tratamiento
Se suele aplicar un preparado especial y las verrugas más grandes pueden extirparse. También se puede eliminar el

tejido enfermo mediante crioterapia (congelación) o láser. La mujer que las haya tenido tiene que ir al ginecólogo al menos una vez al año a revisarse, ya que el condiloma parece estar relacionado con el cáncer de cuello del útero. Es muy importante que el hombre también siga el tratamiento y que se utilice preservativo hasta que desaparezcan las verrugas.

Herpes

Infección ocasionada por un virus. Existen dos tipos de herpes: el *tipo 1*, que afecta a la parte superior del cuerpo, con llagas alrededor de la boca o de la nariz, y el *tipo 2*, cuyas llagas aparecen alrededor de los genitales. Se puede transmitir por contacto sexual con alguien que tenga herpes en sus genitales o también mediante sexo oral. También es posible que una persona se toque las heridas de la boca y acto seguido los genitales, traspasando el herpes a esta zona.

Los síntomas son los siguientes: pueden aparecer úlceras y vesículas en la vulva, vagina o glande. Esto produce escozor y dolor en las relaciones sexuales. Fiebre y síntomas parecidos a los de la gripe. Primero aparece la llaga, que se va convirtiendo progresivamente en ampollas que van estallando poco a poco, ampliando la erupción. Pueden pasar unas dos semanas desde que aparecen las llagas hasta que desaparece la erupción. En ocasiones no se vuelve a producir el herpes, mientras que otras personas los tienen una y otra vez. Suelen reaparecer cuando bajan las defensas del organismo.

Tratamiento

Todavía no existe un tratamiento totalmente efectivo pero algunos medicamentos pueden ayudar. Es imprescindible consultar con el médico. Por otra parte, hay que mantener una exhaustiva higiene en la zona afectada para que las úlceras no se infecten.

Hongos

Se conocen como *Candida albicans*. Es la clase de hongo que se encuentra con más frecuencia en la vagina, pero normalmente está controlado gracias al contenido ácido de las secreciones vaginales. Cuando las defensas naturales de la vagina se alteran, bien sea porque bajan las defensas o por la toma de antibióticos, los hongos se reproducen con rapidez y dan lugar a síntomas. Pueden transmitirse por vía sexual pero también a través del agua y del uso compartido de toallas, ropa interior y de baño. La infección genital más frecuente es la *candidiasis*.

Los síntomas son flujo vaginal en grumos, picor tanto en la mujer como en el hombre, aparecen unos granitos rojos en el glande, picores y descamación de la piel.

Tratamiento

Siempre a los dos miembros de la pareja. Se pueden recetar óvulos que se introducen en la vagina y también una crema especial. Conviene cuidar la higiene genital de manera especial.

Clamidia

Es una enfermedad causada por una bacteria que afecta a la uretra en los hombres, y al cuello del útero en la mujer. Sus síntomas, a menudo, son similares a la gonorrea.

Síntomas. En la mujer con frecuencia no produce síntomas. En el hombre, uretritis, irritación al orinar y supuración por la uretra.

Tratamiento

Si se descubre a tiempo es muy fácil de curar con antibióticos. Aunque no haya síntomas en alguno de los dos miembros de la pareja, ambos tienen que seguir el tratamiento. Si éste no se aplica puede producir esterilidad en ambos miembros de la pareja, en los hombres se pueden inflamar los conductos espermáticos y bloquearse; y en las mujeres puede producirse la enfermedad inflamatoria pélvica: una inflamación en las trompas de Falopio y ovarios, que bloquea los conductos y puede producir esterilidad.

Ladillas

También llamada pediculosis. Es una infección producida por unos parásitos (piojos) que viven en el vello del pubis. Estos bichitos chupan la sangre y ponen sus huevos (liendres). Sus picaduras provocan molestos picores. Se contagian a través del contacto físico, compartiendo ropa, toallas, etc.

Tratamiento

Existen lociones y jabones especiales. A veces no es suficiente con hacer desaparecer los piojos ya que los huevos siguen instalados en el vello. Para acabar por completo con las ladillas es necesario lavar la ropa a altas temperaturas o meterla en bolsas de basura cerradas para que mueran los huevos.

Sarna

La sarna la produce un ácaro que vive bajo la piel, en zonas como los codos y muñecas, axilas, dedos, nalgas y los genitales. Se puede transmitir a través de la ropa, sábanas y toallas y también mediante el contacto físico directo.

Cistitis

Es una enfermedad muy común, sobre todo en las mujeres. Se trata de la inflamación de la vejiga urinaria y de la uretra. Aparece con cierta frecuencia después de las primeras relaciones sexuales. Esto ocurre porque la uretra es corta y está situada casi tocando la vagina. Por tanto, el movimiento de penetración durante el coito presiona la uretra y además facilita que los gérmenes asciendan a la vejiga. No se puede decir que la cistitis sea una enfermedad de transmisión sexual pero se produce con frecuencia cuando se mantienen relaciones sexuales.

Síntomas. Continua necesidad de orinar, pero cuando se va al baño sólo se expulsan unas gotitas de orina. Es muy doloroso y a veces la orina puede ir acompañada de sangre.

Tratamiento
Normalmente se recetan antibióticos o unos fármacos específicos.

Algunos consejos prácticos para evitar que se produzca la cistitis:

1. Beber al menos dos litros de agua diarios.
2. Orinar a menudo (de cuatro a seis veces al día).
3. No usar desodorantes o jabones fuertes en los genitales y mantener limpia la zona.
4. Si la penetración es dolorosa utiliza una crema lubricante y después de hacer el amor es conveniente ir al baño y orinar.
5. Evita los pantalones apretados.

Uretritis

Es una inflamación de la uretra del hombre.

Síntomas. Escozor y dolor al orinar y, a veces, la orina puede ir acompañada de un pequeño sangrado.

Tratamiento
Suele ser con antibióticos.

Mononucleosis infecciosa o enfermedad del beso

Recibe el nombre de *enfermedad del beso* porque su contagio se produce, fundamentalmente, a través de la saliva. Se produce con mayor frecuencia en personas jóvenes y los síntomas son bastante parecidos a los de un resfriado normal: dolor de garganta unido a la inflamación de los ganglios. Se recomienda reposo.

Si tienes una vez mononucleosis, ¿la puedes volver a tener? (Carol, Girona, 16 años.)

Por supuesto. El haber padecido una enfermedad una vez no te inmuniza contra ella.

Sabías que...

En el año 1439 se ilegalizaron los besos en Inglaterra como método para controlar la propagación de enfermedades por contacto físico.

El primer brote de sífilis en Europa se dio en Barcelona en 1493, a la vuelta del primer viaje a América de Cristóbal Colón.

La especialidad que estudia las ETS en Europa se llama venereología, sin embargo en Grecia se llamaba afroditología. La razón es que Venus es la diosa latina del amor, mientras que Afrodita es la diosa griega.

Curiosidades

Ya en la Biblia, en los libros Levítico y Pentateuco, se hace referencia a la gonorrea o gonococia, también llamada blenorragia.

La sífilis en España era conocida como mal francés; en Francia, como mal napolitano, y en Italia, como mal español.

Los antiguos pensaban que las enfermedades venéreas debían ser secretas, y hasta hace poco eran incurables, los atacados por ellas se les consideraba marcados por signos de infamia.

Internet

http://saludlatina.com/psi/sexualid.htm

> Escuchad el consejo de quien mucho sabe, pero, sobre todo, escuchad el consejo de quien mucho os ama.
>
> ARTURO GRAF

15

El sida

–Os he invitado a venir porque significáis mucho para mí. Recientemente me hice un análisis de sangre y resulta que soy seropositivo.

(...)

–¿Cuánto hace que lo sabes?

–Unos seis meses, estoy bien. No tenéis que tratarme de un modo distinto, no tengo el sida, tengo el virus del sida. Hay una gran diferencia. Estadísticamente hay muchas probabilidades de que pasen años hasta que se vuelva activo.

–Debiste habérnoslo dicho.

–No es muy fácil decirlo.

–¿Sabes quién te lo pasó?

–No tengo ni idea y no creo que cambiase nada si lo supiera.

(...)

–Puede que descubran la cura, siempre están descubriendo cosas nuevas.

–Eso espero.

Los amigos de Peter

Durante los últimos años el panorama en torno a la infección por VIH y el sida ha cambiado considerablemente. Entre otras cosas el avance en la investigación ha permitido una considerable mejora en los tratamientos y, por tanto, en la calidad de vida, y además el ambiente social en torno a esta enfermedad ha cambiado hacia una mayor comprensión y ayuda así como hacia una toma de conciencia de las fuentes de infección. Pero esto no es suficiente. Además hay que luchar por los derechos de las personas infectadas y lograr su absoluta integración en la sociedad y para ello es necesario incidir sobre los más jóvenes, para educarles tanto en la prevención como en el respeto.

¿Qué significa la palabra sida? (Alma, Barcelona, 14 años.)

Significa Síndrome de Inmunodeficiencia Adquirida.

Síndrome es el conjunto de manifestaciones, síntomas y signos que caracterizan una enfermedad.

Inmuno se refiere al sistema inmunitario, que es el responsable de la defensa de nuestro organismo.

Deficiencia quiere decir debilitamiento.

Adquirida, que no es hereditaria, sino contraída por contacto con el virus.

¿Qué significa ser seropositivo? (Miriam, Madrid, 14 años.)

Significa que la persona es portadora del virus del sida, el VIH. Lo ha contraído y, por tanto, puede transmitírselo a otras personas.

¿Es lo mismo tener VIH que sida? (Sonia, Granada, 19 años.)

No exactamente. Ser seropositivo significa que ha tenido contacto con el virus y se ha infectado, por tanto también puede transmitir el virus a otras personas. Este virus tiene la función de debilitar el sistema inmunitario y cuando lo consigue aparecen una serie de síntomas y enfermedades que se conocen como sida: neumonía, infecciones graves... Por tanto, podemos decir que el sida es cuando ya aparece la enfermedad. La mayoría de los seropositivos desarrollarán sida al cabo de unos años, pero gracias a los tratamientos se puede conseguir retrasar la aparición de la enfermedad.

Cuando una persona contrae el virus, ¿qué hace éste en el cuerpo?, ¿cómo actúa? (Miguel, Alicante, 24 años.)

El VIH sólo puede reproducirse dentro de determinadas células del organismo. En nuestro cuerpo tenemos un sistema inmunitario que nos defiende de ciertas agresiones por virus, bacterias, hongos, parásitos. Este sistema inmunitario actúa gracias a los linfocitos, que *patrullan* constantemente para proteger el organismo. En concreto los linfocitos T4 son, como si dijéramos, *los jefes,* de tal manera que cuando un germen invade el organismo estos T4 alertan de ello a otros linfocitos, los T y B, para iniciar la lucha. En concreto el VIH se adhiere a las células (linfocitos), se multiplica y las destruye. De esta manera va debilitando el sistema, y dependiendo de muchos factores, el debilitamiento se producirá de forma más o menos rápida.

Síntomas

Me he acostado con una chica y no usamos condón, ¿cuáles son los síntomas del sida?, ¿me puedo haber contagiado? (Carlos, Gerona, 35 años.)

No hay síntomas específicos de la enfermedad. No se sabe si eres portador hasta que te realices la prueba. Si aparecen síntomas pueden ser los asociados a otras enfermedades oportunistas y ésos serán los propios de las enfermedades. Cada persona tiene una reacción diferente frente a su infección. Como decíamos antes, es posible que la persona seropositiva viva muchos años sin presentar ningún síntoma y lo que favorece esto es que lleve una vida lo más sana posible: sueño regular, comidas equilibradas, tratar de vivir con las menores preocupaciones, etc.

Vías de transmisión

La transmisión del VIH se produce solamente cuando el virus entra en la circulación sanguínea, a través del semen, flujo vaginal o sangre de una persona infectada.

Sangre

La infección se puede producir mediante una transfusión de sangre, cosa que hoy en día es casi impensable: se da un caso por cada 150. 000 en países desarrollados.

Vía parenteral: esto significa que se puede contraer el VIH utilizando jeringuillas prestadas. Como la aguja es muy fina, parte de la sangre se queda en las paredes de la aguja, de manera que al compartir la jeringa utilizada la persona que la pide prestada se inyectará, aparte de la sustancia que desee, los restos de la sangre de la persona anterior.

Pongamos por ejemplo que te pinchas en un parque con una jeringuilla y resulta que esa jeringa está infectada, ¿te puede transmitir el virus? (Manoli, Granada, 19 años.)

Hasta este momento no se conoce ningún caso de transmisión del VIH a través de un contacto casual con un medio supuestamente contaminado (pinchazo accidental con una jeringuilla en el parque, en la calle o en la playa, manipulación de preservativos usados, etc.). El virus del sida fuera del organismo es muy débil, pierde enseguida su capacidad infectante y es incapaz de reproducirse.

En general, en caso de contacto con alguno de estos objetos, no se recomienda la realización de la prueba del VIH, ya que no se considera un riesgo real.

No es lo mismo inyectar el contenido de la jeringuilla en el torrente sanguíneo, que pincharse sin inyectar el contenido de la jeringa.

En caso de que la persona tuviera una gran herida y hubiera gran cantidad de sangre en la aguja, entonces sí se recomendaría la prueba. Sólo en este caso.

A las personas que donan sangre, ¿les hacen la prueba del sida? (Carmen, Madrid, 22 años.)

Antes de donar sangre se hace un estudio del posible donante, y si es apto para donar, entonces se incluye la prueba. Piensa que esa sangre servirá para otras personas y tiene que estar completamente sana.

¿Cuánto tiempo dura vivo el VIH fuera del cuerpo? (Mane, Salamanca, 18 años.)

El tiempo que sobrevive el virus del sida fuera del organismo es muy variable, y depende de factores como la temperatura, la humedad relativa, etc. Se considera que el 90-99% del VIH existente en un fluido fuera del organismo se inactiva en el plazo de unos minutos a unas horas. Para valorar el riesgo de infección se debe tener en cuenta el tiempo que ha podido pasar desde que ese fluido ha dejado el organismo portador y el grado de exposición al virus.

Secreciones sexuales

Coito vaginal

La transmisión se puede producir tanto del hombre a la mujer como al contrario. El semen infectado entraría en contacto con la vagina, e igualmente si es el flujo vaginal el que está infectado éste puede entrar en contacto con la uretra del pene del hombre pudiendo infectarle. Se puede decir que la infección del hombre a la mujer es más fácil puesto que el semen permanece más tiempo en la vagina; sin embargo, el contacto del flujo vaginal con la uretra es menor. En cualquier caso, el riesgo es elevado para ambos.

Por ejemplo, si haces el amor y practicas la marcha atrás, y el chico no llega a eyacular dentro de la vagina, ¿con el líquido preseminal es posible contraer el VIH? (Miriam, Barcelona, 24 años.)

Aunque el líquido preseminal se considera un fluido transmisor, al tratarse de pocas cantidades, la probabilidad de infección es remota. Por el momento no se conoce ningún caso de transmisión por líquido preseminal, pero esto no quiere decir que no exista ningún riesgo. Para evitar cualquier posibilidad de infección se debe utilizar correctamente el preservativo, siempre, en la más mínima penetración.

Coito anal

¿A través del coito anal existe también riesgo de transmisión del sida? (Silvia, Cáceres, 23 años.)

El coito anal es, en general, más traumático que el vaginal debido a que la mucosa anal es más frágil y se pueden producir desgarros, con la consecuente presencia de sangre. Lógicamente la transmisión del VIH es más fácil habiendo sangre. El riesgo es importante tanto para la persona que es penetrada como para la que realiza la penetración: la una por recibir un semen infectado y la otra por el contacto de la uretra de su pene con posibles heridas y sangre.

¿Por qué se dice que los homosexuales son los que más se contagian de sida? ¿Es por el sexo anal? (Carlos, Murcia, 20 años.)

El sida es una enfermedad que está ligada a los comportamientos sexuales, no a la orientación sexual. El colectivo homosexual, en general, está seriamente concienciado frente a esta enfermedad y hoy en día no es el primer grupo en casos de infección por VIH-sida. La razón de que se haya asociado el sida con los homosexuales es porque siempre se ha pensado que el sexo anal es la práctica preponderante entre ellos, cosa que, como ya hemos hablado, no es cierta. En general, la práctica más frecuente entre ellos es el sexo oral.

Aparte de todo esto, sabemos que el sexo anal hoy es una práctica muy extendida también entre las parejas heterosexuales. Por tanto, hay que insistir en que un comportamiento fallido en el que no se utilicen métodos preventivos favorecerá la propagación del sida; el hecho de desear a personas de tu mismo o diferente sexo no implica conductas de riesgo.

Yo soy lesbiana y mantengo relaciones con mi pareja, ¿existe también riesgo de contraer el sida? Yo siempre he creído que no. (Carol, Vitoria, 27años.)

Por supuesto que hay riesgo, puesto que el flujo vaginal es un fluido infectante, las prácticas en las que hay contacto con este fluido serán consideradas de riesgo: sexo oral, compartiendo juguetes sexuales sin limpiarlos previamente, etc.

Sexo oral

Si practico el sexo oral, ¿existe riesgo de infección? (Merche, Las Palmas, 22 años.)

Existe riesgo. La infección se puede producir por contacto del semen o flujo vaginal de la persona que pone los genitales, con la boca o garganta de la persona que pone la boca. El riesgo lo corre la persona que pone la boca, ya que el semen o flujo infectado pueden penetrar en la mucosa de la boca. En caso contrario no hay riesgo, ya que la saliva no es fluido transmisor, a no ser, por supuesto, que la persona que pone la boca tenga una hemorragia o herida sangrante.

Transmisión de la madre al feto

La infección se puede producir en tres momentos:

- Durante el embarazo. Esto ocurre a través de la placenta, a través de la cual la sangre de la madre y la del niño intercambian sustancias. Parece ser que el riesgo aumenta los últimos meses de embarazo, ya que es el momento en el que madre e hijo intercambian mayor cantidad de nutrientes.
- En el parto. Esto podría ocurrir si el niño tragase sangre o líquido amniótico de la madre infectada. La probabilidad de una infección a través de estas dos vías se sitúa en torno al 12%.
- Durante la lactancia. La leche materna es un fluido infectante, por lo tanto el contacto del fluido con la boca o con la garganta del bebé puede ser suficiente para producir una infección.

Si una mujer seropositiva se queda embarazada, es muy importante que se ponga en contacto con su médico. Así, el riesgo puede ser menor, ya que los antirretrovirales disminuyen considerablemente el riesgo de transmisión al hijo. El riesgo se ha reducido de un 20% de hace unos años al 1-2% en la actualidad.

En una película de Pedro Almodóvar, Todo sobre mi madre, *hay un bebé seropositivo, que se acaba curando, ¿es esto posible? (David, Ciudad Real, 22 años.)*

Sí lo es, veamos: que un niño nazca seropositivo quiere decir que le ha dado positivo la prueba de anticuerpos. Tener anticuerpos quiere decir tener el virus (estar infectado), salvo en los bebés, que casi siempre tienen anticuerpos recibidos de la madre a través de la placenta, aunque pueden ser portadores o no del virus.

Se vuelven seronegativos si no tenían el virus al nacer,

sólo anticuerpos, ya que pierden estos anticuerpos (entre los 6 y 18 meses aproximadamente). Se mantendría seropositivo si el bebé crease estos anticuerpos por tener el virus. Hasta hace poco se sabía si el bebé estaba infectado cuando se le realizaban pruebas serológicas, de anticuerpos, después de los 18 meses. Actualmente se emplean diferentes técnicas de detección de distintos componentes virales, a través de los cuales se puede saber, casi con total certeza, si es portador o no del VIH antes de nacer.

Importante
En un adulto ser seropositivo significa ser portador del virus, mientras que en un bebé ser seropositivo no significa, necesariamente, que sea portador del virus.

Quiero hacerme un tatuaje desde hace bastante tiempo, pero mi madre no me deja porque dice que me puedo contagiar del sida. Esto no es cierto, ¿verdad? (Lorena, Málaga, 17 años.)

No se transmite el virus del sida, por supuesto, si se toman precauciones. La aguja que se utilice para tu tatuaje debe ser completamente nueva, asegúrate de que la saca de una bolsa esterilizada delante de ti. Igualmente ocurre con los *piercings*. Todo el material que se utilice tiene que estar completamente esterilizado y la persona que lo realice debe ser un profesional que domine la técnica a la perfección. Actualmente apenas se dan casos de infección por estas vías.

¿Masturbando a otra persona me puede transmitir el VIH? (Nuria, Cádiz, 18 años.)

La masturbación no es una práctica de riesgo, es sexo seguro. Recuerda que el virus, para infectar, tiene que penetrar en el cuerpo y no puede hacerlo a través de la piel. Si tienes algún tipo de herida, padrastro o llaga puedes utilizar guantes de goma finitos o dediles de goma. Sobre todo, están especialmente recomendados cuando se realiza penetración anal con los dedos. Los dediles de goma puedes encontrarlos en farmacias.

Factores que facilitan la transmisión del VIH

- La cantidad de fluido contaminado que entra en contacto con la mucosa. Cuanta más cantidad más probabilidades y viceversa.
- Tiempo que esté en contacto el fluido con la mucosa; lógicamente hay mayor riesgo cuanto más tiempo esté en contacto. Como decíamos antes, el semen está mucho más tiempo en el interior de la vagina ya que se queda dentro una vez terminado el coito; sin embargo, el flujo vaginal está mucho menos tiempo en contacto con la uretra del pene, ya que éste se retira de la vagina al finalizar el coito y no hay más contacto.
- El estado de la mucosa. Por ejemplo, no es lo mismo tener una boca sana que tener caries, llagas o alguna herida sangrante. Igualmente, una fístula o herida en el ano favorecerá la transmisión.

Si una persona es seropositiva, se supone que puede infectar a otras pero no puede infectarse otra vez, es decir, si tiene una pareja también seropositiva, ya no tienen que tomar precauciones puesto que los dos lo son, ¿no? (Mario Santander, 28 años.)

Sí tienen que tomar precauciones puesto que una persona seropositiva puede reinfectarse a sí misma, agravando la evolución de su enfermedad. Cada seropositivo puede tener su cepa de virus y que sea más o menos resistente a los fármacos. Si lo transmite a otro seropositivo tendrá más variedad de virus y la evolución será desfavorable.

Me he hecho las pruebas y han dado negativo, ¿significa esto que soy inmune, que ya no lo cogeré nunca? (Marta, Barcelona, 20 años.)

No, en absoluto. Tener un resultado negativo no nos protege del virus. Si te expones a él tienes riesgo de contraerlo.

¿Cuántas veces es necesario tener relaciones de riesgo para poder infectarse del virus? (Nacho, Madrid, 17 años.)

Evidentemente, cuantas más relaciones de riesgo tengas, la probabilidad de contraer el VIH será mucho mayor, puesto que estarás más veces expuesto al virus. Ahora bien, tienes que saber que con una sola relación de riesgo basta para contraer el virus.

Cómo no se transmite el VIH

¿Dando un beso a una persona con sida te lo puede transmitir? (Amalia, Soria, 17 años.)

No. El virus del sida necesita una cantidad mínima para poder infectar. Por debajo de esa cantidad o umbral, aunque el virus esté presente, no infecta. Éste es el caso de la saliva o el sudor: el virus está presente en ambos, pero en tan bajas cantidades que no pueden infectar. Por eso, a través de la saliva no se puede transmitir el VIH. Puedes dar besos profundos sin ningún miedo. Existiría un riesgo teórico si hubiese en ambas bocas heridas sangrantes.

Veamos más prácticas que NO suponen riesgo de transmisión.

- Masaje corporal.
- Caricias íntimas y besos.

- Compartir útiles de cocina: cuchillos, tenedores...
- Beber en el mismo vaso.
- Compartir el lugar de trabajo y la vivienda.
- A través de picaduras de mosquitos.
- A través de mascotas como perros, gatos...
- Usar el mismo cuarto de baño: lavabo, bañera, váter.
- Secarse con la misma toalla.

Prevención

Para prevenir el VIH ¿sólo sirve el condón? (Laura, Madrid, 16 años.)

En caso de tener relaciones sexuales con penetración sí es el único: hay que utilizar el preservativo siempre y desde el principio, es decir, que no haya nada de penetración sin él.

Una vez que se ha eyaculado, el chico debe retirar el pene de la vagina o del ano y quitárselo.

Existen otras alternativas, como la abstinencia sexual, u otras practicas amatorias que no incluyan el coito.

A veces el látex me produce alergia y me pregunto qué solución hay. He buscado el preservativo femenino, pero no lo encuentro. (Luisa, Barcelona, 24 años.)

No lo encuentras porque actualmente el preservativo femenino está retirado del mercado. En tu caso, tendrás que optar por el preservativo de poliuretano. Éstos son más caros y muy difíciles de encontrar en España (puede que en alguna *sex-shop* o tiendas especializadas en condones). Se utilizan cuando existe algún tipo de alergia al látex.

Tengo entendido que existen unos preservativos más gruesos de lo normal y que son más indicados para el coito anal. Yo practico a menudo el sexo anal con mis parejas y el preservativo se rompe más a menudo. ¿Qué es más recomendable? (Guillermo, Valencia, 27 años.)

Como sabes, cada fabricante tiene una gama de preservativos: extrasensibles, *nature, fantasy*, protección-extra... En el caso de la penetración anal son más recomendables los normales (nunca los finos) o los protección-extra, que son un poco más gruesos. También hay algunos que son de doble acción: restan sensibilidad al chico al ser más gruesos y estimulan más a la mujer porque son ondulados. Son algo más resistentes.

Otra opción es el preservativo que hemos comentado en el epígrafe anterior, difícil de encontrar.

Utilice siempre lubricantes en la penetración anal, y en la penetración vaginal cuando la mujer no esté suficientemente húmeda, ya que facilitan la penetración y reducen el riesgo de rotura del condón. Recordamos que los lubricantes a utilizar con preservativo deben ser solubles en agua (con silicona o glicerina), de venta en farmacias.

En el sexo oral hay que utilizar preservativo, pero ¿no sabe horrible? (Matena, Vigo, 18 años.)

Existen preservativos de sabores para las relaciones orales. Estos preservativos suelen ser de uso exclusivo para el juego y sexo oral y no sirven para utilizarse en el coito. Infórmate en el establecimiento donde los compres; por regla general, si no ves la fecha de caducidad no es apto para las relaciones con penetración.

He oído que algunos preservativos no protegen del sida porque por los poros del condón se puede colar el virus, ¿es esto cierto? (David, Gerona, 29 años.)

Olvídate de los poros. Está totalmente comprobado que no puede pasar el virus a través del látex del preservativo, por lo que es totalmente fiable. Eso sí, siempre y cuando no se rompa. Los preservativos pasan exhaustivos controles de calidad; estando homologados, no tienen por qué tener ningún problema.

¿Es posible que los espermicidas que se utilizan como anticonceptivos sirvan para prevenir la infección? ¿Pueden matar al virus? (Rafa, Ceuta, 17 años.)

Por un lado, existe un componente en los espermicidas que destruyen los virus que se llama nonoxinol-9. Además de servir como anticonceptivo, serviría como medida preventiva para las ETS pero, como sabemos, los espermicidas por sí solos no previenen embarazos. Igual pasa con el VIH. Por tanto, el uso de espermicidas no confiere una mayor protección contra el virus.

Por el contrario, algunos estudios realizados sugieren que los espermicidas vaginales producen una irritación de la mucosa vaginal que podría favorecer infecciones adicionales por otros microorganismos. Estas infecciones acostumbran a lesionar la mucosa, lo que propicia la transmisión del VIH.

¿Qué pueden utilizar las parejas lesbianas para prevenir la infección? (Pedro, Lugo, 16 años.)

Pueden utilizar los parches de látex: se venden en suministros médicos o dentales y también en farmacias, aunque son más difíciles de encontrar. Como alternativa está el preservativo: se corta la punta y la base con una tijera y se hace un corte por el medio. Una vez abierto se coloca sobre la vulva. También puede utilizarse film de cocina, el que utilizamos para envolver los alimentos. Debe ser resistente para que no se rompa.

Pruebas

Período ventana

La detección del virus se hace a través de unos análisis de sangre específicos. Pero para que la prueba lo detecte, es necesario que pasen al menos tres meses desde la posible infección. Si se realiza antes de estos tres meses es posible que los anticuerpos creados sean muy bajos y las pruebas no los detecten, pudiendo producirse un falso negativo. Después de este período ventana (tres meses) el resultado obtenido será fiable.

Pruebas que se realizan

Las pruebas consisten en la detección de los anticuerpos que produce el organismo contra el VIH. Se extrae una muestra de sangre y se realiza una prueba especial, la técnica de ELISA. Si la persona ha pasado el período ventana y el resultado es negativo puede decirse que es seronegativa. Si por el contrario da positivo, se pasa a hacer otro test que verifique los resultados. Esta prueba se llama Western blot y será la que, por fin, asegure el resultado.

¿Dónde se pueden hacer?

En la sanidad pública se pueden hacer. Es más, la confidencialidad y gratuidad están aseguradas al 100%. También existen ONG dedicadas a evaluar ETS y que realizan las pruebas de manera gratuita y confidencial.

Apoyo psicológico

Ante todo hay que evitar el aislamiento social. Una persona seropositiva necesita, más que nunca, el apoyo de los suyos. Puesto que muchas de las conductas de rechazo se deben al desconocimiento total de la enfermedad conviene informarse y leer todo aquello que pueda servir para entender la enfermedad (al final te recomendaremos unos libros). Si aprendes que no te van a transmitir la enfermedad sólo por mantener una conversación, por abrazar, besar, por comer junto a una persona seropositiva o incluso por ducharte con ella, entonces podrás ser más tolerante; es el desconocimiento lo que impide tener conductas normales. Una persona infectada no es un bicho raro, tiene emociones, inquietudes y, sobre todo, muchas ganas de vivir en paz y con alegría. Es posible que jamás saquen su enfermedad a colación, pero también puede que la asuman de manera completamente natural y podáis hablar del tema sin miedo; esto, desde luego, depende de la persona y debes respetarlo.

¿Crees que se debería decir a las parejas? Por supuesto, siempre utilizaría preservativo. (Juan, Mallorca, 23 años.)

Sí. El derecho a disfrutar de una sexualidad libre es inviolable y si no lo dijeras estarías engañando a tu pareja y a ti mismo por no hacer frente a tu enfermedad. Ser honesto es fundamental ya que la otra persona tiene derecho a elegir si quiere mantener relaciones o no contigo después de saberlo. Es posible que encuentres parejas que rechacen relaciones íntimas al saberlo, y mucho más si son ocasionales, pero otras no te negarán el sexo por este motivo, siempre y cuando se utilice un preservativo durante el acto. Es una cuestión de responsabilidad y respeto hacia los demás. Sólo tienes que pensar que si fuese tu pareja la que estuviese infectada, no sólo por VIH sino por cualquier otra enfermedad, ¿te gustaría saberlo? Probablemente sí.

Tratamiento: por David Lobo

Durante los últimos años muchas cosas han cambiado con respecto a la infección por VIH y el sida. En primer lugar, los progresos científicos han permitido obtener sustancias de tratamiento antirretroviral (fármacos que actúan contra el virus) que, administradas en el momento y combinaciones oportunos logran, en pocas semanas, frenar la incesante multiplicación del VIH en el organismo, aunque aún se desconoce por cuánto tiempo puede resultar efectivo el tratamiento y los efectos secundarios que pueda tener a medio plazo.

Con esto se consigue recuperar lentamente la capacidad del sistema inmunitario (defensas), reduciendo los efectos de las infecciones oportunistas (cuando la persona tiene muy pocas defensas y tiene una o varias enfermedades, es decir, cuando tiene sida). En los casos de pacientes que hayan llegado a esta fase se les administra, además, los tratamientos correspondientes a la(s) enfermedad(es) que pueda padecer.

En los casos de seropositivos que no hayan presentado enfermedades oportunistas, se inicia el tratamiento antes de que esto suceda, evitando que aparezcan por primera vez.

De este modo se mantiene la concentración de virus (número de virus) en el mínimo posible y esto permite iniciar un período largo de estabilidad y recuperación paulatina para las personas con VIH. Esto se consigue cuando la persona tiene acceso a los recursos sanitarios tanto para las revisiones periódicas como para adquirir la medicación, sin olvidar la adherencia al tratamiento (cumplimiento de las dosis pautadas).

Podemos decir que, en relación a la infección por VIH/sida, a pesar de ser hoy por hoy una enfermedad grave e irreversible, se está logrando prolongar la vida de las personas que lo padecen. Podemos afirmar que es una enfermedad con la cual las personas afectadas (todas) tendrán que convivir durante muchos años.

Pero también existe la otra cara de la infección por VIH: el sida social.

Aún hoy el sida sigue siendo una enfermedad social que provoca reacciones en el conjunto de la sociedad y que impide a la persona seropositiva desarrollarse como los demás, y esto atenta directamente contra los derechos humanos. Todavía hoy seguimos oyendo las palabras contagio, sidoso, grupos de riesgo, culpabilidad o inocencia; se siguen dando hechos como el rechazo familiar y social, la violación del anonimato, los despidos improcedentes, y un largo etcétera. En muchos rincones de nuestro planeta vemos cómo las personas con sida son aisladas, encarceladas o asesinadas por padecer esta enfermedad. En la mayoría de los países no se tiene acceso a estos medicamentos, ni a una asistencia sanitaria adecuada. Sólo el 10% de la población mundial que padece esta enfermedad recibe tratamiento. En el peor de los casos no se tiene acceso ni tan siquiera a comida o agua y las condiciones higiénicas favorecen la aparición de infecciones.

La pastilla del día después

También se está hablando mucho sobre la pastilla del día después para evitar la infección por VIH en caso de exposición al virus del sida. Ya se venía aplicando entre el personal sanitario cuando tenían un contacto accidental con el virus (pinchazo accidental o exposición con sangre contaminada). Este tratamiento consiste en administrar al paciente la medicación antirretroviral, que actualmente toman las personas seropositivas, durante un mes para así evitar, en caso de que haya entrado el virus en el organismo, que llegue a infectar. La combinación de pastillas es de tres fármacos y supone un gran esfuerzo, ser estrictos con las tomas. Se han de tener en cuenta, además, los efectos secundarios que tienen estos medicamentos, pudiendo llegar al punto de tener que suspenderse el tratamiento por su elevada toxicidad. Con esto se reduce la posibilidad de infectarse, pero no asegura la no seroconversión, es decir, que puede llegar a haber infección del VIH.

En la actualidad se aplica en la población en los casos en los que se tiene una exposición real al VIH (cuando sabemos a ciencia cierta que se ha tenido contacto directo con fluidos transmisores de una persona seropositiva). Por ejemplo, cuando entre parejas serodiscordantes (sólo uno de ellos es seropositivo) se produce un incidente, como puede ser una rotura de preservativo u otro tipo de accidentes.

Como decimos, sólo se aplica cuando, habiendo tomado las medidas oportunas, se ha producido un hecho accidental, a través del cual se ha estado expuesto al virus. En este caso se ha de acudir antes de las 72 horas a urgencias del hospital que corresponda. Desde allí te enviarán a medicina preventiva, donde evaluarán el caso y pautarán la medicación si se comprueba que se han dado estas circunstancias.

No se debe abusar de este método por lo arriesgado que resulta, y que se estaría poniendo remedio cuando ya es algo tarde. La única forma efectiva de evitarlo es tomando las medidas de prevención (usando preservativo, no intercambiando jeringas...). Es como lo de ponerse el casco: qué es preferible ¿ponerse siempre el casco si vamos en moto o tener un accidente y pasar por quirófano por no ir protegidos? Por lo tanto recuerda: si mantienes relaciones sexuales con penetración, utiliza siempre el preservativo.

La vacuna

La obtención de una vacuna eficaz capaz de evitar la infección por el VIH ha sido una prioridad desde que se conoció que el sida era una enfermedad causada por un virus, ya que, si se contara con ella, sería capaz de detener la extensión de la epidemia e incluso hacer que desapareciera de la humanidad tras varias generaciones.

Pero, a pesar de ello, los investigadores han descubierto que no se trata de una tarea fácil debido a una serie de factores, entre los que destacan la gran variabilidad genética del VIH (muta constantemente) y su facilidad para *ocultar* partes cruciales de su estructura, además del desconocimiento que aún se tiene de los mecanismos responsables del desarrollo de la enfermedad.

Hasta la fecha se han investigado varios métodos de vacunación: utilización de virus completos vivos pero atenuados (debilitados), administración de virus completos muertos y fragmentos de virus.

Con respecto a la vacuna terapéutica, ya se está suministrando en pacientes con resultados moderadamente buenos. Se trata de una vacuna que se aplica a personas portadoras del VIH, de tal forma que ésta estimula al sistema inmunológico (defensas), favoreciendo la recuperación de estas células, pero el resultado obtenido es muy escaso.

Es difícil saber cuándo estará disponible la vacuna contra el sida. Todo apunta a que no será a corto plazo y que habrá que esperar varios años hasta conocer su eficacia. No quiero terminar sin dar un mensaje de esperanza: el virus del sida no tiene por qué ser invulnerable. Sin duda, la medicina vencerá al sida como ha vencido a lo largo de la historia a enfermedades míticas responsables de gran cantidad de muertes como la peste, la sífilis o la tuberculosis. Hasta ese momento nuestras únicas armas frente al sida son la información y las medidas de prevención.

(Este texto ha sido escrito en colaboración con David Lobo Esteban. Coordinador del teléfono de Información de la Fundación Anti-Sida de España. Tel. 900.111.000.)

Estadísticas

Número de casos de sida y edad media. (Fuente: Registro Nacional de Sida, Centro Nacional de Epidemiología de la Salud Carlos III. Datos hasta marzo de 1999.)

Ambos sexos:
Casos: 39.215
Edad media: 32,30 años

Mujeres:	Hombres:
Casos: 7.353	Casos: 31.862

Sabías que...

El miedo al sida ha resultado positivo en las relaciones de pareja entre otras cosas porque ha obligado a buscar alternativas a la penetración, lo que ha multiplicado por mil si no el tiempo entre las sábanas, sí la calidad de los juegos y caricias en las que hemos aprendido a recrearnos.

En la India se creía que el sida se curaba manteniendo relaciones sexuales con niñas vírgenes.

Noticias

Sida (16/03/00)

El secretario del Plan Nacional sobre el Sida, Francisco Parras, ha asegurado que a pesar del descenso que ha experimentado el número de casos de sida en España hay que seguir insistiendo con mensajes de prevención muy concretos en los que es necesario contar con la responsabilidad de los ciudadanos. «Hay que conseguir que se sigan reduciendo las prácticas de riesgo y que haya hábitos de vida más saludables.»

Equivocarse y, a pesar de ello, deber otorgar la confianza a mi ser interior, esto es el hombre.

GOTTFRIED BENN

16

Sexualidad no coital: sexualidad anal y oral

–Dime que me quieres.
–Te quiero muchísimo.
–¿Me darás placer oral?
–¿Me la besarás?
–Pero tú primero.
–Vale. Bien.
–*Mon amour*.

Pulp Fiction

Existen multitud de prácticas diferentes que puede llevar a cabo una pareja. Estamos acostumbrados a pensar que el coito vaginal es la forma *verdadera* de hacer el amor, cuando en realidad tanto la sexualidad anal como la oral pueden resultar increíblemente placenteras. Pero hay cuestiones que a veces echan para atrás una iniciativa, como puede ser el olor de los genitales, el miedo a contraer alguna ETS, vergüenza a no hacerlo bien o simple timidez para proponérselo a la pareja.

Estimulación bucogenital

También denominada sexo oral. Consiste en estimular con la boca los genitales de la pareja: se puede besar, mordisquear, chupar, succionar. Se puede decir que el sexo oral es una de las conductas más placenteras en las relaciones sexuales y la razón de ello es que la boca está muy húmeda y cálida a la vez, de manera que las zonas a estimular quedan plenamente lubricadas. Cuando se le practica al chico se denomina *felación* y cuando es a la chica *cunnilingus*.

Felación

Felatio, mamada, francés... son algunos de los nombres que recibe la felación.

Mi novio quiere que practiquemos el sexo oral pero yo le he dicho que de momento no porque no sé cómo se hace. ¿Cómo se hace una felación? (Mónica, Burgos, 19 años.)

Para realizarlo correctamente, hazlo con cuidado y presta mucha atención a sus reacciones. Hay que inclinarse sobre el pene del chico e introducirlo en la boca: a partir de aquí, se puede succionar o mosdisquear, mientras que con una mano también se puede mover rítmicamente el pene de arriba abajo. Las zonas más sensibles del pene son el glande, la corona del glande y también el frenillo, de modo que resulta muy agradable estimular estas zonas haciendo cierta presión.

Algunos consejos básicos...

- Si acaricias con los dientes, hazlo muy suavemente, tan sólo para acariciarle.
- Acompaña los movimientos de la boca con movimientos de la mano.
- No eches la piel del prepucio bruscamente hacia atrás, puedes hacerle daño.
- Juega con la lengua en su pene.
- Procura no meter el pene muy al fondo, ya que podrías provocarte náuseas.

¿Cómo sé si de verdad le gusta lo que le hago? (Sonia, Oviedo, 23 años.)

Hay un refrán que dice que la cara es el espejo del alma. Difícilmente pondrá cara de absoluto placer si le molesta lo que estás haciendo; podrás ver en su rostro cómo frunce el ceño o da algunos respingos involuntarios. Mientras le practicas la felación, mírale de vez en cuando a la cara para controlar sus gestos.

Si has notado alguna reacción rara y él no te dice nada, intenta comentárselo con naturalidad. Si le das la suficiente confianza, incluso si te lo tomas un poco a broma es posible que le cueste menos decirte lo que no le gusta. Normalmente no nos atrevemos a decir lo que nos molesta porque no queremos hacer daño a la otra persona, pero quererse es comunicarse y lo que importa es que ambos disfrutéis plenamente de vuestras relaciones sexuales.

A veces pienso que me gustaría practicarle sexo oral a mi chico. Mis amigas lo hacen y creo que a él podría gustarle, pero el problema es que no me atrevo a proponérselo por si piensa que soy una loba. (Marta, Barcelona, 18 años.)

No tiene por qué pensar eso. Tanto tú como él sois dueños de vuestra sexualidad, y podéis hacer lo que os parezca bien. ¿Acaso tú juzgas sus comportamientos sexuales? El hecho de no aceptarlo demuestra una enorme falta de madurez por su parte y una falta de respeto considerable hacia ti.

¿Cómo se lo puedo proponer? No quiero que piense que soy un salido. (Carlos, Navarra, 18 años.)

El sexo oral es una práctica más, ni mejor ni peor que otras, sólo depende de lo que ambos sintáis al realizarlo para rechazarla o no. Para proponérselo espera a tener cierta confianza con ella. Puedes plantearlo de dos maneras: bien sacando el tema, para ver qué opina de ello o bien durante los juegos sexuales, intentando que surja como parte de la relación sexual. Puedes acercarte poco a poco a su vulva, besando sus muslos. Si ella te coge la cabeza y te la sube, significa que aún tienes que esperar un poco más. Conviene que después de la relación sexual hables con ella de lo que ha pasado. Lo peor que puede pasar es que te diga que no quiere practicarlo de momento.

¿Se transmite alguna enfermedad venérea? (Julia, Gerona, 18 años.)

Sí, en el capítulo 14 «Enfermedades de transmisión sexual», encontrarás una lista detallada de todas las enfermedades de transmisión sexual. Si no tienes una pareja estable o no sabes a ciencia cierta si tu pareja está sana o no, debes utilizar un preservativo. El riesgo de contraer el virus del sida en la felación es mayor para la persona que la practica, puesto que el semen entraría en la boca. No tragues el semen, escúpelo de inmediato ya que el riesgo es mayor si el semen pasa por la garganta.

Cuando se lo hago a mi chico me da náuseas al meter el pene al fondo de la boca y lo paso fatal tratando de disimular (Eva, Cantabria, 24 años.)

Esto es lógico, pero piensa que no es necesario introducirlo tan hondamente en la boca. La máxima sensibilidad del pene se encuentra en el glande, al principio, por tanto no es necesario introducirlo tan al fondo. Sujetando el pene con la mano controlarás fácilmente la introducción. Si después de intentarlo de este modo sigues sintiéndote igual, habla con tu pareja y sugiérele otras prácticas que te agraden más.

Si una chica se traga el semen de un chico después de una felación, ¿se puede quedar embarazada? (Raquel, Madrid, 16 años.)

No, no hay riesgo de embarazo pero, como decíamos antes, sí de contraer alguna ETS.

Quiero saber si es malo tragar el semen de mi chico, ¿debo tragármelo? (Isabel, Alicante, 17 años.)

Eso depende de ti. Habladlo entre los dos, pero ten en cuenta que si no quieres hacerlo, debes decírselo a tu chico y, por supuesto, no hacerlo. A algunas mujeres les resulta desagradable que el hombre eyacule en su boca, mientras que a otras les resulta muy placentero. En cualquier caso, tragar el semen no tiene efectos perjudiciales para la salud (siempre y cuando el semen esté sano).

No me gusta practicar el sexo oral, ¿debo decírselo? (Merce, A Coruña, 24 años.)

Claro que sí. No tienes por qué hacer algo que te incomoda. Lo maravilloso de la sexualidad es que te permite abrirte a experiencias nuevas plenamente gratificantes. El sexo oral no es obligado para hacer disfrutar a tu chico. No demostrarás que le quieres más por hacer algo que a él le gusta y a ti no. Reflexiona.

¿Cómo se realiza un «69»? (Susana, A Coruña, 17 años.)

El «69» consiste en la estimulación simultánea del pene y de la vulva con la boca, es decir, el hombre practica el *cunnilingus* a su pareja, mientras ella le realiza a él la felación. La postura que resulta es parecida a un 69.

Cunnilingus

¿Qué es el cunnilingus*? (Jesús, Sevilla, 15 años.)*

Es la estimulación de los genitales femeninos con la boca. Se comienza estimulando suavemente la vulva para luego aumentar la presión hasta que sobreviene el orgasmo.

Mi chico está empeñado en practicarme sexo oral pero a mí me da mucha vergüenza porque tengo la sensación de que no le va a gustar el olor. (Carlota, Madrid, 25 años.)

Esta sensación es muy frecuente en las chicas: piensan que el sexo les huele demasiado para que a su pareja les guste. Pero si la higiene corporal es diaria no tiene por qué haber ningún problema. El olor es algo natural y probablemente tu pareja insiste porque no le da tanta importancia como tú. Si te sientes muy incómoda, lo que puedes hacer es lavarte con agua y jabón antes de mantener las relaciones sexuales, de manera que el olor corporal de todo el día desaparecerá. No trates de enmascarar el olor con desodorantes íntimos ni nada parecido, pueden irritar la vagina.

¿Por qué a las chicas les huele tanto el sexo? Cuando hago sexo oral con mi pareja me desagrada mucho el olor y no es que no se lave porque ella es muy limpia, pero me cuesta mucho hacérselo. ¿Qué podríamos hacer? (Carlos, A Coruña, 17 años.)

Tanto a las chicas como a los chicos les huelen los genitales, es algo completamente natural en el cuerpo. Al estar situados entre las piernas no se favorece la transpiración, y mucho menos si se llevan pantalones ajustados. A lo largo del día se van acumulando los olores, pero si la higiene es diaria, el olor natural de los genitales no es desagradable; incluso hay personas a las que este ligero olor a pescado les excita mucho sexualmente.

Por otra parte, existen algunos líquidos lubricantes de sabores (se venden en las *sex-shop,* pero sólo pueden entrar los mayores de 18 años) que pueden ayudar a enmascarar el olor, o también podéis utilizar otros productos, como yogur, mermelada... Depende de vuestra imaginación. Si sigues sin soportar el olor, entonces será mejor que dejes de practicarle sexo oral. Háblalo con ella.

Me cuesta mucho llegar al orgasmo cundo me hacen sexo oral, aunque disfruto mucho, ¿es normal? (Lola, Madrid, 29 años.)

Una vez más, el objetivo final no es alcanzar el orgasmo sino disfrutar plenamente de la relación. La mayoría de las chicas alcanzan el orgasmo con facilidad mediante esta práctica, pero otras necesitan estimulación adicional con los dedos en el clítoris. Quizá tu pareja necesite un poco de ayuda por tu parte: no te cortes y trata de guiarle, enséñale a acariciarte.

En cualquier caso, el mero hecho de disfrutarlo puede ser una perfecta preparación para alcanzar el orgasmo en el coito o en cualquier otra práctica.

Sexualidad anal

El sexo anal consiste en la estimulación del ano en la relación sexual; puede ser con la boca, con la mano o mediante el coito. Muchos chicos aún piensan que el sexo anal es práctica exclusiva de los homosexuales, y no permiten ningún tipo de estimulación en esta zona. Sin embargo, hay hombres heterosexuales que incluyen la penetración anal, bien sea con algún juguete erótico o con los dedos y aseguran que esto mejora sus orgasmos.

Importante
Practicar la estimulación anal, sea como sea, no significa que el hombre tenga tendencias homosexuales.

El sexo anal ¿es doloroso para una chica? (Raúl, Mallorca, 16 años.)

La respuesta a la estimulación anal es muy diferente en cada persona: se pueden observar conductas de absoluto rechazo a la sexualidad anal y también hay personas a las que les encanta y les excita.

Como el ano no está lubricado es aconsejable que se utilicen lubricantes y que la penetración se haga con especial cuidado. Nunca debe forzarse la penetración y si en algún momento duele hay que dejar de intentarlo inmediatamente. Hay personas que al cabo de algunos intentos puede lograr el coito, pero hay otras que no. En estos casos es mejor probar otras cosas.

Riesgo de infecciones

Puesto que en el ano hay gran número de microorganismos, el sexo oral es una práctica de riesgo muy importante.

¿Qué es un beso negro? (Alicia, Valencia, 16 años.)

Es una práctica que consiste en estimular con la boca el esfínter anal.

Sabías que...

En la antigua Roma, la felación (tanto hacerla como recibirla) era la forma más baja de humillación, aunque aún era más grave practicar el *cunnilingus*. Actualmente, el sexo oral sigue estando penado en 20 estados norteamericanos.

Entre los budistas no está bien vista la práctica del sexo oral ni anal. El Dalai-lama (su líder espiritual) dijo en su momento que no se debe hacer el amor por orificios inadecuados, o sea, por la boca o el ano.

Niega tus deseos y hallarás lo que desea tu corazón.

San Juan de la Cruz

17

La educación sexual

–No pretenderás llevarla al baile de la embajada. No está preparada para eso.

–¿No está preparada para eso? [...] Quizá hay que reformar un poco su lenguaje, pero...

–¡Ay! Henry, si no te das cuenta de lo irrealizable que resulta tu proyecto será que estás loco por ella. Déjalo.

–¿Dejarlo? Pero si es mi más fascinante experimento. Pickering y yo trabajamos en él noche y día, llena nuestras vidas: enseñar a Eliza, hablar con Eliza, escuchar a Eliza, vestir a Eliza...

–¿Qué? Sois dos niños que jugáis con vuestra muñeca de carne y hueso.

My fair lady

La sexualidad está presente a lo largo de toda la vida de una persona y varía según las etapas de la vida por las que va pasando. Desde que el niño nace, se le moldea, sexualmente hablando, ya que se empapa de todo lo que ve o vive y esto le va a influir directamente. Por eso si a un niño, por ejemplo, se le enseña que las chicas son las que tienen que colaborar en casa, poner y quitar la mesa, ayudar a mamá, etcétera, y los chicos no, él lo aprenderá como algo normal y sus conductas irán encaminadas a reforzar este aprendizaje. Sin ir más lejos, en nuestra cultura existe una clara diferenciación en torno a los comportamientos que se esperan de cada uno de los sexos, que se potencia tanto desde la propia familia como desde el colegio, los grupos de amigos, incluso la publicidad y los medios de comunicación así lo transmiten.

Se da por sentado, por ejemplo, que los chicos son más activos, con más poder de decisión, más competitivos y más independientes y, sin embargo, la mujer se considera más pasiva, más dependiente, más vulnerable.

Todo esto son generalidades y es imprescindible educar a los niños en la igualdad y el respeto hacia el sexo opuesto. Veamos algunos de los roles y estereotipos que más frecuentemente alimentamos y que deberían desaparecer de nuestro vocabulario:

- Los chicos son superiores a las chicas.
- Ellos son más fuertes emocionalmente que ellas.
- Las chicas son más histéricas y nerviosas, sin embargo son más amables que ellos.
- Ellos tienen más capacidad sexual.
- Ellas son más débiles de carácter.

Esta asignación de estereotipos no sólo afecta al comportamiento social de una persona, sino que desempeña un papel muy importante en la sexualidad, porque son ideas que se transmiten a los hijos en el proceso educativo. Si a un chico se le educa en el papel de *hombre duro*, seguro de sí mismo y que, además, tiene que llevar la iniciativa en cualquier acercamiento sexual, es muy posible que en los primeros encuentros sexuales se encuentre desconcertado si es ella quien da el primer paso, o se deprima profundamente si en su primer coito el pene no responde adecuadamente ante tanta presión. Igualmente si una chica cree que debe ser sumisa y receptiva y de repente toma la iniciativa con un chico, es posible que se sienta culpable e insegura por haberse fallado a sí misma y se considerará una mujer *fácil*, cosa que puede hacerle mucho daño.

¿Y cómo se educa a un hijo en cuanto a sexualidad se refiere? (Concha, Cuenca, 32 años.)

Hay que partir de que en la educación de un niño es tan importante lo que se dice o hace como lo que no. A veces, por querer ocultar cierta información que se cree inconveniente para él o ella, lo que se hace es dirigirle un mensaje de censura, que percibe perfectamente. Con respecto a la sexualidad, es importante adoptar una postura positiva, la sexualidad entendida como fuente de juego y placer, como un medio para que dos personas se amen y se comuniquen plenamente. Por tanto hay que tratar de evitar posturas cerradas que lleven al hijo o a la hija a sentirse inseguros y a alimentar miedos y temores que les pueden influir muy negativamente en su sexualidad posterior. Éstos son los aspectos básicos: como es lógico, la información que se le proporcione irá cambiando de acuerdo con su edad.

De 0 a 6 años

Tengo una hija pequeña y he observado que se frota los genitales contra un cojín. Estoy preocupada. ¿Es normal? (Agustina, Ceuta, 33 años.)

Esto suele ocurrir, y no supone ningún tipo de desviación, sino todo lo contrario. En esta edad, incluso antes, los niños descubren que frotar los genitales contra algo les produce agradables sensaciones y de manera instintiva y natural llevan a cabo estas conductas masturbatorias. La respuesta de los padres debe ser de aceptación, de no darle importancia y no reñirle por ello.

Al reñir estamos favoreciendo conductas en las que se asocia el tocar los genitales con algo malo y esto puede provocar sentimientos de frustración y culpabilidad. «Las experiencias sexuales en la infancia son adecuadas si las descubren por sí mismos y a través de iguales, que no tengan distorsiones como consecuencias de abusos[1].»

Mi hija a veces se mete cosas dentro de la vagina y mi mujer le pega en la mano para que no lo vuelva a hacer, ¿es esto correcto? (Antonio, Bilbao, 32 años.)

Antes de pegarle es mejor explicarle que no debe producirse daño físico y si se mete cosas en la vagina puede hacerse heridas que le pueden doler. Conviene decirle también que tocarse no es malo, pero sí introducirse cosas. Si se le pega un manotazo, sin más explicaciones, no entenderá el porqué y no servirá de nada el castigo.

Identidad sexual

Los niños empiezan a ser conscientes de su identidad sexual, y ya se identifican como pertenecientes a uno u otro sexo: «Los niños tienen pene y las niñas tienen vagina». Se comparan con sus padres o sus amigos y también con las personas del sexo contrario.

En esta etapa, el niño debe reconocer perfectamente su cuerpo y el del sexo contrario y llamar a todas las cosas por su nombre. Se debe fomentar la participación en tareas con el otro sexo.

¿Y si preguntan?

Los padres deben responder a todas las preguntas con veracidad y de forma natural. Puesto que a esta edad los niños viven en la fantasía, es conveniente explicar las cosas en su propio lenguaje, de manera que lo entiendan perfectamente.

1. Félix López, *Prevención de los abusos sexuales de menores y educación sexual*, Salamanca, Amarú, 1995.

De los 6 a los 12 años

A partir de este momento, las explicaciones deben ir siendo menos fantasiosas y más realistas, coincidiendo también con su propio desarrollo. También es el momento de dar explicaciones en torno a la homosexualidad, heterosexualidad y la masturbación. Los niños tienen que aprender que determinadas conductas no deben hacerse en público, por ejemplo, la masturbación.

Es necesario mantener una postura abierta que permita al niño saber que puede preguntar con libertad cualquier duda.

Abusos sexuales

En este momento es muy importante enseñarles a respetar el «no» que reciben de otras personas e igualmente deben aprender a decir «no» en situaciones en las que se sientan incómodos. Hay que abordar temas relacionados con el abuso sexual, dándoles pistas para que lo detecte y darle, también, plena confianza para que solicite ayuda inmediatamente si se produce cualquier tipo de abuso.

Pubertad-adolescencia

En estos momentos: ¿qué es importante?

El adolescente está atravesando una etapa de profundos cambios, que ni ellos mismos entienden. Es frecuente que a esta edad los chavales se distancien de sus padres, tratando de buscar su propia identidad. Aparecen las conductas de rebeldía y en ocasiones los padres *les dan por imposible* y terminan por cortar la comunicación con ellos.

Aunque a veces parezca desesperante hablar con ellos, no hay que abandonar. Aunque no lo parezca, en esta etapa necesitan a los padres más que nunca. Es el momento en el que aparecen los primeros flirteos sexuales, con el tabaco y también con las drogas. Por lo que los padres deben estar especialmente receptivos a cualquier pregunta o duda que sus hijos puedan tener. Sólo con una adecuada información se pueden enfrentar a determinadas situaciones, como, por ejemplo, decir que no a algunas drogas. Estar pendientes de sus grupos de amistades también es importante.

Sexualidad y embarazo

El adolescente tiene que aprender a distinguir entre lo que es la sexualidad enfocada a la procreación y una sexualidad independiente de ella, como mera fuente de placer y disfrute. Para ello es necesario hacer hincapié en la responsabilidad que supone tener relaciones sexuales e informarles acerca de todos los métodos anticonceptivos como prevención ante un embarazo no deseado.

ETS

También es importante informar acerca de este tipo de enfermedades, así como del sida, e inculcarles la suprema importancia que tiene el uso del preservativo para evitar contagios.

Yo tengo un hijo adolescente, pero realmente no se debe hablar a los jóvenes de sexo. ¿Hasta dónde debe saber? (M.ª Luisa, Tarragona, 35 años.)

Las dudas, el desconocimiento y los miedos que tienen los adolescentes son muchos. Hay que explicarles todos los mitos sexuales y tópicos que engañan y dan una visión sesgada de la sexualidad y además hay que darles información absolutamente verdadera. Los jóvenes necesitan recibir información sexual, es un período de profunda inseguridad e inestabilidad y no debemos dejar que su falsa seguridad o suficiencia nos engañen. Es cuando más apoyo necesitan.

Yo creo que hablar con la gente tan joven sobre sexo les anima a tener relaciones sexuales. (Lila, Madrid, 33 años.)

Esto no es cierto. La educación sexual lo único que hace es facilitar el acceso a la información para que el joven tenga claro en todo momento lo que va a hacer. Es difícil que una persona que no ha hecho nunca el amor, después de oír hablar de sexualidad se lance a tener relaciones sexuales, ya que esto depende de otros muchos factores como la relación afectiva que le une a su pareja y el sentirse o no preparado.

Es posible que si una persona que no se ha masturbado nunca y escucha que la masturbación no es algo malo, se lance a probarlo, pero en este caso la labor realizada ha sido plenamente positiva, ya que con la información se ha ayudado a una persona a no sentirse culpable y disfrutar de su propio cuerpo.

En resumen, con la educación sexual se pretende informar, de tal manera que cuando el adolescente tenga sus primeras experiencias sexuales sepa a qué atenerse, actuar con responsabilidad y cómo reaccionar ante determinadas situaciones que se le presenten.

¿Debe dejarse la educación sexual a cargo del colegio? (Moisés, Granada, 40 años.)

El niño vive gran parte de su vida en el colegio y todo lo que oiga de sus profesores será determinante. Podríamos decir que lo ideal sería recibir información de ambos ámbitos, por supuesto información que no sea contradictoria. Pregúntale cada día qué tal el colegio, qué ha aprendido nuevo. Así sabrás perfectamente cómo va su evolución. En esta fase hay que tratar de informar de todos los cambios fisiológicos y anatómicos que el chico va a sufrir. A veces cuesta mucho adaptarse a los cambios y son momentos en los que los padres deben mostrar una apertura total para resolver dudas. Los chicos prefieren recibir información de los amigos y esto a veces puede generar una mayor confusión.

De pequeña oía a mis padres hacer el amor e incluso una vez les sorprendí en plena faena. Ahora odio esa sensación. Jamás me explicaron nada y yo no sabía exactamente lo que ocurría ahí. Ahora me preocupa que cuando tenga hijos les ocurra algo parecido. ¿Qué debería decirle si alguna vez me pillaran? (Mara, Alicante, 24 años.)

A los niños les cuesta mucho entender qué es lo que está ocurriendo exactamente cuando escuchan a sus padres hacer el amor. Pueden saber qué es lo que hacen pero no entienden por qué de esa manera. Generalmente cuando un niño descubre a sus padres vive lo que ve como una acción violenta entre ambos. Puede percibir que *papá* esta haciendo daño a *mamá* y no entenderlo. Es difícil asociar los gritos y gemidos con algo amoroso o placentero y esto le confunde y le hace sentir incómodo. Si tu hijo te descubriera con tu pareja, lo mejor es explicarle con naturalidad qué es lo que está pasando: que los gritos no significan que estéis enfadados sino que cuando una persona se excita, se pone muy alegre y lo exterioriza emitiendo sonidos fuertes, etc. Conviene explicar qué significa el hecho de hacer el amor. Y a partir de ese momento deberéis cuidar de que las relaciones sexuales sean menos ruidosas, para no invadir la intimidad de los hijos y, por supuesto, realizarlas en momentos en que ellos no puedan estar pendientes, y con la puerta cerrada para que no os sorprendan.

¿En qué momento concreto se debe hablar de sexo? (Mónica, Madrid, 33 años.)

Como hemos visto, la sexualidad está presente en todo momento en la vida de una persona. Algunos padres son partidarios de coger a su hijo adolescente y explicarle de repente todo lo relacionado con el sexo, darle unos condones y se acabó. Pero con las hijas suele ser diferente, se tiende a protegerlas más y es la madre quien se ocupará de hablar con ella. Otros padres, sin embargo, prefieren hablar con sus hijos según les vayan surgiendo las dudas.

En realidad el momento adecuado para hablar es *siempre*. Si el hijo se siente acogido, preguntará a sus amigos pero también se acercará a los padres abiertamente. No se trata de dar una única charla sobre sexo sino estar dispuesto a escuchar en todo momento.

Importante

- En la edad adulta también existe la educación sexual y fundamentalmente está orientada a favorecer relaciones sexuales satisfactorias.
- En todas las etapas por las que pasan los hijos es muy importante fomentar el respeto hacia las personas del sexo contrario, hacia las personas con diferente orientación sexual y además hay que potenciar las relaciones afectivas por encima de todo, lo importante que es dar y recibir amor.
- Que los hijos sepan que pueden acudir a sus padres siempre que tengan problemas o dudas.

Noticias

Según los datos de un encuesta realizada el 27 de marzo del año 2000, más del 90% de los universitarios discrepa con sus padres en sexualidad. Acerca de los valores familiares y los estudiantes, más del 90% de los universitarios no coincide con sus padres en la forma de ver la sexualidad, y casi el 80% también discrepa sobre las opiniones políticas. Las universitarias son las que más coinciden con su familia en la forma de ver la sexualidad. Representan más en porcentaje los que afirman tener una relación muy mala.

Curiosidades

Aún existen muchos tabúes relacionados con el sexo; por ejemplo, entre los sambia del sureste de Nueva Guinea se permite a los niños jugar con las niñas hasta la edad de 4 o 5 años y de forma controlada. Después todo juego entre personas de distinto sexo es castigado severamente.

Suecia instituyó en 1942 la asignatura de educación sexual, con profesores voluntarios y, tres años después, como no se había extendido en todas las escuelas, se declaró asignatura obligatoria de los 7 a los 19 años. La enseñanza de la asignatura fue evolucionando de un enfoque demasiado científico a uno más emocional y social.

> El verdadero objeto de la educación, como el de cualquier otra disciplina moral, es engendrar la felicidad.
>
> William Goldwing

18

Agresiones sexuales

–No te atrevas a tocarme, puta asquerosa, ¿me oyes?

–Harlan, por favor, no.

–¡Que te calles, cállate de una vez, joder!

–No me hagas daño, por favor.

–Calla, zorra asquerosa.

[...]

–Déjala en paz, pedazo de mamón o reviento tu cara de cerdo encima de este coche.

–¡Maldita sea! Tranquila, sólo nos estábamos divirtiendo un poco.

–Me parece que tienes una idea muy rara de la diversión. Entérate: cuando una mujer grita así es que no se divierte nada.

Thelma y Louise

El cine, la televisión, los periódicos, en la calle o en la propia casa, la violencia y los abusos están a la orden del día. Cualquier persona puede convertirse en víctima, o en agresor. Los datos epidemiológicos cada vez son más preocupantes: más mujeres maltratadas a manos de sus maridos, más adolescentes violadas a manos de sus propios compañeros, mujeres y hombres acosados en el trabajo, adultos que abusan de niños inocentes... Vamos a hacer un repaso de algunas de las agresiones sexuales más frecuentes, para poder distinguirlas y, si es posible, tratar de evitarlas o, en su defecto, saber cómo actuar si nos encontramos frente a alguna de ellas.

Abusos sexuales

Definición de abuso sexual

Se considera como tal toda conducta en la que hay una presión o engaño hacia una persona menor de edad. Podríamos decir que en personas mayores de 17 años sería considerado como violación o acoso sexual. Estas prácticas se realizan desde una posición de poder sobre el niño, mediante engaños, halagos o amenazas. Es importante intervenir para que los niños puedan impedir los abusos o su repetición y si se producen que puedan comunicarlo sin miedo.

Prevención

Cómo prevenir los abusos sexuales. Cómo detectar que se están produciendo abusos sexuales.

Tipos de abusos: contexto social, familiar, escolar

Para calificar una conducta de abuso sexual hay que tener en cuenta dos factores: la coerción y la asimetría de edad[1], tanto si se dan por separado como juntas. El agresor suele tener entre 5 y 10 años más que la víctima. Esto significa que la coerción se refiere a la fuerza física.

¿Cómo son los agresores? (Patricia, Madrid, 30 años.)

Casi siempre son varones (en casi el 90% de los casos), aunque también se dan casos de mujeres (14%), de mediana edad, y suelen ser de 5 a 10 años mayores que la víctima. Además, pueden ser desconocidos o familiares.

Actualmente también se tienen que tener en cuenta las agresiones sexuales llevadas a cabo por adolescentes.

1. Féliz López, ibíd.

En términos generales, se producen más abusos en las zonas urbanas que en las rurales (Salter, 1992).

¿Cuáles son las estrategias que utiliza una persona para cometer los abusos?

En general, usar la violencia física es poco habitual por parte de los agresores, utilizan armas como las siguientes:

- Engaño o halagos, aprovechando situaciones de confianza, como puede ocurrir con familiares, amigos...
- Amenazar a la víctima para que no diga nada.
- Prometer premios.
- Aprovechar momentos en los que hay cierta confusión por parte de la persona que es agredida, por ejemplo: intentar consolar a una amiga y usar ciertas caricias, etc.

¿Qué edades suelen tener las víctimas de abusos sexuales? (Rafael, Barcelona, 33 años.)

La niñez y la pubertad son los momentos en los que los chicos son más vulnerables y están más expuestos a este tipo de conductas. Además, en el caso de los niños el agresor juega a menudo con cierta ventaja, ya que en muchos casos no llega a recordar lo que ha ocurrido.

Existen muchos casos de abusos que no son contados a nadie por temor a la reacción que esta confesión pueda acarrear. Se suele comunicar, en primer lugar, a un amigo o amiga[1]; en segundo lugar, a la madre, y en tercer lugar a otro familiar.

1. Félix López y Amaia del Campo, *Prevención de abusos sexuales a menores: guía para padres y educadores*, Salamanca, Amarú, 1999.
Félix López y Ángel Oroz, *Para comprender la vida sexual del adolescente*, Estella, Verbo Divino, 1999.

Efectos de los abusos

Pueden ser muy variables, desde no recordarlos, si ocurrieron a edades muy tempranas, o ignorarlos, como si nada hubiera pasado, además de vergüenza, desconfianza, hostilidad, hasta desarrollar un absoluto rechazo hacia todos los hombres, incluida la pareja.

¿Pueden dejar secuelas los abusos sexuales? (Clara, Mallorca, 22 años.)

Sí, por supuesto, y la mejor manera de evitar que el niño o la niña desarrolle problemas es ofreciéndole la ayuda de un profesional, que tratará de ayudarle a comprender todo lo que ha ocurrido y que no es culpable. Puede ayudarle a recobrar su autoestima y también ayudará a los padres para que apoyen a su hijo y le ayuden a superar el trauma.

¿Cómo puedo yo saber que mi hijo puede estar sufriendo abusos? (Carlos, Pontevedra, 29 años.)

Existen algunas pistas que pueden ayudarte a descubrir si está siendo víctima de agresiones sexuales:

- Un cambio brusco de carácter.
- Problemas con la comida.
- Si se muestra desconfiado o tiene cierta conducta antisocial.
- Si le notas deprimido, con problemas de sueño o baja autoestima.
- Si tiene dolores al sentarse o al andar, o alguna infección urinaria.
- Miedo a los hombres o a una persona en concreto.
- Problemas en el colegio como falta de concentración, malas notas...

Los profesores, por supuesto, también deben estar atentos a todos estos síntomas y comunicárselos a los padres inmediatamente.

Yo he sufrido abusos sexuales por parte de un familiar de mi padre, y no sé qué hacer. Mi padre no me creerá si se lo digo, y si me cree pensará que es por mi culpa. (Marta, León, 13 años.)

Díselo inmediatamente a cualquier persona de tu confianza, sobre todo a tus padres, aunque tú pienses que no te van a creer. Tú no tienes la culpa de lo que te ha ocurrido, no lo olvides. Si quieres pedir ayuda antes de hablar con tus padres, ponte en contacto con alguna asociación que te pueda ayudar. Recuerda que cuanto antes se lo digas a tus padres, mucho antes lo superarás y además estarás evitando que haga daño a otras personas como tú.

Cómo reaccionar

Si de repente descubrimos que alguien abusa de nuestro hijo, ¿cómo deberíamos reaccionar? (Leo, Málaga, 34 años.)

Los padres, en casa, han de crear un clima de confianza para sus hijos, donde ellos sepan que pueden hablar sin miedo. Hay una serie de factores, importantísimos, a tener en cuenta cuando el niño o la niña decide decir lo que está pasando:

- Creer al niño, diga lo que diga. En estos casos los niños no suelen mentir.
- Tranquilizarle y no alarmarse. Sobre todo que no note tu preocupación.
- Dejar que exprese sus sentimientos.
- Dejarle claro que no tiene la culpa y que estás muy orgulloso de que te haya contado todo esto, que gracias a eso haréis frente al problema. Explícale qué vas a hacer a partir de este momento.

- Dale seguridad, dile que no le va a pasar nada y que tú estás para protegerle de todo lo malo que le pueda ocurrir.

Es importante llevarle a que le hagan un examen médico, ya que es posible que si el abuso es frecuente se encuentren síntomas físicos como desgarros vaginales o anales. A continuación debéis pedir ayuda inmediatamente. Nunca debes culparle o poner en duda su información, aunque creas que es imposible que eso haya ocurrido.

Tampoco debes cambiar tu actitud con respecto a él o a ella: puedes seguir acariciándole como hasta ahora y necesitará más que nunca tus abrazos y cuidados. Si es una chica adolescente, tiene que seguir saliendo y hacer su vida normal: ofrecerle apoyo no es encerrarla en casa para que «no sufra ningún daño más». Por supuesto jamás se debe culpar al hijo del abuso; muchos padres tienden a pensar que éste ha tenido que hacer algo para desencadenar esta conducta, cosa que es absolutamente falsa.

Cómo evitar el abuso sexual

La mejor manera de evitarlo es favoreciendo la comunicación y la educación sexual en los niños.

- Hablad con vuestros hijos todos los días y enseñadles a compartir con vosotros todas sus inquietudes y problemas.
- Tratad de estar informados acerca de sus amistades y de las personas mayores que les rodean.
- Si el niño dice que no quiere estar con alguien en concreto, aunque sea un familiar muy cercano, conviene preguntarle el por qué y estar atentos a lo que ocurre en esa relación
- Respetad sus secretos. Si sienten que no tienen intimidad, se encerrarán en sí mismos.

- Hacer caso hasta de los más pequeños problemas que cuentan.
- Si vais a salir, dejad a los niños con alguien de confianza.
- Es importante que sepan decir «no» cuando algo no les guste.

¿También se puede considerar como abuso la pornografía infantil? (Tino, Murcia, 21 años.)

Por supuesto que sí, y también obligar a los niños a ver relaciones sexuales de otras personas u obligarles a ver pornografía. Igualmente es un abuso sexual el promover la prostitución infantil.

Sabías que...

Beethoven sufrió malos tratos por parte de su padre, que le pegaba para que practicara su música. También se piensa que fue víctima de abusos sexuales. Hay quien dice que su música expresa rabia por los malos tratos de que fue víctima.

Tanto Michael Jackson como todos sus hermanos sufrieron abusos sexuales por parte de su padre.

La reina Isabel I de Inglaterra sufrió los abusos sexuales de su padre, Robert Seymour, desde los 14 hasta los 16 años.

Ofensas sexuales

Son todo tipo de conductas que van en contra de la libertad de una persona.

Exhibicionismo

Obtención de excitación enseñando los genitales a alguien desconocido, sin su consentimiento.

Si alguna vez te ocurre, aléjate del lugar y no muestres sorpresa: tu sorpresa y desconcierto es, precisamente, lo que busca el exhibicionista. Si tienes oportunidad, avisa a la policía. Normalmente eligen los mismos sitios y horas del día parecidas, por lo que no suele ser difícil detenerlos. Es recomendable que no vayas por caminos oscuros y sola.

Sabías que...

Desde 1996 el nuevo Código Penal no recoge el delito de escándalo público, pero sí el de exhibicionismo y provocación sexual, que puede penar a las personas que intencionadamente realicen actos obscenos o sexuales.

Acoso sexual

En uno de los diálogos de la película *Acoso* se hace referencia al concepto de acoso como una conducta relacionada con el poder, y esto es completamente cierto: es una conducta de abuso de poder que se sirve del sexo como mecanismo de control. Piropos ofensivos, comentarios de tipo sexual, presión para ir a cenar, toqueteos, pellizcos, sujetar por la cintura o incluso obligar al acto sexual son algunas de las conductas que constituyen lo que se define como acoso sexual. Generalmente los agresores suelen ser personas del mismo trabajo, con un cargo superior en el mismo, que amenazan implícita o explícitamente a la víctima.

¿Qué se debe hacer en estos casos?

Cortar, en la medida de lo posible, de raíz, las primeras insinuaciones. Contar a alguien de confianza lo que está pasando y denunciar el caso lo antes posible. Si tus compañeros eran conscientes de lo que estaba ocurriendo, podrán dar cuenta de ello y apoyarán tu denuncia.

Estadísticas

Según un estudio de la Unión General de Trabajadores (UGT), en España el 84% de las mujeres trabajadoras sufre acoso.

Se calcula que en Estados Unidos cada 45 segundos una mujer es acosada sexualmente por el hombre.

Sabías que...

Se ha demostrado que el acoso sexual, aunque lo sufren las mujeres en su mayoría, también lo sufren entre un 15% y un 30% de hombres.

El Código Penal español, en su artículo 185, contempla los delitos contra la libertad sexual, sin distinguir el sexo del acosado ni del acosador: «El que solicitare favores de naturaleza sexual para sí o para un tercero prevaliéndose de una situación de superioridad laboral, docente o análoga...».

Ablación de clítoris

Se trata de la extirpación del clítoris mediante instrumentos rudimentarios, sin ningún tipo de garantía higiénica. A esta operación se la denomina clitoridectomía. Por otra parte la infibulación consiste en coser los labios mayores y menores de la vulva con materiales como fibras vegetales, alambre, hilo de pescar...

En África la circuncisión femenina es un ritual. Millones de mujeres de diferentes culturas han sido sometidas a la clitoridectomía e infibulación.

La consecuencia de todo esto son infecciones y hemorragias que a veces acaban en la muerte, la incapacitación para obtener orgasmos en las relaciones sexuales, y además una manera peculiar de andar, debido a la retracción defectuosa de la piel. La mujer que no haya sido mutilada no se puede casar y muchas mujeres lo entienden como una vía lógica de ser aceptadas en sociedad.

Este tipo de prácticas constituye una salvaje violación de los derechos humanos; por ello existen ONG que tienen como prioridad defender los derechos de estas mujeres y luchan por que se erradiquen por completo estas terribles mutilaciones.

Sabías que...

Cada minuto cuatro niñas menores de 15 años son circuncidadas.

Existe una pena de 6 a 12 años de prisión para aquellas personas que lo practiquen.

Noticias

Modelos contra la ablación de clítoris. La *top-model* somalí Waris Dirie ha protagonizado una campaña publicitaria en la televisión italiana que pretende llamar la atención sobre la mutilación sexual femenina y la infibulación a las que son sometidas cada año dos millones de jóvenes africanas. En esta campaña participan otros famosos como Geri Halliwell en el Reino Unido y la actriz Linda Gray, que hizo el papel de Sue Ellen en la serie *Dallas*, entre otros.

Violencia doméstica

Muchas mujeres son maltratadas por sus maridos, que también las fuerzan en las relaciones sexuales.

¿Cómo son los agresores?

- Utilizan la violencia para doblegar la voluntad de la víctima.
- No suelen ser personas violentas con otros, solamente en la clandestinidad del hogar.
- No son enfermos mentales.
- Critican constantemente para crear inseguridad y dependencia por parte de su pareja.
- No consideran el problema como propio, no asumen sus responsabilidades: atribuyen el problema al trabajo, a la familia, a la propia víctima...
- Siempre piden «una segunda oportunidad».

Vivo con mi pareja y sufro malos tratos. Al principio él no era así, pero ahora cada vez que hablo por teléfono, o cada vez que quiero salir, me pega y además me obliga a mantener relaciones sexuales cuando no quiero. No se lo he dicho a nadie todavía y es que espero que vuelva a ser el de antes, ¿qué puedo hacer? (Clara, Menorca, 19 años.)

La mujer maltratada se siente constantemente humillada y su autoestima se destruye por completo. Llega un momento en que empieza a aceptar la crítica y la violencia como un castigo por lo que hace. No dejes que esto te ocurra. Hazte a la idea de que tu pareja no va a cambiar, no necesita tiempo, el tiempo sólo va a ayudar a agravar el problema, ya que cada día se volverá más violento y posesivo.

En primer lugar, trata de hablar con alguien sobre esto, y esto incluye a tu familia, y busca un sitio donde te puedas refugiar temporalmente: tienes que abandonar tu casa. Se necesita mucho valor para dar este paso, por eso es importante que lo compartas con alguien y no hacerlo tú sola. Denuncia el caso y huye inmediatamente. Recuerda que tú no tienes la culpa de su actitud, y tienes todo el derecho a vivir tu sexualidad y tu vida de una manera absolutamente libre y sana.

Estadísticas

Denuncias por malos tratos. (Datos del Ministerio del Interior, 1999.)

Total: 5.914 casos
Agresión: 2.581
Agresión con penetración: 1.082
Abuso: 1.727
Abuso con penetración: 162
Acoso: 362

Personas muertas a manos de su cónyuge. (Datos del Ministerio del Interior, 2000.)

Total: 48
Mujeres: 42
Hombres: 6

Violación

La definición de violación varía de un país a otro y es difícil hacerlo con exactitud. Podríamos decir, en términos generales, que violación es cualquier agresión sexual a una persona, sin su consentimiento, en la que haya penetración del pene en la vagina, en el ano o en la boca.

Todas las personas pueden ser víctimas de una violación, a cualquier hora del día. En general, no puede establecerse un perfil de violador típico ya que puede ser tanto rico como pobre, casado o soltero, estudiante o con un trabajo, con antecedentes penales o sin ellos, con un pareja perfectamente normal, provenientes de familias unidas o rotas... En fin, que no tiene unas características propias.

Lo que sí parece es que no ha recibido una correcta educación sexual y suele tener puntos de vista muy tradicionales sobre las relaciones de pareja.

¿Qué debería hacer si una persona me va a violar? ¿Cómo debo reaccionar? (María, Las Palmas, 25 años.)

Ante todo, si te encuentras en una situación así, lo primero es mantener la calma. Piensa en tu situación: ¿hay gente cerca que pueda oírte si gritas?, ¿puedes huir con facilidad?, ¿podrás resistirte o no? Considera las opciones que tienes. Veamos algunas más:

- Niégate con firmeza y levanta la voz, dile cosas como «¡déjame en paz!, «¡me estás obligando!», quizá le hagan desistir.
- Convéncele. Dile que confías en él, que sea consciente de lo que está haciendo, dile que te está haciendo daño.
- Engáñale. Dile que estás esperando a alguien, que tienes una enfermedad de transmisión sexual, que te encuentras mal porque te va a bajar la regla, que ya lo haréis en otra ocasión.
- Huye, trata de buscar salidas e intenta ganarte su confianza para que baje la guardia. Dile que necesitas hacer pis y corre lo más rápido posible.
- Pide ayuda a gritos, si puedes llama por teléfono.
- Luchar: en este caso tienes que valorar muy bien si puedes luchar contra él. Por supuesto, si te amenaza con un arma, ni lo intentes y si no la tiene piensa que es mucho más fuerte que tú y puede hacerte daño.

Si no te puedes resistir de ninguna manera, la única recomendación es terminar cuanto antes y estar muy atenta a todos los detalles para poder denunciarle. Generalmente, el violador, una vez que termina, deja en paz a su víctima, así que sal deprisa de allí y busca ayuda médica enseguida.

Sabías que...

En todas las guerras de este siglo se ha violado a las mujeres del bando enemigo como muestra de poder y de conquista de los territorios.

La ley británica sobre delitos sexuales no contempla la posibilidad de que un hombre pueda ser objeto de violación.

Más del 80% de los presos que han sufrido agresiones sexuales padecen después problemas.

Las concubinas no tenían la misma consideración que las hetairas, ni el rango social de las esposas y en su mayor parte terminaban siendo vendidas a los burdeles cuando sus amos se cansaban de ellas.

Estadísticas

Un millón de niñas y miles de niños son obligados a prostituirse cada año. Según la ONU, que califica de «moderna forma de esclavitud» este hecho, la prostitución de menores ha aumentado en áreas turísticas, fronterizas y portuarias de Centroamérica y el Caribe, donde cientos de miles de niñas son víctimas. El miedo al sida, la novedad o ilusión de juventud y la presión legal en el primer mundo han hecho crecer un turismo sexual que abusa de la infancia en el tercer mundo.

> Dad palabra al dolor: el dolor que no habla gime en el corazón hasta que lo rompe.
>
> William Shakespeare

19

La sexualidad en las personas mayores

–Y tú, ¿qué planes tienes?
–Me llevarás a cenar, ¿no?
–Sí, claro, por supuesto. Aunque no podremos acostarnos.
–¿Por qué?
–Esta noche no. Porque hoy ya me he acostado con Helen Moss y ya no soy tan joven como antes.
–Eres capaz de todo por coger a un asesino...

Misterioso asesinato en Manhattan

¿Quién pensaba que nuestros abuelos no se besaban ni se amaban? La sexualidad, alcanzada cierta edad, se vive de manera diferente, pero se vive. Dar y recibir amor no tiene edad: igual que una chica de 12 años puede sentirse completamente enamorada por primera vez, una persona de 70 años puede sentir la plenitud de sus relaciones afectivas y sexuales. ¿Por qué no? Por supuesto, los cambios que vienen con la edad modifican la vivencia del sexo, pero no la tienen por qué eliminar.

Cambios que se producen en la mujer

Desde el punto de vista fisiológico, el envejecimiento sexual se empieza a producir a partir de los 30-35 años y sigue un proceso lento, dependiendo de cada persona. La menopausia y el climaterio marcarán sus actividades sexuales.

¿Es lo mismo climaterio que menopausia? (Mónica, A Coruña, 29 años.)

No. La menopausia es el cese de la menstruación. Por regla general esto no ocurre de golpe sino de manera paulatina, y es el momento en el que se pasa de la edad reproductora a la edad avanzada, que es el climaterio. Es decir, que la menopausia está dentro del climaterio. La edad de inicio del climaterio es en torno a los 40 años y el fin es en torno a los 65, a partir de los cuales hablamos ya de vejez. El climaterio tiene tres fases:

- Premenopausia. Período que corresponde a la máxima fertilidad de la mujer y que dura aproximadamente hasta los primeros síntomas de la perimenopausia. Otros autores dicen que comienza en torno a los 40 años y dura de tres a cinco años.
- Perimenopausia. Dura entre uno y dos años y se sitúa inmediatamente antes y después de la menopausia. Empiezan las alteraciones del ciclo menstrual de la mujer, irregularidades, ciclos anovulatorios... hasta alcanzar la menopausia.
- Posmenopausia. Tras la menopausia y hasta que llega la vejez.

Por tanto, podemos decir que el climaterio es la antesala de la senectud o vejez.

¿Es posible tener la menopausia antes de tiempo, antes de los 40? Es que a mí me está pasando algo parecido. (Ana, Barcelona, 39 años.)

Sí, y esto se denomina menopausia precoz cuando ocurre antes de los 40 (entre el 1 y el 3% de las mujeres sufren menopausia precoz). En estos casos las menopausia supone mayor riesgo para la mujer puesto que está expuesta durante más tiempo a la falta de hormonas, lo que puede repercutir en fracturas óseas, problemas cardiovasculares, etc. En cualquier caso, tu médico te dirá el tratamiento que debes llevar.

Por el contrario, cuando la menopausia se inicia a partir de los 55 años, hablamos de *menopausia tardía* y ésta puede conllevar riesgos relacionados con el cáncer de mama y endometrio debido a la mayor exposición a los estrógenos.

Menopausia

¿Qué es la menopausia? ¿Por qué nos ocurre? (Miriam, Zaragoza, 30 años.)

Es el cese permanente de la regla, es la pérdida definitiva de la capacidad de una mujer para tener hijos. La menopausia se produce por una pérdida progresiva de la respuesta de los ovarios a las hormonas. Esta pérdida provoca una disminución de estrógenos, y esta disminución produce una serie de cambios.

¿Qué pasa en la menopausia, cuáles son los cambios que se van a producir en mi cuerpo? (Alejandra, Madrid, 36 años.)

Como hemos dicho, el descenso de estrógenos llevará a estos cambios físicos:

- La capa de células de la mucosa vaginal disminuye y debido a que la capa muscular pierde elasticidad, se estrecha y se hace más corta.
- Disminuyen las terminaciones nerviosas, de manera que la vagina pierde algo de sensibilidad.
- El peso de los ovarios comienza a disminuir, también el útero disminuye de tamaño y sus paredes se vuelven más delgadas.
- El endometrio, a medida que los estrógenos desaparecen, adelgaza y se atrofia hasta quedar en reposo.
- Disminuye la cantidad del vello púbico.

- Los labios mayores y menores pierden turgencia y las glándulas de Bartolino lubrican menos.
- Falta de lubricación, lo que favorece las relaciones sexuales dolorosas.
- Aparición de sofocos y molestias en las relaciones coitales.

Últimamente tengo problemas en las relaciones sexuales con mi pareja porque me duele al hacerlo y, por tanto, no tengo ganas de intentarlo, ¿puede ser porque estoy empezando con la menopausia? (Sole, Granada, 52 años.)

Sí, es posible. El dolor en la penetración aparece como consecuencia de la sequedad, acortamiento y pérdida de elasticidad de la vagina. Para evitarlo, en la medida de lo posible, conviene que utilicéis una crema lubricante y que aumentéis el tiempo de las caricias previas al coito, para favorecer una buena excitación.

Además de esto es posible que sufras pérdida de apetito sexual, precisamente porque las relaciones son dolorosas. En cualquier caso, lo más recomendable es que hables mucho con tu pareja y afrontéis juntos el problema, recuerda que los cambios del hombre a esta edad también son significativos. Si estás empezando, como dices, conviene que consultes a tu médico. Generalmente la terapia hormonal sustitutiva soluciona muchos problemas.

Tengo muchos cambios de humor, me siento triste y agobiada a la vez, pero luego se me pasa y me siento bien. Sé que no se acaba mi vida sexual pero parece como si algo me cambiara. Tengo miedo a sentir dolor al hacer el amor, a no gustarle a mi pareja... ¿Cómo debería tomármelo? (Carmen, Murcia, 53 años.)

Es que un profundo cambio se está produciendo en tu cuerpo y no puede pasar inadvertido, pero trata de pensar que es un período natural en la vida de una mujer. Efectivamente, los cambios pueden tener una repercusión directa en la sexualidad de la mujer, pero si no se aceptan como algo natural, es muy posible que aparezcan el rechazo y las depresiones, afectando muy de veras a la sexualidad de ambos miembros de la pareja.

Piensa que algunas mujeres no sólo no sufren dolores, sino que la desaparición del miedo al embarazo, unido a los cambios de la pareja, que también necesita más tiempo de estímulos para eyacular, pueden ser factores que jueguen a favor de ambos. Trata de animarte.

El orgasmo

La mujer mantiene la capacidad multiorgásmica pero le ocurre como al hombre, que las contracciones que desencadenan el orgasmo son menos intensas y duraderas.

Cambios del hombre en relación con la edad

Los hombres, sin embargo, aunque también sufren cambios, no se pueden equiparar a los de la mujer. Para empezar, él no pierde la capacidad reproductora; recordemos por ejemplo a Charles Chaplin, que tuvo un hijo a los 70 años. Podríamos decir que el climaterio del hombre, aunque no tiene un equivalente a la menopausia femenina, es la *andropausia*.

Salgo con un hombre mayor que yo y me gustaría saber qué cambia a medida que se hace mayor un hombre. (Silvia, Barcelona, 29 años.)

- En general, necesitará más tiempo para excitarse y para alcanzar una erección, además el período refractario se alarga y le cuesta mucho más tener otra erección.

- El tamaño y firmeza de los testículos disminuye. Los túbulos seminíferos se engrosan y disminuyen por lo que baja la producción de espermatozoides.
- La próstata se atrofia: las contracciones de los músculos que la rodean se debilitan; por tanto, la fuerza de la eyaculación es menor y también disminuye la cantidad de líquido seminal, aunque se adquiere mucho más control de la eyaculación.
- Ya no alcanzan erecciones mediante fantasías sexuales, necesitan estimulación directa en el pene y durante más tiempo para conseguir una erección.
- Tanto la turgencia del pene como el ángulo de erección disminuyen.

Más cambios...

El hombre, a partir de los 30 años, no es que pierda interés por el sexo, sino que este interés es diferente. Ya no es tan apremiante como lo era en la adolescencia o juventud, aunque también es cierto que la confianza y conocimiento de la pareja son plenos y desaparecen los miedos que antes se pudieran tener. Eso, lógicamente, aumenta la intimidad y compenetración. Es importante aprovechar estos cambios y ponerlos a tu favor. Es importante que el hombre vea la sexualidad de una manera diferente, no tan centrada en el coito, sino más en la comunicación con su pareja y en la focalización del placer en otras zonas, repartidas por todo el cuerpo. Se le dan más importancia a las caricias, a la calidad de las relaciones sexuales y no a la cantidad.

¿Puede disminuir el deseo en relación con la edad? (Joaquín, Castellón, 40 años.)

Sí, tanto en el hombre como en la mujer se puede deber a carencias hormonales o también a factores psicológicos y sociales. El no aceptar los propios cambios y verse a sí mismo como diferente puede influir muy negativamente.

El orgasmo

El hombre eyacula menos cantidad y disminuyen tanto las contracciones como la intensidad de éstas. El orgasmo tarda más en llegar y dura menos, además la sensación orgásmica ya no está tan localizada en los genitales, sino que se siente en casi todo el cuerpo.

Muchos hombres viven estos cambios de manera muy positiva y esto les permite un mayor acercamiento a su pareja, más intimidad. El hombre necesitará más tiempo después de una relación sexual para poder efectuar otra, pero recordemos que tanto la capacidad de acariciar y ser acariciado como el deseo no se tienen por qué ver afectados.

Cambios en la vejez

Generalmente se nos hace difícil creer que nuestros abuelos, incluso nuestros padres, puedan hacer el amor con cierta frecuencia. Todas las personas, incluso mayores, sienten cierta necesidad de sexo. Es cierto que los ancianos son menos activos sexualmente, pero el interés no desaparece: si la pareja ha sido siempre sexualmente activa, es probable que sigan manteniendo cierta actividad sexual.

¿Qué pasa con el deseo?

El deseo no desaparece. Efectivamente, junto con las dificultades que un hombre puede encontrar a la hora de alcanzar o mantener una erección, es posibile que se produzca una disminución del deseo, pero no una total eliminación de éste. ¡Existen personas que hasta los 90 años pueden alcanzar orgasmos!

También es cierto que muchas personas mayores no disfrutan del sexo porque no les apetece, y sin embargo esto no supone ningún trauma para ellos. Por otra parte, se sienten plenamente satisfechos compartiendo otros muchos valores con su pareja: intimidad, afecto... Nuestra sexualidad nunca muere, pero no hay que olvidar que cada persona tiene su mundo privado y vive su sexualidad como quiere.

Conclusión

La actividad sexual con la pareja proporciona bienestar y mantiene el vigor físico. Además ayuda a la armonía del cuerpo y la mente. Uno de los factores más importantes con respecto a cómo vemos la sexualidad en los mayores es el de respeto y tolerancia hacia ellos y sus manifestaciones de afecto. Respetemos al máximo su intimidad y su derecho a elegir libremente.

> Poca gente domina el arte de saber envejecer.
>
> ROCHEFOUCAULD

20

Disfunciones sexuales: cuando algo no marcha bien

–Ibas a decirme algo personal. Quiero que sea algo muy personal, como lo que yo te he dicho.

–Está bien, de acuerdo. Soy impotente.

–¿Que eres qué?

–Impotente. Quiero decir que no puedo tener una erección delante de otras personas, así que en la práctica soy impotente.

–¿Y eso te preocupa?

–No

Sexo, mentiras y cintas de vídeo

A continuación vamos a ver una serie de problemas que se pueden presentar a la hora de mantener relaciones sexuales. Hablaremos del vaginismo, la impotencia, la eyaculación precoz, la anorgasmia, la disminución del deseo sexual...

En términos generales, cuando se presenta uno de estos problemas por primera vez, no hay que desesperar, sino tratar de solucionarlo con la pareja lo antes posible. Lo que hace que algunos de ellos se agraven considerablemente es el no comunicarse con la pareja y darle excesiva importancia. Con una buena educación sexual y unas pautas básicas la mayoría de ellos tienen solución.

Vaginismo

No puedo lograr hacerlo con mi novio porque me duele mucho al intentarlo, ¿qué me pasa?, ¿puede ser vaginismo? ¿Qué es exactamente el vaginismo? (Lara, Valencia, 14 años.)

Puede serlo. El vaginismo es una contracción instintiva de los músculos de la zona de la vagina, que cierra el orificio vaginal impidiendo la penetración. El vaginismo a veces es fruto del miedo al coito, al embarazo, o simplemente se presenta en las primeras relaciones coitales por puro desconocimiento de lo que va a ocurrir.

¿Cómo saber que es vaginismo y no otra cosa más seria? (Teresa, Madrid, 16 años.)

Antes de hacer un diagnóstico de vaginismo, es necesaria una exploración de la pelvis por parte de un ginecólogo. Si no puedes lograr la penetración, el primer paso es ir al ginecólogo.

¿Tener vaginismo es lo mismo que ser frígida? (Paco, Vigo, 19 años.)

En absoluto, en términos generales, una mujer frígida es aquella que no siente deseo sexual alguno (aunque la palabra frígida no debe utilizarse como insulto), cosa que no ocurre en el caso de las mujeres que tienen vaginismo, ya que su deseo sexual es pleno, se excita con los juegos previos y disfruta del sexo, llegando incluso a alcanzar orgasmos con normalidad. Lo único que ocurre es el temor a la penetración.

Por otra parte es lógico que si, al cabo de un tiempo, no se logra consumar el coito, aparezcan la desilusión y el cansancio y las relaciones sexuales también se vean afectadas. Es posible que la chica tenga menos ganas de hacer el amor.

¿Se puede saber de alguna manera si vas a tener vaginismo en un futuro? Lo digo para tratar de evitarlo. (Carmela, Toledo, 22 años.)

No es fácil saber lo que te ocurrirá en tus relaciones sexuales, pero algunas pistas como éstas pueden ayudarte a solucionar el problema antes de que se presente:

- Si no te puedes introducir un tampón en la vagina cuando tienes la regla. Recuerda que para lograrlo la relajación es muy importante: lee bien las instrucciones y adopta una postura cómoda. Inténtalo cada vez que tengas la regla, hasta que lo consigas. NO te hagas daño. Para relajarte puedes tararear una canción mientras intentas la introducción, distraerá tu pensamiento.
- Si pasas un dedo o la mano por la entrada de la vagina y se contrae. Obsérvalo con un espejo. Trata de aproximar los dedos cada día, hasta que vayas perdiendo el miedo y la contracción no aparezca.
- Si tu chico te toca la vulva y la vagina se contrae. Deberéis fomentar las caricias por esa zona, hasta que pierdas el miedo.

¿Por qué se produce el vaginismo?, ¿tiene cura? (Amaya, Asturias, 20 años.)

El problema del vaginismo casi siempre tiene un origen psicológico y en general se suele solucionar con éxito. Es posible que la mujer que lo sufre haya asociado alguna experiencia dolorosa a alguna relación sexual que haya vivido, o también es posible, como en la mayoría de las disfunciones sexuales, que haya recibido una educación sexual muy restrictiva en la que se culpabilicen las relaciones sexuales: la chica, al pensar que está haciendo algo malo, contrae tanto la vagina que impide la relación sexual.

Imagina a una niña que se está tocando la vagina y su madre o su padre le pegan un manotazo cada vez que lo hace. Es probable que se quede el reflejo aprendido de tensión cada vez que se toque la zona.

Por otra parte existen otras causas como una violación o abusos sexuales, problemas con la pareja o cierto rechazo de ésta, miedo a la relación sexual, al embarazo...

Curación del vaginismo

¿Cómo se consigue curar el vaginismo? (Juan, Alicante, 25 años.)

Masters y Johnson, ginecólogo y psicóloga, elaboraron un minucioso plan para educar y enseñar a disfrutar de las relaciones, mostrando el funcionamiento sexual normal de una persona y derribando aquellos comportamientos aprendidos que tanto daño hacen al disfrute pleno de la sexualidad. Para ello y para abordar todas las disfunciones sexuales elaboraron un plan general de intervención acompañado de uno diseñado específicamente para cada disfunción.

Primero se realiza la fase de diagnóstico, que es básica para ponerle nombre a un determinado problema, para delimitarlo y, segundo, la fase que ellos llamaron «focalización sensorial» y que es imprescindible en todas las disfunciones de las que hablemos. Por eso cuando comentemos algún plan de tratamiento, antes de llegar a él, es importante pasar por esta fase. Veamos en qué consiste:

El objetivo es conocer plenamente el cuerpo de la pareja, todos sus rincones y la respuesta de él o ella a la estimulación de ciertas zonas. Igual de importante es llegar a una plena comunicación en la pareja para poder conocer y abordar los problemas. Éste parece un paso fácil, pero la mayoría de las parejas tienen serios problemas para hablar de lo que les gusta y lo que no desean, por simple timidez o vergüenza.

¿En qué consiste la focalización sensorial?

Para llevar a cabo esta focalización es necesario escoger un momento de tranquilidad en el que no haya nadie alrededor que pueda molestar y ambos estéis relajados. Entonces os desnudáis y os comenzáis a acariciar por todo el cuerpo, primero uno y luego el otro. Siempre procurando tocar zonas que tu pareja desea. El objetivo no es excitar a la pareja sino conocer el propio cuerpo. La consigna es NO acariciar ni los genitales ni, en el caso de la mujer, los pechos.

Después de unos días se pueden empezar a acariciar los genitales y pechos pero no con la pretensión de excitar sexualmente sino de conocer y disfrutar del propio cuerpo y del de la pareja. Después se pasa a los programas específicos elaborados para cada disfunción concreta.

¿En qué consiste el tratamiento?

En primer lugar, lo que se pretende es que la mujer conozca perfectamente cómo son sus genitales. Para ello recurrirá al espejo del que antes hablábamos y aprenderá a reconocer su vulva. Después conviene llevar a cabo un entrenamiento para aprender a relajar los músculos que rodean la vagina[1] mediante los ejercicios de Kegel: se trata de tensar con fuerza estos músculos y luego dejar que se relajen. Cuando esta técnica se domina hay que empezar a estimular la zona de la vagina, primero tocando suavemente la parte externa de la vagina, hasta que aparezca la contracción. Este ejercicio hay que repetirlo hasta que el reflejo de contracción desaparezca.

1. Masters y Johnson, *La sexualidad humana*, Barcelona, Grijalbo, 1970.

Después se hace lo mismo introduciendo un dedo en la vagina, y luego dos, poco a poco hasta que no haya contracciones. Es muy conveniente empezar a introducir tampones en los días que se tiene la regla y tenerlo puesto durante un tiempo para acostumbrarse. Una vez pasada esta etapa se deben repetir estos mismos pasos con tu chico, hasta que te sientas segura para intentar una introducción del pene en la vagina.

Anorgasmia

Es la dificultad para obtener orgasmos. Es uno de los trastornos más frecuentes en la mujer. Hay distintos tipos de anorgasmia:

- Primaria: cuando la mujer nunca ha logrado alcanzar un orgasmo.
- Secundaria: se han conseguido orgasmos alguna vez pero ahora no se alcanzan.
- Situacional: en algunos momentos sí se logra alcanzar pero en otros no, por ejemplo: durante el coito no pero sí con la estimulación manual o bucogenital, etc.

No alcanzo el orgasmo sólo con la penetración. ¿Qué me pasa? (Sonia, Madrid, 20 años.)

Nada que no se pueda arreglar. Es un tipo de anorgasmia situacional y se da en la mayoría de las mujeres. No se puede considerar una disfunción, ya que sólo la estimulación vaginal contribuye poco a desencadenar el orgasmo. La mayoría de las mujeres necesitan caricias y presión en el clítoris al mismo tiempo que se realiza el coito. Lo mismo que te ocurre a ti. Dile a tu chico que te acaricie o enséñaselo tú misma.

Causas

¿Por qué me pasa? Lo hemos intentado todo pero no llego a alcanzar el orgasmo. (Sara, Sevilla, 23 años.)

Las causas pueden ser variadas. Veamos:

- Insuficiente estimulación sexual. Para solucionarlo tendréis que dedicar más tiempo a esos preliminares.
- Miedo a que se produzca un embarazo: estar pendiente de esto distrae la atención y favorece el retraso o ausencia del orgasmo. Para que esto no ocurra, utilizad un método anticonceptivo.
- No disponer de un sitio adecuado donde hacer el amor. Estar incómodos, por ejemplo en el coche, o en un sitio donde no tengáis la suficiente intimidad y estar más pendientes de que alguien aparezca que de otra cosa. Por supuesto, debéis buscar un sitio cómodo para ambos.
- También el estado de ánimo influye en ello: pasar por una mala racha, tener demasiado trabajo y preocupaciones, estar agobiado con los exámenes... pueden ser causas de anorgasmia, tanto para el chico como para la chica.
- Otra cuestión importante es la de estar demasiado pendiente de alcanzar el orgasmo. El mero hecho de estar preocupada, pensando en que lo tienes que conseguir, genera un estrés muy negativo para la relación sexual y favorece que no lo consigas. Trata de relajarte: disfruta de la relación al completo, sin poner como meta final el orgasmo. Te ayudará.

¿Existe la posibilidad de que no alcanzar orgasmos sea por algún problema físico? (Manu, Segovia, 32 años.)

Sí, claro, no sólo existen las causas psicológicas sino también los problemas orgánicos que pueden favorecer que no haya orgasmos, como pueden ser: la diabetes, problemas de alcoholismo, problemas hormonales, alguna lesión... y también puede anular el orgasmo tomar ciertas drogas, tranquilizantes o medicamentos para controlar la tensión. El primer paso, ante ausencia repetida de orgasmos, es acudir al urólogo en caso de ser chico y al ginecólogo las chicas.

Soluciones

¿Qué podemos hacer para solucionarlo? (María, Valladolid, 19 años.)

En primer lugar tenéis que hablar entre los dos del problema e intentar señalar las posibles causas.

Si es algo que ha aparecido de repente, tenéis que pensar si ha habido algún cambio significativo en vuestras vidas, o en la relación de pareja. Si sois sinceros el uno con el otro, el problema tendrá una solución mucho más sencilla y rápida y podréis abordarlo con fuerzas para superarlo.

Aprended de vuestros cuerpos

- Autoestimulación. Muchas mujeres alcanzan orgasmos mediante la masturbación y sin embargo no en la relación sexual. El objetivo es llegar al orgasmo en solitario y luego con la pareja. Deberás aprender a estimularte y enseñarle a él. Consulta el capítulo 4, referido a la masturbación.
- Si jamás ha habido orgasmo, y habéis agotado todas las posibilidades, acudid a un médico ginecólogo o urólogo-andrólogo para que os ayude.

Impotencia

Incapacidad para obtener y mantener una erección del pene el tiempo suficiente para tener una relación sexual satisfactoria.

¿Cómo se produce una erección? (Mateo, Jaén, 19 años.)

Es necesario que colaboren el sistema nervioso, las glándulas de secreción interna, las glándulas genitales y el sistema circulatorio. De esta forma, cuando se produce la excitación, los cuerpos cavernosos del pene se comunican con las arterias, llenándose éstos de sangre y quedando su salida bloqueada mientras dura la erección.

¿Tiene cura la impotencia? (Sara, Salamanca, 17 años.)

Casi todos los casos se pueden tratar con éxito. Primero hay que averiguar la causa y después llevar a cabo un tratamiento adecuado.

Causas

Me ha pasado las dos últimas veces que he hecho el amor, ¿por qué? ¿Soy impotente? (Manuel, Barcelona, 18 años.)

Sólo te ha ocurrido dos veces, y no se puede considerar como impotencia. Trata de no darle mucha importancia, si lo haces, es posible que te ocurra más veces. Es posible que se deba a la inseguridad: el miedo a quedar mal puede jugarte malas pasadas. Nadie debería ser tan exigente como para pedir una relación sexual perfecta. Déjate llevar, tómate con más calma las relaciones y habla con tu pareja de todo lo que te preocupa.

¿Es posible que el alcohol influya en la erección? Yo noto que cuando bebo me cuesta más tener erecciones. (Víctor, Málaga, 24 años.)

Es más que posible, ocurre muy a menudo y es una de las causas fundamentales por la que se produce la impotencia o el *gatillazo*.

Más causas...

Con mucha frecuencia, las causas de este tipo de trastornos son de origen psicológico:

- Cansancio o bajo estado de ánimo. Cualquiera puede tener un mal día, o incluso una mala racha.
- Problemas en la relación de pareja. Sin duda ésta es una de las causas más importantes. Habla con tu pareja sobre lo que ocurre. Si en la relación sexual se ha instalado la rutina es posible que falle la erección, así que procurad cambiar los hábitos. Si tenéis muchas discusiones tratad de averiguar el porqué y haced frente al problema. No hay nada que más agote el deseo que tener frente a ti a una persona con la que no te sientes feliz, bien sea por las discusiones frecuentes o por cualquier otro motivo.
- Miedo al fracaso e inseguridad con respecto a la pareja. Muchos hombres se sienten intimidados por una mujer activa que lleva la iniciativa en el encuentro sexual y se encuentran desconcertados al ver que no son ellos quienes toman las riendas.
- Pensamientos negativos acerca de la sexualidad o haber vivido experiencias traumáticas como abusos sexuales, malos tratos...

Entre las causas físicas se encuentran:

- Diabetes. Se producen alteraciones de la erección debido al endurecimiento de las arterias. Si la impotencia se debe a la diabetes es muy probable que no mejore, aunque existen alternativas, como podría ser una prótesis de pene. Tu médico será quien mejor te informe.
- Hipertensión (tensión sanguínea alta), arteriosclerosis (menor circulación a través de los vasos sanguíneos) y enfermedades coronarias.

- También pueden influir el abuso del tabaco y la obesidad.

¿Qué drogas pueden dificultar la erección? (Marcos, Barcelona, 27 años.)

Entre otras, la heroína, la cocaína, las anfetaminas, el alcohol y el tabaco. Tomadas de forma habitual pueden disminuir la libido y la erección. Además, algunas de estas drogas también influyen en los trastornos relacionados con la eyaculación.

Tengo erecciones con mi mujer pero no con otras y la verdad es que lo he intentado, ¿por qué? (Fran, Vitoria, 35 años.)

Parece que tienes una alarma en tu pene que te avisa de que algo malo está a punto de ocurrir, es posible que tú mismo, sin saberlo (tu inconsciente), ante tus intenciones, te *castigues* antes de que nada ocurra. Esto le pasa a muchos hombres. Piensa por qué quieres ser infiel a tu pareja. Lo importante no es demostrar que puedes tener tantas erecciones como quieras, sino que las que tengas sean para disfrutar de ti mismo y de tu pareja.

Cómo reaccionar

Qué pasa si me ocurre con alguien que no conozco, no puedo contarle mis miedos como si tal cosa, ¿no? (Javier, Cáceres, 26 años.)

Efectivamente, si no tienes confianza con esa persona no será fácil decírselo pero, en estos casos, si los nervios te juegan una mala pasada, conviene tomarlo con filosofía y cierta gracia. Eres un ser humano y deprimirte no hará más que agravar la situación. Imagínate preocupado o riéndote de lo que ha pasado, ¿cuál de las dos crees que preferirá la chica o chico con quien estés?

¿Cómo debo reaccionar si el chico con el que estoy no consigue una erección? (Verónica, Granada, 26 años.)

El problema es especialmente incómodo para él, y necesitará unas palabras de aliento. No le des importancia, no te rías jamás de él, si ves que él se lo toma a broma, hazlo tú también, pero nunca si le ves deprimido. Trata de animarle a intentarlo de nuevo. Si no se consigue, juega con él y no des por finalizado el encuentro, aunque tengas ganas de irte a casa, él lo agradecerá.

Soluciones

- Tras la focalización sensorial, la pareja empieza a estimular el pene poco a poco, hasta que el hombre empiece a tener erecciones. Una vez que consigue la erección se deja de estimular el pene hasta que ésta baje, entonces se vuelve a acariciar de nuevo y así unas cuantas veces cada sesión, hasta que el hombre pueda mantener solo la erección.
- Entonces se intenta que obtenga el orgasmo, primero mediante masturbación y una vez logrado en unas cuantas ocasiones, entonces se procede a la penetración. Es mejor que él esté debajo para no acelerar la llegada de la eyaculación.
- Es de suma importancia eliminar las actitudes negativas en cuanto a la sexualidad y también desechar los mitos que presionan al hombre, miedo al embarazo o a contraer ETS.

A mi pareja, desde hace un tiempo no le apetece hacer el amor con tanta frecuencia, ¿se estará volviendo impotente? (María, Madrid, 27 años.)

Si en las relaciones sexuales que aún tenéis su pene alcanza sin dificultad la erección, entonces no hay ningún problema en cuanto a la impotencia se refiere. La impotencia no tiene que ver con la ausencia de deseo sexual.

Si tu pareja está baja de deseo conviene que averigües qué le está pasando: es posible que tenga algún problema y no te lo haya querido contar o no le hayas dado la oportunidad de hacerlo. De todas maneras, hay épocas en las que no apetece tanto tener relaciones sexuales sin que ello signifique que se ha agotado el deseo.

La impotencia ¿puede llegar a causar esterilidad? (Loli, Sevilla, 26 años.)

En realidad tampoco está relacionado lo uno con lo otro, porque un hombre impotente puede tener una buena calidad de esperma, pero lo que ocurre es que al no poder tener una erección, el coito no es posible, ni la eyaculación en la vagina, por lo que no hay posibilidad de fecundación. En los casos en los que el hombre no logra superar los problemas de impotencia se puede llevar a cabo una fertilización asistida.

Viagra

Después de tener dos o tres relaciones sexuales, ¿un chico joven como yo puede tomarla para tener una cuarta relación sexual? (José, Almería, 28 años.)

Rotundamente, no. La Viagra es un medicamento solamente indicado para problemas graves de impotencia, problema que tú, desde luego, no tienes. Además este medicamento tiene que tomarse bajo supervisión médica, ya que de lo contrario puede ser muy peligroso. Ya ha habido muchos casos de hombres que han muerto a causa de su mala utilización. Si quieres seguir haciendo el amor, recuerda que tienes muchas más armas que el pene: tus manos, tu boca, tu lengua, etc.

¿Cómo actúa la Viagra en un hombre?
En líneas generales ayuda a aumentar el flujo sanguíneo en los cuerpos cavernosos.

¿Cómo hacer para conseguir la Viagra? (Saúl, Lleida, 25 años.)

Se necesita receta médica. Para ello, es necesario que el médico realice una serie de pruebas para aclarar el motivo de la impotencia y la posibilidad de tomar la píldora. El médico dará todas las instrucciones necesarias para su aplicación. En líneas generales, no se debe tomar más de un comprimido diario y es necesario seguir las indicaciones al pie de la letra e informar al médico de cualquier otro medicamento que se esté tomando.

¿Quisiera saber si existe la Viagra para mujeres? (Migue, Alicante, 29 años.)

En estos momentos no, pero quién sabe si en un futuro...

Curiosidades

La aparición de la Viagra ha dado mucho de sí: ha servido como inspiración para que Paco Umbral escribiera su libro *Historias de amor y viagra;* de otro lado, el candidato a la Casa Blanca por el Partido Republicano, Bob Dole, también le ha sacado partido, después de confesarse impotente tras una operación de próstata y recuperar su actividad sexual gracias a este fármaco, según *The New York Post.* También consumió Viagra, aunque no de forma voluntaria, un joven británico que fue violado en un hotel por dos rubias pertenecientes al autodenominado Comando de Violación con Viagra.

Aún no se sabe quién o quiénes fueron los autores del robo de un cargamento de 315.000 cajas de Viagra con destino al mercado español que fueron sustraídas en una pequeña localidad holandesa, un robo valorado en 2.200 millones de pesetas, el mayor registrado de un medicamento y cuyo precio podría quintuplicarse en el mercado negro.

Practicar juegos eróticos antes del coito favorece la comunicación, ayuda a romper la rutina e incluso puede evitar problemas de lubricación en la mujer, anorgasmia, eyaculación precoz e impotencia.

Noticias

La Viagra genera esperanzas como tratamiento de la infertilidad femenina.

Según un estudio de la gaceta británica *Reproducción Humana*, tres de cada cuatro mujeres con problemas de fertilidad que participaron en un estudio quedaron embarazadas después de administrarles Viagra. Las mujeres tratadas tenían complicaciones endométricas que impedían que el embrión se adhiriera a las paredes del útero. El estudio sostiene que en las mujeres el medicamento aumentó el flujo de sangre hacia el útero y modificó la consistencia del endometrio facilitando la concepción.

Eyaculación precoz

Se puede decir que la eyaculación precoz es un trastorno muy frecuente en los hombres, sobre todo en chicos jóvenes (entre un 20 y un 40% de los hombres la sufren). Para considerarla como una disfunción tiene que ocurrir al menos en el 25% de las relaciones sexuales.

¿Cuándo se puede decir que un chico tiene eyaculación precoz?

Se puede considerar eyaculación precoz aquella que se presenta antes de que la persona lo desee (Carmen Vijande, 1997), es decir, el hombre es incapaz de controlar la eyaculación el tiempo necesario para satisfacer a su pareja.

Causas

La mayoría de las veces las causas son de origen psíquico. Veamos algunas de ellas:

- Realizar el coito en lugares donde se puede sorprender a la pareja, por lo que el chico tiene prisa por eyacular. Hay que dedicar a la relación sexual el tiempo que merece. A veces, tratar de vivir una experiencia excitante juega una mala pasada.
- Que la pareja tenga prisa por acabar el coito, por ejemplo en relaciones con prostitutas.
- Situaciones de estrés. No sólo favorecen la aparición de una eyaculación no deseada, sino que en estas situaciones no se logra disfrutar de la relación sexual plenamente. Conviene dejar a un lado los problemas o posponer la relación sexual hasta que los agobios pasen.
- Eyaculación muy rápida durante la masturbación. Es importante relajarse y disfrutar del momento todo lo posible.

Dentro de las causas orgánicas, se pueden señalar algunas enfermedades como la prostatitis o trastornos neurológicos.

Tratamiento

En torno a la eyaculación precoz se han propuesto múltiples tratamientos que han dado mejores o peores resultados. Vamos a ver por encima algunos de ellos.

- Técnica de la parada y arranque desarrollada por Semans en 1956. La pareja acaricia el pene hasta conseguir una erección completa. Una vez conseguida hay que descansar durante dos minutos aproximadamente, para volver a empezar pasado ese tiempo. Esto se repite unas tres veces y la cuarta vez el hombre eyacula. Después de repetir esto mismo durante varias sesiones, se procede a introducir el pene en la vagina, con la mujer colocada encima y el hombre debajo. En un primer momento no se deben realizar movimientos y luego, poco a poco, se empiezan a desarrollar los movimientos pélvicos.
- Técnica de compresión desarrollada por Masters & Johnson en 1970. La pareja acaricia el pene del hombre hasta conseguir una erección completa. En este momento aprieta con los dedos justo debajo del glande, donde está el frenillo, con lo que se elimina la urgencia eyaculatoria. Incluso perderá un poquito de erección. Después de unos treinta segundos vuelve a empezar. Esto se debe hacer hasta que el hombre aprenda a controlar su eyaculación, primero manualmente y luego durante el coito. Si en el momento de la penetración él cree que va a eyacular, debe sacar el pene de la vagina y realizar de nuevo la técnica de compresión.
- Técnica del apretón basilar (1987). Es lo mismo que la técnica de compresión pero apretando la base del pene, en vez de hacerlo debajo del glande.
- Otras técnicas, como la de Carmen Vijande, consisten en controlar la respiración, los músculos pubococígeos, y tener en cuenta el perineo, zona entre los genitales y el ano, que si se presiona con fuerza puede detener la eyaculación. En esta técnica se incluyen las caricias genitales entre el pene y la vulva, es decir se frota el pene contra la vulva. Una vez

conseguido el control de la eyaculación de esta manera, se procederá a intentarlo con el coito.

Qué hacer si ocurre

Yo a veces tengo eyaculación precoz y noto cómo dejo insatisfecha a mi chica, ¿qué puedo hacer? (Adolfo, Barcelona, 23 años.)

Fundamentalmente no desesperar. Tras una eyaculación no deseada la relación sexual no tiene por qué finalizar. Quizá para ti sí, pero no para ella. Aunque hayas eyaculado, a veces basta con seguir unos segundos más los movimientos de vaivén en la penetración, para que ella alcance el orgasmo. Recuerda que aquí existe un inconveniente y es que utilicéis el preservativo como método anticonceptivo; cuando el chico eyacula le baja rápidamente la erección por lo que el semen puede salirse o bien quedarse el preservativo dentro de la vagina. Para que esto no ocurra recuerda que son unos segundos más de movimientos. Si ella necesita más tiempo para lograr el clímax, conviene que saques el pene de la vagina y continúes estimulándola con la boca o de forma manual hasta que alcance su orgasmo.

Esto ayudará a que ella quede satisfecha y no le dé tanta importancia a que hayas eyaculado antes de tiempo y, por otra parte, tú no te sentirás tan culpable por haber fallado.

¿Qué puedo hacer para no tener eyaculación precoz en mis futuras relaciones? (Juan, Alicante, 17 años.)

Siempre lo digo, hay que *educar al pene* y la mejor manera es aprender, desde las primeras masturbaciones, a no acelerar el ritmo para *acabar cuanto antes*, aprende a controlar tu eyaculación, a disfrutar de tu cuerpo. Si lo consigues controlar es posible que en el coito ocurra lo mismo.

Estadísticas

Según el informe Kinsey sobre la conducta sexual de los norteamericanos, el 75% de los hombres eyacula dos minutos después de empezar el acto sexual.

Eyaculación retardada

Es aquella que se produce después de un tiempo y una estimulación muy largos. Puede ocurrir porque el chico tenga problemas para abandonarse y disfrutar plenamente de la relación. Para que esto no ocurra conviene que te relajes y trates de disfrutar.

Ausencia de eyaculación

Es posible que exista la eyaculación pero la contracción de los músculos es leve y el semen se expulsa sin fuerza, impidiendo la sensación orgásmica. También es posible que no haya eyaculación de ningún tipo. Si ocurre cualquiera de las dos cosas, lo primero es acudir al médico para valorar cualquier problema físico. Una vez hecho esto, se puede intentar eyacular a solas mediante masturbación, después en presencia de la pareja, que sea ella quien te masturbe y por último, intentar realizar la eyaculación dentro de la vagina. En este caso es recomendable adoptar una postura en la que el hombre esté encima de la mujer, ya que los movimientos de empuje de las nalgas facilitan la eyaculación y el orgasmo.

Eyaculación retrógrada

Eyaculación hacia adentro, puede ser debida a anomalías en el esfínter interno de la vejiga.

Dolor al eyacular

Puede deberse a problemas como prostatitis, prepucios estrechos, uretritis. Consulta al médico.

Dolor al practicar el coito

Puede ser debido a una curvatura excesiva del pene (enfermedad de la *peyronie*) por fimosis, si es un coito brusco y también puede ser debido a que haya una infección de la próstata y vesículas seminales.

Disminución del deseo sexual

También se denomina Deseo Sexual Inhibido (DSI). Este tipo de disfunción es más habitual en mujeres que en hombres y generalmente tiene que ver con estados depresivos, una mala relación de pareja, baja autoestima o experiencias desagradables con respecto al sexo. Una adecuada información sexual y comunicación con la pareja pueden solucionar el problema.

Conviene descartar carencias hormonales, abuso de alcohol o trastornos endocrinos.

Mi chica está apática últimamente y no le apetece hacer el amor. ¿Puede ser debido a que se aburra conmigo en la cama? Llevamos mucho tiempo juntos y tengo la sensación de que esto está siendo determinante. (Luis, Valencia, 29 años.)

Desde luego es posible: una relación que no varía, puede llevar a un serio desgaste. Para evitar que esto ocurra, intenta sorprenderla: cambia de posturas, prueba con ella cosas nuevas, compartid vuestras fantasías.

¿Podemos hablar de frigidez en estos casos?

Ante todo, esta palabra se usa para molestar, más que para definir nada.

Sabías que...

Bailar puede evitar la frigidez y la impotencia; y es que, mientras bailamos aumenta la circulación de la sangre y esto provoca una mejor lubricación vaginal para la mujer y una mayor capacidad de erección en el hombre.

> Divide las dificultades que examines en tantas como sea posible, para su mejor solución.
>
> RENÉ DESCARTES

21

Las drogas en la sexualidad

–¿Vas a fumar hierba? ¿Quieres hacerte a la idea de que soy Robert Redford?

–¿No has hecho nunca el amor estando cargado?

–No. Me pongo inaguantablemente encantador ¿Por qué tienes que fumar siempre que hacemos el amor?

–Me relaja.

–¿Tienes que estar relajada artificialmente antes de irnos a la cama? [...] Puedo inyectarte pentotal sódico y duermes durante la función.

–Fuma un poco y manda al psiquiatra a hacer gárgaras.

Annie Hall

Es difícil saber el efecto verdadero que una determinada droga tiene en la sexualidad, ya que los efectos que produce en el cuerpo son completados con las expectativas y efectos psicológicos que provoca y esto depende de cómo lo vive cada persona.

En general, podemos hablar de cuatro grandes grupos, dependiendo del tipo de efecto que producen:

Las que disminuyen la excitación

Alcohol

En un primer momento el alcohol nos hace estar más desinhibidos, es decir, parece que somos capaces de hacer cosas que sin alcohol no haríamos. Pero la realidad es que esto es tan sólo en apariencia puesto que si bien es verdad que pequeñas dosis de alcohol nos pueden *animar*, el alcohol es un potente depresor de nuestro sistema nervioso: disminuye el funcionamiento del cerebro, y el control que ejercemos habitualmente sobre nosotros mismos, desaparece, ampliándose las emociones. De manera que en un primer momento esta desinhibición nos puede ayudar en cuanto a las relaciones sociales se refiere, es decir a dar un primer paso en la relación sexual pero nada más.

Yo acostumbro a beber alcohol durante los fines de semana y sí noto algunos cambios, en general me cuesta menos ligar pero a la hora de hacer el amor me cuesta más correrme. Es por el alcohol, ¿no? (David, Barcelona, 28 años.)

Efectivamente, cuando uno ha bebido en exceso, cuesta bastante menos relacionarse con la gente, es como si perdiéramos la vergüenza, el sentido del ridículo, y uno se lanza a todo. Por eso es tan peligroso conducir borracho porque se tiene una percepción de poderío con respecto a uno mismo que es completamente falsa. En cuanto a la sexualidad, no sólo se producen esos cambios sino también éstos:

En los chicos

- Dificultades para lograr la erección o si se consigue es posible que se produzca el famoso *gatillazo* (bajada repentina de la erección), lo que impide el coito.
- Dificultad para alcanzar el orgasmo: la eyaculación tarda más en producirse.
- Los orgasmos serán menos intensos.

En las chicas

- Menor lubricación vaginal.
- Dificultad para alcanzar el orgasmo.

En casos en los que el consumo de alcohol es continuado pueden producirse trastornos graves que pueden afectar irreversiblemente a la respuesta sexual.

Marihuana

El consumo continuado de esta droga parece estar relacionado con la impotencia, inhibe la producción de testosterona y reduce también la producción de esperma. En las mujeres puede alterar tanto la ovulación como el ciclo menstrual.

Sin embargo, muchas de las personas que habitualmente consumen marihuana aseguran que su deseo sexual se ve incrementado, que las relaciones con la otra persona son más íntimas y que las relaciones sexuales son muy placenteras.

En realidad en ésta, como en casi todas las drogas, las expectativas de la propia persona y sus vivencias son fundamentales para poder entender sus efectos.

Heroína

Es un potente depresor del sistema nervioso. La respuesta sexual se ve muy alterada, se produce falta de deseo, impotencia y problemas de eyaculación.

Este tipo de drogas, junto con los opiáceos, lleva lentamente a una completa destrucción de la persona y, por supuesto, de su respuesta sexual, que quedará irremisiblemente dañada.

Drogas estimulantes

Cocaína

¿Qué pasa si te pones coca en el glande? ¿Gozas más? Tengo entendido que sí y me gustaría probarlo. (Juako, Bilbao, 26 años.)

La cocaína es un potente anestésico, por tanto, no gozarás, sino que tardarás mucho más en llegar al orgasmo. Por supuesto, esto puede ir acompañado de una importante pérdida de sensibilidad en el pene. Incluso pueden llegar a producirse problemas de erección y eyaculación.

Tomar cocaína, ¿no te activa? (Sonsoles, Cartagena, 21 años.)

En un primer momento sí puede, ya que estimula el sistema nervioso central y puede producir cierta euforia, pero pasado un rato, esa sensación bajará en picado, produciéndose un estado de cansancio y depresión, reduciéndose el deseo sexual y la satisfacción. Además el consumo continuado de cocaína puede llevar a pérdidas del interés sexual tanto en el hombre como en la mujer, impotencia y falta de eyaculación, así como un deterioro general del sistema nervioso central.

Anfetaminas

Estas drogas son estimulantes que provocan en la persona que las consume estados de verdadera euforia. Una dosis baja de ingestión puede producir aumento del deseo sexual, la erección y un aumento de tiempo hasta lograr la eyaculación. En las mujeres aparece el aumento también del deseo y de la capacidad orgásmica.

A dosis elevadas y continuadas disminuye el deseo sexual, hay problemas de erección y dificultades para alcanzar el orgasmo, tanto en el hombre como en la mujer.

Sustancias alucinógenas

Las sensaciones que generan pueden ser percibidas de una manera tanto positiva como negativa, es decir, que se pueden vivir episodios de todo tipo si se consumen. Las percepciones son engañosas y no se corresponden con la realidad, aunque las personas que las consuman aseguren que «es lo más alucinante de sus vidas».

LSD

Altera profundamente la percepción, lo que hace que se experimenten sensaciones más intensas y prolongadas, cosa que, en realidad, no es cierta porque los orgasmos son mucho menos intensos aunque la experiencia sexual sea vivida con gran intensidad por la persona.

Drogas de diseño

Potentes *animadores* de las relaciones sociales pero pésimas conductoras de la respuesta sexual, por ejemplo, el MDA, o éxtasis, produce efectos que desinhiben profundamente: parece estimular los sentimientos de tipo afectivo[1], pero su consumo a dosis más altas puede resultar extremadamente peligroso.

¿Puedo consumir drogas mientras tomo la píldora anticonceptiva? Me refiero a coca, de vez en cuando, o pastillas. Sólo los fines de semana. (Patricia, Málaga, 23 años.)

La respuesta es no, ni tomando la píldora ni sin tomarla. «Sólo los fines de semana» es con mucha frecuencia y estas drogas pueden deteriorarte profundamente. Piénsatelo seriamente.

1. F. Labrador *et al.*, *Guía de la sexualidad*, Madrid, Espasa-Calpe, 1995.

Sabías que...

El primer afrodisíaco que se conoció era un preparado de polvo extraído del pene desecado de un cocodrilo; lo utilizaban los egipcios en el año 2200 a. de C.

> El alcohol provoca el deseo, pero frustra la ejecución.
>
> William Shakespeare

22

Cuando no se logra tener hijos

–Hannah y yo no podemos tener hijos. No quiero entrar en la cuestión de culpabilidades. Hemos decidido que intentaríamos tenerlos mediante inseminación artificial.

–A mí me daba bastante apuro ir a un banco de esperma y recibir eso de un donante anónimo.

–Y decidimos que si íbamos a hacerlo tenía que ser de alguien que conociéramos, que nos cayera bien y que fuera humano, inteligente.

[A su amigo] –Puedes negarte a hacerlo.

–Sí, pero que quede claro que necesitamos un poco de esperma.

Hannah y sus hermanas

En nuestra sociedad aproximadamente el 10-15% de las parejas sufren problemas de infertilidad. Parece que ciertos factores como la vida acelerada y el estrés, la mala alimentación y el tabaco, son decisivos en estos trastornos, en el caso de los hombres.

Pruebas

Yo eyaculo con toda normalidad y creemos que puede ser un problema de ella, ¿dónde se tienen que hacer las pruebas? (Juan, Vigo, 32 años.)

En primer lugar, el que tú eyacules con normalidad no es razón suficiente para creer que no tienes ningún problema.

De hecho, salvo excepciones, casi todos los hombres estériles eyaculan con normalidad y se podría decir que alrededor de la mitad de los casos de infertilidad son de procedencia masculina. Ten en cuenta que lo que hay que analizar de tu semen es la calidad y concentración de tus espermatozoides, cosa que tú no puedes ver a simple vista. Además, hoy en día, los médicos antes de hacer las pruebas a la mujer, que son más complicadas, las hacen al hombre mediante un sencillo análisis de esperma. En caso de no encontrar ningún problema en el esperma se pasaría a un análisis exhaustivo de la mujer.

Cuándo acudir a consulta

Llevamos intentándolo siete meses y nada, ¿cuándo debemos hacernos las pruebas? (María, Gerona, 26 años.)

Tened en cuenta que el período más fértil de una pareja está en torno a los 20-40 años, siendo más difícil a medida que avanza la edad. Hay parejas que consiguen un embarazo nada más intentarlo y otras a las que les lleva más tiempo, pero en general, al 75% de las parejas de entre 20 y 40 años lo consiguen antes de los 9 meses. Se considera que si después de pasado un año practicando el coito sin utilizar métodos anticonceptivos, no se logra un embarazo, entonces la pareja debe acudir a un especialista (ginecólogo o urólogo-andrólogo).

¿Qué te hacen en la consulta? (Julia, Madrid, 26 años.)

En primer lugar una historia clínica: os preguntarán si habéis utilizado antes métodos anticonceptivos, si ha habido un embarazo anterior, y también preguntarán por los estudios ginecológicos y urológicos que os hayáis hecho recientemente.

En el caso del hombre, el médico procederá a hacer una exploración de los órganos genitales masculinos, para descartar problemas del aparato genital como criptorquidia, traumatismos, inflamaciones, ETS, prostatitis, etc.

Se planteará, también, cómo es vuestra sexualidad: la frecuencia con que hacéis el amor o si hay problemas de erección o eyaculación.

También se valoran los hábitos como beber, fumar, la consumición de drogas, si tomas algún tipo de medicación...

Y, por supuesto, si existen antecedentes familiares con problemas de fertilidad.

Causas

¿Por qué puede ocurrir la infertilidad? (Joako, Vitoria, 24 años.)

Muchas de las veces no se saben las causas, aunque parece que hay algunas cuestiones que influyen de manera directa en la fertilidad, por ejemplo: el uso de drogas, el estrés, algún problema emocional o una alimentación deficiente. Y por supuesto si la propia infertilidad lleva a una depresión es posible que el problema no se solucione, ya que también la preocupación influye directamente:

Pruebas que se realiza un hombre: análisis del semen, o seminograma

¿Qué te miran en un análisis de esperma? (Mario, Madrid, 18 años.)

Hay que valorar:

- Volumen eyaculado.
- Recuento del esperma, es decir, el número de espermatozoides. Una cifra menor a 10.000.000 puede ser la causa de la infertilidad, y recibe el nombre de oligozoospermia. Igualmente cuando en el semen no hay espermatozoides hablamos de azoospermia.

- Movilidad: mide la cantidad de espermatozoides que son móviles y además el tipo de movimiento que adoptan. Si se mueven hacia delante de manera progresiva entonces estaríamos dentro de la normalidad. Si existe una alteración en la movilidad de los espermatozoides se denomina astenozoospermia.
- Morfología: es decir, cómo son los espermatozoides. La teratospermia es una alteración en la forma de los espermatozoides.
- Aglutinación: si los espermatozoides se agolpan y apelmazan pierden las posibilidades de avanzar y moverse. Si esto ocurre hablamos de polizoospermia.

Conviene repetir el análisis de esperma pasados unos días y comparar ambos exámenes. Tu médico te aconsejará.

Dentro de unos días voy a hacerme una prueba de semen y me gustaría asegurarme de lo que tengo que hacer. (Héctor, Sevilla, 28 años.)

No debes masturbarte ni hacer el amor durante cuatro días. El día de la prueba te masturbas y recoges el semen en un vasito que has de comprar en la farmacia. Conviene que el vaso esté a la temperatura del cuerpo y que se lleve al hospital antes de una hora.

Pruebas hormonales

Se realizan después de analizar la calidad del semen. Se estudian:

- La hormona FSH (folículo estimulante). Si hay niveles muy altos en los testículos no existe curación, tan sólo se puede recurrir a una fecundación con semen de donante.

- La LH (luteinizante), y la testosterona. Si hay menos nivel de ambas es posible la producción de espermatozoides mediante determinados tratamientos específicos.
- Prolactina. Niveles altos también puede producir disminución en la producción de espermatozoides.

Recomendaciones

- En general, es fundamental llevar una dieta rica en frutas y verduras y hacer ejercicio para mantenerse en forma. Conviene caminar al menos durante media hora diaria y reducir el estrés en la medida de lo posible.
- Reducir el consumo de tabaco: parece ser que inmoviliza los espermatozoides.
- No llevar prendas ajustadas en los genitales: para una buena producción de semen, los testículos tienen que estar a dos grados menos que el resto del cuerpo. Los pantalones ajustados aumentan la temperatura.
- El exceso de alcohol también altera la función de los testículos.

Marihuana

En los últimos años se ha observado que el *cannabis* disminuye la movilidad y forma de los espermatozoides.

Reproducción asistida

Inseminación artificial

Puede ser de dos tipos; si se produce con el semen de la pareja o con semen de donante. En los primeros se hace cuando el semen no es de buena calidad, cuando el semen y el moco cervical son incompatibles o cuando el hombre no eyacula o lo hace hacia adentro (eyaculación retrógrada).

¿Cómo se realiza la inseminación artificial? Mi pareja y yo nos lo estamos planteando porque él tiene problemas de fertilidad. (Sonia, Madrid, 28 años.)

El semen del hombre recibe un tratamiento que consiste en lavarlo y centrifugarlo y se coloca en una estufa especial, que se llama incubador. Lo que hace es capacitar a los espermatozoides para lograr una fecundación. Por otra parte, a la mujer se le estimula con un tratamiento para ovular, y cuando esto ocurre, se cogen los espermatozoides y se introducen en el útero.

Cuando el semen es de donante el procedimiento es el mismo, lo que cambia es que el semen se consigue de bancos de semen, de un donante anónimo.

Fecundación in vitro

En este caso la fecundación se hará en un laboratorio, es decir, fuera del cuerpo de la mujer. Una vez que se ha realizado, los embriones se trasladan al útero materno. Ésta es una técnica en la que tan sólo se consiguen en torno al 15% de los embarazos que se intentan.

¿Qué requisitos tiene que tener un chico para ser donante de semen? (Luis, Madrid, 22 años.)

Antes de ser donante tendrás que ser exhaustivamente evaluado para considerarte apto o no. En primer lugar se te hará una historia médica completa, un análisis de sangre y pruebas de VIH y uno de semen. Para ser donante tu semen tiene que estar en perfectas condiciones. Una vez elegido, el semen se almacena y congela hasta que es requerido para una fecundación.

Pruebas que se realizan a una mujer

En principio, se requiere una consulta ginecológica normal donde se estudia la ovulación de la paciente mediante:

- Temperatura basal: tiene que aumentar a partir de la ovulación. Para controlarla hay que tomarse la temperatura cada mañana, sin moverse de la cama.
- Citología vaginal: para averiguar los cambios celulares a lo largo del ciclo. Hay que hacer la citología cuatro veces en un ciclo.
- Se estudia el moco cervical, y el endometrio, haciendo una biopsia de éste.
- Después de estos estudios se hace un test poscoital para ver la hostilidad del cuello del útero a los espermatozoides.

Después de que el médico haya evaluado las posibles causas propondrá un tratamiento acorde con las necesidades de la mujer. Entre los tratamientos médicos existe el de la falta de ovulación, de problemas relacionados con la endometriosis y también tratamientos destinados a solucionar posibles infecciones locales. Mediante los tratamientos quirúrgicos se trata de desbloquear los conductos (las trompas de Falopio). Y, por último, existen las técnicas de fecundacion asistida que ya hemos comentado.

¿Qué hay que hacer para ser donante de óvulos? (Laura, Córdoba, 21 años.)

Como en el caso de la donación de semen, se hace un estudio completo:

- Tienes que ser mayor de 18 años y menor de 35.
- Tener una historia médica *limpia*.
- Se realiza una revisión ginecológica y análisis de sangre.
- Tendrás que rellenar una ficha con las características físicas: color de pelo, etc.

Después de valorar esto, se somete a la mujer a una estimulación ovárica mediante inyecciones (la estimulación se hace como máximo cuatro veces al año) (Instituto IVI). Tras la estimulación se extraen los ovocitos mediante una operación con anestesia local.

Curiosidades

En la Antigüedad se recomendaba como remedio contra la esterilidad un emplasto preparado con testículos de raposo, meollos de pájaro y flores de palma.

Sabías que...

En los libros médicos anteriores a 1450, la esterilidad era denominada *poquedad de coito* o *flaqueza de engendrar*, aunque supieron distinguir las causas médicas, quirúrgicas y fisiológicas.

Algunas personas pueden concebir con otras parejas, pero no con la suya. Una de las causas es que la mujer produce unos anticuerpos que actúan contra el esperma del hombre. Se dice que esta incompatibilidad era padecida por Napoleón y Josefina.

Noticias

Denuncian la esterilización forzosa de 700 indígenas en México. Varias organizaciones civiles y religiosas han documentado más de 700 casos de esterilización forzosa de indígenas en México. Este tema ha cobrado importancia desde que un grupo de indígenas presentase una denuncia en la que hablaban de cómo se les había practicado la vasectomía supuestamente a cambio de dinero y bajo amenazas de retirarles el subsidio.

> Mi padre era un mestizo, su padre era un negro y su abuelo un mono; me parece que mi familia dio comienzo en el mismo punto que la vuestra.
>
> ALEJANDRO DUMAS

23

Comportamientos desviados

–También huelo problemas en este apartamento: primero se rompe una pierna, y segundo sólo mira por la ventana viendo cosas que no debería. ¡Problemas! Ya estoy viéndole en el tribunal [...] Señor juez, no era más que una diversión inocente, yo quiero a mis vecinos como un... ¡Deficiencias hormonales!

–¿Cómo puede saber eso por el termómetro?

–Esas bellezas que está observando no le han subido la temperatura ni un grado en un mes.

La ventana indiscreta

También conocidas como parafilias, desviaciones sexuales o variaciones en la conducta sexual: la palabra parafilia proviene del griego *pará* que significa cerca de y *philein* que significa amor. Son conductas extrañas o poco comunes, es decir, para que la persona consiga excitarse necesita llevar a cabo determinado tipo de conductas o recurrir a ciertos objetos. Sin ello no llegan a disfrutar del sexo. Existen parafilias de carácter leve y en algunas ocasiones pueden llegar a ser graves. En general, pueden producirse por algún trastorno de personalidad, por la dificultad de relacionarse con las personas, o como consecuencia de alguna experiencia traumática relacionada con la sexualidad. Veamos algunas de ellas.

Voyeurismo

La excitación sexual se consigue por observar a una persona a escondidas sin su consentimiento: por ejemplo, ver cómo se desnuda o cómo mantiene relaciones sexuales con otra persona. En general, a todas las personas nos gusta mirar y ser observadas en determinados momentos como parte de ciertas fantasías eróticas, pero se convierte en un problema cuando el *voyeur* sólo obtiene excitación sexual a través de esta conducta.

Cómo son

En general son personas inofensivas, con dificultades de relación social. No suelen perseguir ni atacar fuera de casa.

Soluciones

A veces, el mero hecho de descubrirles puede hacer que desaparezcan. En cualquier caso, echa las cortinas y cámbiate de ropa en el cuarto de baño. Trata de no realizar cosas cerca de la ventana. Si te molesta mucho puedes ir a hablar con él, o decírselo a tus padres para que vayan a su casa.

Si lo hace en la calle, vete de allí o acércate a recriminarle su conducta. Es muy posible que le asustes puesto que son personas muy tímidas.

Estoy de vacaciones con mi chica y enfrente de la ventana de nuestro hotel hay una pareja que nos observa hacer el amor. A mi chica le da morbo incluso, pero yo me siento un poco incómodo. ¿Por qué lo hacen? Espero que ella no se acostumbre y sólo quiera hacer el amor de esta manera a partir de ahora. (Juan, Madrid, 20 años.)

El que a tu chica le divierta esta situación, no significa que también te tenga que gustar a ti. Si realmente te cohíbe no tienes más que echar las cortinas y el problema quedará solucionado. Como decía antes, el mero hecho de ser descubiertos suele disuadirles: además son dos personas, con lo cual parece más bien que tus vecinos siguen mirando porque se han dado cuenta de que vosotros les seguís el juego. Lo de que ella se acostumbre a partir de ahora, no parece muy lógico, probablemente se trate tan sólo de vivir esta aventura diferente.

Frotteurismo

Consiste en frotar los genitales con el cuerpo de otra persona y sin su consentimiento. En general estas personas se masturban después recordando el episodio. Suele ocurrir en el metro, autobuses o lugares muy concurridos.

Qué hacer

Apártate inmediatamente de su lado, y si insiste pide ayuda a cualquier persona que esté cerca de ti. Probablemente huya al verse descubierto.

Fetichismo

Los fetichistas coleccionan objetos que utilizan para su excitación sexual, bien sea con la pareja bien en solitario. Por ejemplo, una conducta muy habitual entre ellos es la de coleccionar ropa interior de sus diferentes parejas o cualquier otra prenda, también, el objeto de su fetiche pueden ser los pies, los zapatos...

Qué pasa

Hasta cierto punto puede ser divertido jugar a quedarse con las prendas de la pareja, o excita especialmente hacer el amor cuando ella tiene puestos únicamente unos zapatos de tacón, pero como decía antes, existen diferentes grados de implicación. Es decir, aquella persona que tiene obsesión por determinados objetos, sin los cuales no puede lograr una adecuada excitación, esa persona tiene un problema. En algunos casos el fetichista llega a robar las prendas que le obsesionan.

Travestismofetichista

La persona obtiene placer poniéndose prendas de vestir femeninas: medias, sujetadores, bragas; y a continuación realizar tanto la masturbación como tener relaciones sexuales. En otros casos el travestismo no sólo abarca la relación sexual sino que el hombre se viste de mujer durante más tiempo y obtiene pleno placer observándose como tal.

Importante

El travestismo no es lo mismo que transexualismo ya que los transexuales, en principio, no se identifican como mujeres.

Estadísticas

Según los estudios realizados, el travestismo, como la parafilia, se da en sujetos heterosexuales, contrariamente a lo que se piensa. Solamente el 29% admite tendencias homosexuales[1].

Sadomasoquismo

El masoquismo consiste en el hecho de excitarse siendo humillado, golpeado o atado y el sadismo se refiere a conductas en las que se pega o inflige daño psicológico o físico para obtener excitación sexual.

Dolor y sexualidad a veces van muy unidos. Al aumentar la excitación sexual es posible que pellizques a tu pareja, le arañes la espalda, le tires del pelo o incluso le muerdas, pero esto no deja de ser un aderezo de la relación erótica. Sin duda, el dolor moderado puede ser fuente de exquisitos placeres... siempre y cuando no se hiera a la pareja ni física ni psicológicamente.

1. *Guía de la sexualidad*, ibíd.

Sabías que...

El sadismo debe su nombre a un autor francés, el marqués de Sade (1740-1814), y el masoquismo al escritor austríaco Leopold von Sacher-Masoch (1836-1895).

Zoofilia

Supone practicar sexo con animales. Este hecho no es tan infrecuente.

Sobre todo en zonas rurales, donde el acceso a mujeres es muy limitado, hay hombres que copulan con animales como ovejas, gallinas, perros... Es más frecuente en personas jóvenes y también se produce en relaciones de pareja donde se quiere incluir al animal en la relación sexual. Si esta conducta es persistente y exclusiva, es necesario buscar ayuda psicológica.

Es importante notar que la zoofilia no es lo mismo que simular ser un animal, juego que utilizan muchas parejas como parte de sus fantasías o mundo erótico. Se denomina bestialidad.

Coprofilia y urofilia

Consiste en observar a hombres y mujeres en el momento de eliminar heces u orinar.

La *lluvia amarilla* es una práctica que consiste en orinar sobre una persona, en cualquier momento del proceso de una relación sexual.

Sabías que...

En un informe secreto divulgado sobre Adolf Hitler se decía que padecía coprofilia y que nunca copuló con mujeres. Varias de sus amigas dicen que les pedía que le humillaran y en especial que se pusieran en cuclillas sobre él para defecar y orinar.

Necrofilia
Actividad sexual con un muerto. Este tipo de conducta es muy infrecuente y se da en personas con problemas mentales graves.

Curiosidades

Parece ser que en el antiguo Egipto existía la necrofilia. Los guardias cuidaban los cadáveres embalsamados para evitar que fueran violados.

> El dolor, cuando no se convierte en verdugo, es un gran maestro.
>
> CONCEPCIÓN ARENAL

Osgood.– Hablé con mamá, está tan contenta que hasta lloró. Quiere que lleves su vestido de encaje blanco.

Dafne/Ferry.– Osgood, no puedo casarme con el vestido de tu mamá... ¡Seguro que ella y yo no tenemos el mismo tipo!

Osgood.– ¡Podemos reformarlo!

Dafne/Ferry.– No hace falta. Osgood, he de ser sincera contigo: tú y yo no podemos casarnos.

Osgood.– ¿Por qué no?

Dafne/Ferry.– Primero porque no soy rubia natural.

Osgood.– No me importa.

Dafne/Ferry.– Y fumo, fumo muchísimo.

Osgood.– Me es igual.

Dafne/Ferry.– Tengo un horrible pasado. Desde hace tres años estoy viviendo con un saxofonista.

Osgood.– Te lo perdono.

Dafne/Ferry.– Nunca podré tener hijos.

Osgood.– Los adoptaremos.

Dafne/Ferry.– No me comprendes, Osgood, ¡soy un hombre!

Osgood.– Bueno, nadie es perfecto.

Con faldas y a lo loco

Glosario

Aborto Interrupción del embarazo.

Aborto espontáneo Se produce de manera natural sin la decisión expresa de la mujer.

Amenorrea Ausencia de regla.

Anticoncepción Control de natalidad. Conjunto de medidas que se emplean para evitar que se produzca un embarazo no deseado.

Azoospermia Ausencia de espermatozoides en el semen.

Billings, método Estudio de la consistencia del moco cervical durante el ciclo, para delimitar cuándo se produce la ovulación.

Biopsia Extracción de tejido de una parte del cuerpo para después ser analizado.

Bisexual Persona que se siente atraída física y emocionalmente por personas de ambos sexos.

Canal cervical Conducto del cuello del útero que comunica éste con la vagina.

Chancro sifilítico Úlcera contagiosa que se produce con la sífilis.

Ciclo menstrual Período comprendido entre el primer día de la regla de una mujer y el primer día de la siguiente regla. La duración del ciclo depende de cada mujer, aunque lo más habitual suele ser un ciclo en torno a 28-30 días.

Cistitis Infección de la vejiga urinaria.

Citología vaginal Prueba diagnóstica mediante la cual se extraen células de la vagina y cuello del útero para después analizarlas.

Climaterio Período que indica el final del proceso reproductor de una mujer; dentro del climaterio se encuentra la menopausia.

Clítoris Órgano genital femenino, protegido por los labios menores y compuesto por un tejido eréctil. Es extremadamente sensible e importante en la sexualidad femenina.

Coito interrumpido *(Véase marcha atrás).*

Coito Relación sexual con penetración.

Condón *(Véase preservativo).*

Conductos deferentes Son los conductos por donde pasan los espermatozoides. Se encuentran en los testículos.

Cowper, glándulas de Situadas delante de la próstata, su misión es la de segregar lo que se conoce como líquido preseminal.

Criptorquidia Ausencia de uno o los dos testículos del escroto, debido a que no han descendido desde el abdomen a las bolsas escrotales.

Cuello del útero Extremo inferior del útero que comunica con la vagina. Es como una pequeña bolita.

Cuerpos cavernosos Dos cilindros de tejido eréctil que se extienden a lo largo del pene y el clítoris, se llenan de sangre en la respuesta sexual y provocan su erección.

Cunnilingus *(Véase sexo oral).*

Deseo sexual inhibido Cuando no hay interés por todo lo relacionado con la sexualidad.

Deseo sexual Impulso sexual. Libido. Sentir interés por mantener relaciones sexuales con una persona.

Diafragma Anticonceptivo de barrera que se coloca en la vagina impidiendo el paso de los espermatozoides hacia el útero.

Días fértiles Aquellos en los que la mujer ovula, hacia la mitad del ciclo.

Disfunción sexual Trastorno que altera la respuesta sexual.

Dismenorrea Menstruación dolorosa.

Dispareunia Dolor durante el coito.

Dispositivo intrauterino (DIU) Método anticonceptivo que se coloca en el interior del útero.

Ducha vaginal Irrigación de la vagina con un líquido para limpiarla. No se debe practicar.

Ecografía Técnica basada en la exploración mediante ultrasonidos reflejados en una pantalla.

Embarazo ectópico o extrauterino Embarazo en el que el embrión anida fuera de la cavidad uterina.

Embarazo Implantación de un óvulo fecundado en las paredes del endometrio, dentro del útero.

Embrión Nombre que se le da al huevo (fecundación) durante los 3 primeros meses de embarazo.

Endometrio Tejido que tapiza el útero donde se implanta el óvulo fecundado. Cada mes se prepara para recibirlo, y si no hay embarazo el endometrio se descama junto con otros nutrientes; se denomina comúnmente regla.

Enfermedad de transmisión sexual *(Véase ETS)*.

Epidídimo Pequeño cuerpo situado en la parte superior del testículo, fundamental en la formación correcta de los espermatozoides.

Episiotomía Incisión quirúrgica que se realiza en el perineo durante el parto, para facilitar la salida del feto.

Erección Endurecimiento del pene o clítoris gracias a la masiva afluencia de sangre a la zona de los genitales durante la excitación sexual.

Escroto Bolsa que cubre los testículos protegiéndolos.

Esmegma Sustancia blanquecina generada por las secreciones del pene y que debe ser retirada en la higiene diaria, ya que puede contener bacterias.

Espasmo vaginal Contracción involuntaria de la vagina que se produce cuando se estimula la zona, dificultando la penetración.

Esperma Semen. Sustancia formada por líquido seminal y espermatozoides. Se expulsa mediante la eyaculación, en el orgasmo.

Espermatozoide Célula sexual masculina, que proviene de los testículos y que es la responsable de la fecundación del óvulo.

Espermicidas Métodos anticonceptivos (químicos) de barrera que sirven para destruir a los espermatozoides. Se deben usar junto a otro método anticonceptivo.

Espermiograma Prueba en la que se hace un análisis del semen para descubrir cómo son sus espermatozoides.

Esponja vaginal Método anticonceptivo que se introduce en la vagina, con un cordón para facilitar su extracción.

Estereotipos sexuales Mitos, creencias acerca de las formas de comportamiento trasmitidas culturalmente.

Estrógeno Hormona sexual femenina. El hombre también la posee pero en menor cantidad.

Esterilidad Incapacidad para llevar a cabo la función reproductora.

Esterilización Incapacitación reproductora mediante una intervención quirúrgica. En el hombre se llama vasectomía y en la mujer ligadura de trompas e histerectomía (extirpación del útero).

ETS Enfermedad que se transmite mediante contacto sexual.

Excitación sexual *(Véase deseo sexual).*

Exhibicionismo Exhibir los genitales para obtener placer sexual.

Eyaculación precoz Aquella que se presenta en un momento no deseado.

Eyaculación retrógrada Eyaculación que se produce hacia dentro.

Eyaculación Expulsión del semen por la uretra del pene o por la uretra de la vulva femenina. Algunas mujeres eyaculan en alguna ocasión, pero no se sabe con claridad de qué está compuesto ese líquido.

Fecundación *in vitro* Unión de espermatozoide y óvulo en un laboratorio. Una vez fecundado se implanta en el útero de la mujer para que se desarrolle.

Fecundación Unión de un espermatozoide y un óvulo.
Felación Estimulación del pene mediante la boca o lengua.
Fertilidad Capacidad para la reproducción.
Fetichismo Obtención de placer sexual a través de algún objeto inanimado.
Feto Nombre que recibe el embrión a partir del tercer mes de embarazo hasta el final de éste.
Fimosis Estrechez de la piel del prepucio, que impide la salida del glande al exterior.
Flujo vaginal Moco cervical. Sustancia que protege la vagina de bacterias y facilita las relaciones sexuales.
Frigidez Término en desuso que se refiere a la pérdida del apetito sexual en la mujer.
Frotteurismo Obtención de excitación sexual rozando los genitales con personas desconocidas.

Gatillazo Pérdida de la erección en un determinado momento del encuentro sexual.
Genitales Órganos sexuales y de la reproducción.
Glande Extremo o punta del pene.
Glándula Órgano productor y secretor de sustancias. En la mujer se llaman glándulas de Bartolino y son las encargadas de lubricar la vulva. En el hombre reciben el nombre de glándulas de Cowper.
Gónadas Glándula productora de gametos. En el hombre reciben el nombre de testículos y en la mujer, ovarios.

Herpes Afección inflamatoria que se caracteriza por la aparición de pequeñas vesículas en la piel, que producen cierto ardor y escozor.
Herpes genital Inflamación de la piel en los órganos genitales.
Heterosexualidad Deseo y conductas sexuales hacia personas del sexo contrario.
Himen Membrana que recubre parcialmente el orificio vaginal y que sirve, entre otras cosas, para proteger la vagina de posibles infecciones.

Hipófisis Glándula que produce varias hormonas importantes y que regula el funcionamiento de otras glándulas.
Homosexualidad Orientación sexual que se basa en la atracción y deseo hacia personas del mismo sexo.
Hormona Sustancia química que regula o activa determinados órganos.

Impotencia Disfunción sexual que consiste en la incapacidad de obtener o mantener una erección suficientemente firme en el pene como para realizar el coito.
Infertilidad Incapacidad de una persona para tener hijos.
Interrupción voluntaria de embarazo (IVE) Decisión expresa de la mujer de interrumpir un embarazo no deseado.
Inyección anticonceptiva Método anticonceptivo que consiste en la administración de hormonas para inhibir la ovulación.

Labios mayores Pliegues de la piel que rodean y protegen la vulva.
Labios menores Se encuentran debajo de los labios mayores y, a su vez, protegen la vagina y el clítoris.
Laparoscopia Exploración abdominal mediante la introducción de un tubo óptico.
Látex Material que se utiliza para la fabricación de ciertos métodos anticonceptivos, como el preservativo.
Legrado Consiste en raspar o vaciar el contenido del útero mediante un instrumento que se llama legra.
Lesbianismo Homosexualidad femenina.
Libido *(Véase deseo sexual).*
Ligadura de trompas Esterilización que consiste en seccionar las trompas, para evitar que un óvulo y un espermatozoide se puedan encontrar y producirse, así, la fecundación.

Marcha atrás Método anticonceptivo que consiste en sacar el pene de la vagina antes de que se produzca la eyaculación.

Masoquismo Obtención de placer sexual a través de malos tratos hacia uno mismo.

Masturbación Autoestimulación de los órganos genitales, por medio de la mano o de cualquier otro objeto, con el fin de obtener placer.

Matriz *(Véase útero).*

Menopausia Cese permanente de la regla. Fin de la capacidad reproductora de una mujer.

Menstruación Sangrado que se produce, en la mayoría de los casos, una vez al mes. Si no se produce un embarazo, el endometrio se descama y cae junto con otras sustancias.

Meseta, fase de Nivel máximo de excitación que precede al orgasmo.

Métodos naturales Métodos anticonceptivos que se basan en la observación y control de la ovulación para abstenerse de mantener relaciones sexuales durante estos días.

Moco cervical *(Véase flujo vaginal).*

Monte de Venus La zona de la vulva femenina que se encuentra cubierta de vello.

Necrofilia Atracción sexual hacia los cuerpos muertos.

Ogino/Knaus Métodos anticonceptivos naturales.

Orgasmo Grado máximo de excitación sexual, descarga de la tensión sexual acompañada de sensaciones muy placenteras.

Ovarios Gónadas sexuales femeninas situadas a los lados del útero. Son del tamaño de una almendra y contienen los óvulos, esto es, las células reproductoras femeninas.

Ovulación Proceso de formación y desprendimiento del óvulo maduro, desde el ovario, a través de las trompas de Falopio, hasta el útero. Son los días de máxima fertilidad en una mujer.

Óvulo Célula sexual femenina.

Parafilia Conducta extraña, no común, que es necesaria para obtener excitación sexual.
Pelvis Cavidad del cuerpo humano que se encuentra en la parte inferior del abdomen.
Pene Órgano genital masculino compuesto por el cuerpo del pene y el glande. Está constituido principalmente por dos cuerpos carvernosos y el cuerpo esponjoso.
Perimenopausia Climaterio. Período de la vida de la mujer en la que está finalizando su ciclo reproductivo.
Petting Palabra inglesa con la que se designan ciertos juegos sexuales, caricias, besos, etc., pero que no incluyen la penetración.
Peyronie, enfermedad de la Endurecimiento fibroso del pene que produce una endurecimiento del mismo.
Píldora anticonceptiva Método anticonceptivo hormonal que inhibe la ovulación.
Placenta Órgano redondeado y aplastado que se forma durante el desarrollo embrionario. Conecta los tejidos de la madre con el feto para que éste pueda sobrevivir.
Polución nocturna Emisión involuntaria de semen durante el sueño.
Poscoital, DIU Consiste en la inserción de un DIU dentro de los 5 días siguientes a un coito desprotegido o en el que ha fallado el método anticonceptivo.
Poscoital, tratamiento Preparado hormonal que se administra después de una relación sexual sin protección anticonceptiva o por fallo del método anticonceptivo. Para que el tratamiento sea efectivo, se debe tomar antes de que pasen 72 horas.
Prepucio Repliegue de piel del pene que cubre el glande.
Preservativo femenino Anticonceptivo de barrera, de poliuretano, que se introduce en la vagina.
Preservativo masculino Anticonceptivo de barrera, de látex, que recubre el pene y que impide que el semen se deposite en la vagina.
Progesterona Hormona femenina cuya función principal

es la de preparar el endometrio para que el óvulo fecundado pueda anidar.

Próstata Glándula sexual masculina situada debajo de la vejiga.

Prostatitis Infección de la próstata.

Pubertad Período de la vida comprendido entre los 12 y los 14 años en que los órganos reproductores comienzan a funcionar.

Punto G (Gräfenberg) Pequeña zona localizada sobre la pared anterior de la vagina, cerca de la entrada, cuya estimulación parece ir acompañada de una gran excitación sexual.

Regla *(Véase menstruación)*.

Sadismo Práctica sexual que consiste en experimentar placer con el daño infligido a otro individuo.

Semen Líquido blanquecino, segregado por los testículos y próstata, que contiene los espermatozoides.

Sida Síndrome de inmunodeficiencia adquirida. Enfermedad causada por el debilitamiento progresivo del sistema inmunitario del organismo.

Sífilis Enfermedad infecciosa adquirida por contagio sexual.

Síndrome de shock tóxico Es una infección causada por una bacteria. Está asociada al uso de tampones durante los últimos días de la menstruación, aunque esta infección no sólo se produce en estos casos y no es exclusiva de las mujeres. Es de muy rara aparición.

Síndrome premenstrual Alteraciones físicas y psíquicas que se producen durante los días que preceden a la regla. Los síntomas pueden ser: tensión y dolor en los pechos, dolor abdominal, irritabilidad, etc.

Sexo oral Estimulación de la vulva femenina con la boca.

Sodomía Relación en la que se practica el coito anal.

Tampón Protección femenina que se utiliza durante los días de la regla. Es un dispositivo cilíndrico, de algodón, que se introduce en la vagina y absorbe la sangre. Existen de distintos tipos de absorciones.

Temperatura basal Método anticonceptivo natural que consiste en tomar la temperatura corporal con el fin de determinar los días fértiles.

Testículos Gónadas sexuales masculinas. Los testículos son los encargados de fabricar los espermatozoides y las hormonas masculinas.

Testosterona Hormona sexual masculina. Las mujeres también la tienen en su cuerpo pero en cantidades mucho menores.

Transexual Aquella persona que se siente perteneciente al sexo opuesto al suyo.

Travestismo Tendencia a emplear prendas de vestir propias del sexo opuesto.

Trompas de Falopio Conductos que unen los ovarios con el útero. La fecundación se produce en estas trompas.

Uretra Conducto que va desde la vejiga urinaria hasta el exterior.

Útero Órgano genital femenino donde anidará el óvulo fecundado y se desarrollará el embarazo.

Vagina Conducto que se extiende desde el útero hasta el órgano más externo, que es la vulva.

Vaginismo Espasmo involuntario de la vagina que dificulta o impide la penetración.

Vasectomía Esterilización que consiste en seccionar los conductos deferentes, para evitar que salgan espermatozoides en la eyaculación.

Venéreas, enfermedades Conjunto de enfermedades que se transmiten por contacto sexual. Hoy se utiliza más el término de enfermedad de transmisión sexual (ETS).

Vesículas seminales Pequeños órganos situados debajo de

la vejiga urinaria, cuya misión es producir el líquido seminal, que servirá para conducir los espermatozoides.

Voyeurismo Práctica sexual que consiste en obtener placer mediante la observación directa de otras personas cuando están desnudándose, haciendo el amor, etc., y que se realiza sin el consentimiento de las mismas.

Vulva Órgano sexual externo de la mujer. La parte más visible es el monte de Venus, y también en la vulva se encuentran los labios mayores y menores, el clítoris, el meato urinario y la vagina.

Zona erógena Parte del cuerpo especialmente sensible. Su estimulación desencadena la excitación sexual. El cuerpo humano está repleto de estas zonas y varían de una persona a otra.

Zoofilia Prácticas sexuales con animales.

Bibliografía

CASTER, W.: *Manual del sexo lésbico*, Barcelona, Laertes, 1996.

CHANG, JOLAN: *El tao del amor y del sexo*, Barcelona, Plaza & Janés, 1997.

COSTA, M. y LÓPEZ MÉNDEZ, E.: *Cómo vencer la pereza sexual*, Madrid, Temas de hoy, 1999.

COUSINS, J.: *Hazlo bien, hazlo seguro*, Barcelona, Medici, 1991.

DOVAL, G., *Diccionario general de citas*, Madrid, Ediciones del Prado, 1994; Barcelona, Círculo de Lectores, 1999.

GIOMMI, R. y PERROTTA, M.: *Programa de educación sexual*, León, Everest, 1996.

GRAVELLE, K. y GRAVELLE, J.: *El libro de la regla*, Barcelona, Medici, 1998.

Guía para antes, durante y después del embarazo (trad. Elena Torres), Barcelona, Medici, 1995.

HIRSCHER, P.: *Viagra*, Madrid, Edaf, 1998.

KINSEY, ALFRED: *Sexual Behavior in the Human Male*, Saunders, 1948.

—, *Sexual Behavior in the Human Female*, Saunders, 1953.

LABRADOR, F. *et al.*: *Guía de la sexualidad*, Madrid, Espasa-Calpe, 1995.

LAMM, S. y COUZENS, G. S.: *Viagra: todo lo que usted necesita saber sobre el nuevo fármaco que ayuda a recuperar y mejorar la energía sexual*, Barcelona, Paidós, 1998.

LÓPEZ, F.: *Prevención de los abusos sexuales de menores y educación sexual*, Salamanca, Amarú, 1995.

—, *Sexualidad en la vejez*, Madrid, Pirámide, 1998.

López, Félix y Del Campo, Amaia: *Prevención de abusos sexuales a menores: guía para padres y educadores*, Salamanca, Amarú, 1999.

López, Félix y Oroz, Ángel: *Para comprender la vida sexual del adolescente*, Estella, Verbo Divino, 1999.

Masters y Johnson: *La sexualidad humana*, Barcelona, Grijalbo, 1999.

Montaigner, L.: *Sida, los hechos, la esperanza*, Barcelona, Fundación La Caixa, 1993.

Napal Lecumberri, S.: *El libro blanco del varón*, Salamanca, Amarú, 1996.

Pérez Conchillo, M. y Borras, J. J.: *Sexo a la fuerza*, Madrid, Aguilar, 1996.

Rubi, M.ª L.: *Los anticonceptivos*, Madrid, Aguilar, 1996.

Rus, A.: *El sexo de la A a la Z*, Madrid, Temas de Hoy, 1997.

Singer, Irving: *The Goals of Human Sexuality*, Nueva York, Norton, 1973.

Soriano Rubio, S.: *Cómo se vive la homosexualidad y el lesbianismo*, Salamanca, Amarú, 1999.

Torres de, P. y Espada, F. J.: *Violencia en casa*, Madrid, Aguilar, 1996.

Vijande, C.: *Sobresaliente en amor: técnicas para controlar la eyaculación*, Barcelona, Apóstrofe, 1997.

Folletos del Ministerio de Trabajo y Asuntos Sociales y del Ministerio de Sanidad y Consumo:

- Las enfermedades de transmisión sexual.
- Guía de anticonceptivos y sexualidad.
- La menopausia.
- La visita al ginecólogo.

Agradecimientos

A mis padres y familia, el primer y más enorme gracias, porque son las personas que más me quieren y valoran. Gracias a mi «Angelito», un verdadero amigo, y a Teresa, mi amiga que, además, es la persona que más me ha ayudado en la elaboración de este libro, con su particular entusiasmo por todo lo que hace.

También quiero agradecer la colaboración de Fase, y especialmente de David Lobo, que me ha echado una mano en todo lo que he escrito referente al VIH-sida. A Sonia Rico, al equipo del programa *En tu casa o en la mía*, por su apoyo, a mis compañeros de la escuela de cine, por sus ánimos y porque se prestaron con cariño a contarme experiencias personales como su primer beso o sus propias definiciones de sexualidad. A Empar Pineda, Áurea Moltó y *Goldeneye*, oyente del programa, que me ha proporcionado algunos de los datos curiosos que se incluyen en el libro. Y, en general, a todos los profesionales que en alguna ocasión han colaborado en el programa *En tu casa o en la mía*, porque de sus aportaciones he aprendido y me han ayudado a la hora de escribir. A Javier Agustí, Luis Merino, Jaume Baró y al trabajo y la dedicación de la editorial sin cuyo gran interés este libro no hubiera sido posible.

Y, por fin, gracias a todos los oyentes del programa de radio *En tu casa o en la mía*, que nos han apoyado con fuerza cada día, haciendo posible su existencia y que gracias a ellos y ellas se ha confeccionado este libro. Son vuestras consultas, vuestras dudas, vuestras aportaciones. Espero que este libro sirva de ayuda a muchas personas. Gracias por leerlo.

LORENA BERDÚN

Ama como puedas, ama a quien puedas, ama todo lo que puedas, pero ama siempre.

AMADO NERVO

Índice

Diseño: Serifa
Ilustración: Photonica
Foto de solapa: Cover

Círculo de Lectores, S. A. (Sociedad Unipersonal)
Travessera de Gràcia, 47-49, 08021 Barcelona
www.circulo.es
1 3 5 7 9 10 10 8 6 4 2

Licencia editorial para Círculo de Lectores
por cortesía de Grupo Santillana de Ediciones, S. A.

Depósito legal: B. 31915-2001
Fotocomposición: gama, s. l., Barcelona
Impresión y encuadernación: Printer industria gráfica, s. a.
N. II, Cuatro caminos s/n, 08620 Sant Vicenç dels Horts
Barcelona, 2001. Impreso en España
ISBN 84-226-9019-5
N.º 31963

[illegible] [illegible]